사건 그리고 말씀

유경재

제4공화국 유신시대
10·26 사건
KAL기 피격 사건
교황 요한 바오로 2세 방한
6월 민주 항쟁
노태우 대통령의 "7" 선언 발표
88 서울 올림픽
문익환 목사 방북 사건
'95 선언'에 대한 교단 결의문 보고
이후 회의와 마녀 사냥
시민 운동주 50주기
한국통신 노조 연행 사건
삼풍백화점 붕괴와 생존자들
노태우 전 대통령 비자금 사건과 구속
외환 위기와 IMF 관리 체제
새 천 년을 맞으며
남북 정상회담
미국 9·11 테러 사건
경의선, 동해선 연결
미국의 이라크 침공
영화 '밀양'을 보고
이명박 닷글 놀이
'2012 국방백서'와 주적 논쟁
세월호 침몰 사건
기본소득 논의를 보면서
박근혜 최순실 게이트
대규모 집회를 보며

사건
그리고
말씀

역사와 호흡한 한 설교자의 기록

빛을 따라
역사의 주관자
여호와여 일어나소서!
폭력에 맞서하는 신앙
새 역사를 위한 교회의 사명
일어버린 세월에 대한 보상
빛이 상징하는 것
더 나은 고향을 따르는 사람들
역사는 발전하나
역사를 어떻게 볼 것인가
빛을 노래하는 마음으로
법과 성령
생명의 찬란한 증언
추악하는 것은 날것이 없다
경제 세계화와 하나님의 경제
말씀 따라 이루는 새 천 년
하나님이 준비하신 역사
그리스도는 우리의 평화 (1)
평화의 생명의 길
그리스도는 우리의 평화 (2)
고난에 동참하는 교회
"경제만 살리면 그만이지"
오바마 주석은?
세월호 참사의 목격자
기본소득과 교회
교회와 국가
전능하신 하나님이 다스리심에

뉴스앤조이

차례

추천의 글   6
서문   13

1부 1970-1980년대

제4공화국 유신시대	별을 따라	18
10·26 사건	역사의 주관자	27
KAL기 피격 사건	여호와여 일어나소서!	36
교황 요한 바오로 2세 방한	폭력에 항거하는 신앙	46
6월 민주 항쟁	새 역사를 위한 교회의 사명	56
노태우 대통령의 '7·7 선언' 발표	잃어버린 세월에 대한 보상	65
88 서울 올림픽	불이 상징하는 것	74
문익환 목사 방북 사건	더 나은 고향을 바라는 사람들	83
'88 선언'에 대한 교단 결의를 보고	역사는 발전한다	99

2부 1990년대

리우 회의와 미-러 핵 감축	역사를 어떻게 볼 것인가	108
시인 윤동주 50주기	별을 노래하는 마음으로	118
한국통신 노조 연행 사건	법과 성역	129
삼풍백화점 붕괴와 생존자들	생명의 찬란한 승리	140
노태우 전 대통령 비자금 사건과 구속	추락하는 것은 날개가 없다	150
외환 위기와 IMF 관리 체제	경제 세계화와 하나님의 경제	160

3부 2000년대

새 천 년을 맞으며	말씀 따라 이루는 새 천 년	172
남북 정상회담	하나님이 준비하신 역사	182
미국 9·11 테러 사건	그리스도는 우리의 평화(1)	193
경의선, 동해선 연결	평화와 생명의 길	204
미국의 이라크 침공	그리스도는 우리의 평화(2)	214
영화 '밀양'을 보고	고난에 동참하는 교회	224
이명박 댓글 놀이	"경제만 살리면 그만이지"	235

4부 2010년대

『2012년 국방백서』와 주적 논쟁	우리의 주적은?	248
세월호 침몰 사건	세월호 참사와 십자가	259
기본소득 논의를 보면서	기본소득과 교회	271
박근혜·최순실 게이트	교회와 국가	283
태극기 집회를 보며	전능하신 하나님이 다스리신다	297

부록
바른 교회를 위한 한국교회 설교의 진단과 대안　　309

추천의 글 1

첫 대목부터 감동이었다. 목차를 통해 1970년대부터 최근까지의 역사가 새롭게 우리 앞에 열리는 느낌이었다. 그 역사를 무엇이라고 말할 수 있을까? 유경재 목사는 한마디로 하나님의 구원의 역사였다고 규정하고 있다. 그렇다. 격동의 시대를 살아온 목회자의 눈에 그것은 단순히 국가와 사회, 또는 시민이 만들어 간 역사가 아니라 하나님이 이 땅에서 이룩하시려는 구원의 역사였다.

유경재 목사가 팔순을 맞아 지나온 목회 여정을 돌이켜 보며 엮어 낸 이 책은 흔히 접하는 설교집이 아니다. 이미 성경으로 정경화된 예언서를 다시 살려 내, 우리가 살아온 시대 속 사건들을 통해 하나님이 이룩하시려는 구원의 역사를 보여 주는, 구원과 예언의 말씀들이다. 놀랍고 감동적이다. 유 목사의 설교 한 편 한 편은 폰 라드(Gerhard von Rad)가 주장한 "구원의 신학"을 넘어 우리 시대를 구원하시려는 하나님의 역사 참여를 증언하고 있다.

유 목사는 목회자가 어떠해야 하는가를 그가 평생 섬긴 안동교회를 중심으로 설파해 왔다. 안동교회는 하나의 교회가 아니라 유 목사가 꿈꾸던 '종말론적 공동체'였으며 '생명 목회'의 현장이었다. 하나님의 목회는 역사의 현실을 그대로 받아들이는 것이 아니라 그 역사를 바꾸는 것이다. 유 목사는 자신의 목회 여정을 통해서 역사와 국가, 사회와 교회 그리고 인간을 다시 살려 내어 새 역사를 이루려는 예언자의 선언과 행동의 본을 보여 줬다. 그 한 예가 1988년 한국기독교교회협의회가 채택한 '한반도 평화와 통일을 위한 한국기독교 선언'을 대한예수교장로회(통합)가 총회에서 반대하는 결의를 했을 때 분연히 비판한 설교에서 드러난다. 그 설교의 마지막 부분은 다음과 같다.

"역사는 변화하며 발전합니다. 이것은 하나님의 예정이고 섭리이며 그분의 사역입니다. 누구도 이를 거스를 수 없습니다. 거스르는 자는 심판을 받습니다. 이제 정신을 차리고 하나님이 이 땅에 이루시는 역사를 지켜보면서 그 역사에 동참하여 하나님의 뜻을 이루어 가야겠습니다."
(1989년 10월 1일 설교)

유 목사는 살아계신 하나님의 역사가 이 세상 속에 어떻게 이루어지고 있는가를 해석하며, 역사적 사건 속에서 하나님의 뜻을 밝히고자 노력했다. 그래서 그의 설교는 유신 체제의 비극으로부터 1970-1980년대 대표적 사건들인 10·26 사태, KAL기 폭파 사건, 교황 요한 바오로 2세의 방한, 6·10 민주 항쟁, 노태우 전 대통령의 '7·7선언', 문익환 목사의 방북 그리고 '88 선언' 등을 구원사의 관점에서 밝히고 있다. 이러한 설교 주제들은 일반 목회자들이나 교회가 기피하거나 외면한 것들이었다.
그는 끊임없이 누구나 누려야 할 희망과 기쁨, 사랑과 용서, 화해를 선포한다. 비록 인간과 국가가 만들어 가는 역사는 폭력과 절망의 그것이지만 하나님의 구원사는 절대로 이를 포기하지 않는다. 그러하기에 유 목사는 새로운 생명력으로 다시 희망을 일구어 갈 힘을 찾는다. 환경문제, 노동문제, 금융 문제 등에서 미래를 위한 교회는 '종말론적 공동체'로서 새로운 세계를 만들어 가야 한다고 설교하는 것이다. 삼풍백화점이 무너지고, IMF 사태가 경제를 무너뜨리고, 9·11 테러가 미국을 공포로 몰아넣었지만, 우리는 다시 새 천 년을 바라보며 새 역사를 만들어 가야 한다고 '예언'하고 있다.

"사랑하는 여러분, 세계는 지금 한쪽으로 기울어진 배와 같습니다. 그대로 놔두면 결국 전복되고 말 것입니다. 따라서 이 배의 균형을 잡으려면 반대편에 무게를 실어 주어야 합니다. 바로 그 역할을 하는 것이 오늘날 그리스도인에게 주어진 책임입니다. 우리가 하나님의 말씀을 따라 이 문명에 제동을 걸고 하나님의 뜻을 이 땅에 전할 때 이 세계가 멸망하지 않고 구원을 받을 것입니다." (2000년 1월 2일 설교)

그의 외침은 우리들에게 새로운 용기와 믿음의 길을 열어 준다. 하나님의 구원의 역사는 옛 것을 버리고 새 것을 만들어 가는 과정이다. 우리는 그 지혜의 믿음과 희망의 용기를 이 시대의 변화에서 찾아야 한다. 아니 그 역사 속에서 살아계신 하나님의 구원의 역사를 깨달아야 한다. 우리는 지난 역사에서 이미 위대한 역사가 어떻게 이루어지는가를 경험했다. 그 시대를 깊이 직시했던 유경재 목사는 다시 우리에게 예레미야처럼, 호세아 아모스처럼, 아니 이사야처럼 이 시대를 살아가야 할 그리스도인의 길을 선포한다. 참된 교회의 길을 가려면 민족 교회, 개혁 교회, 열린 교회를 넘어 생명의 '종말론적 공동체'가 되어야 한다는 결연한 선언을 하고 있다.

이 설교집을 통해 우리 모두 함께 살아갈 수 있는 희망의 믿음을 나누면서 새로운 미래로 나아가게 되기를 바란다. 마치 경의선과 동해선이 휴전선을 넘어 이어지면서 남북 간 새로운 평화의 길을 열었던 것처럼, 지금 역사에서 우리를 가로 막고 있는 한계와 장벽을 넘어 미래의 희망을 만들어 가는 것이 오늘을 사는 그리스도인과 교회가 감당해야 할 사명이다. 그러하기에 유 목사는 교회가 예배 참여를 넘어 이 사회의 양극화에 절망하는 이들을 위해 기본소득과 같은 적극적인 대안을 만들어 가는 역할도 해야 한다고 주장한다.

"자본주의 경제체제 아래서 살아가는 그리스도인들이 그 체제의 불합리함과 모순을 알면서도 그 체제를 바꿀 어떤 대안은 없이 그 수레바퀴 아래 눌려 고통당하는 사람들에게 약간의 자선을 베푸는 것으로 할 일 다 했다고 생각합니다. 결국 교회는 하나님 나라라는 이상을 지향하면서도 구체적으로 그 나라를 이 땅에 보여 주고 있지 못합니다. 모여서 예배하고 전도하며, 약간의 봉사를 하는 것으로 그 사명을 다한다고 자부하고 있는 것은 아닌지 스스로를 돌아봐야 할 것입니다. 교회는 이런 안일함에서 벗어나 모순으로 가득한 사회를 극복하려는 끊임없는 노력으로 사람들에게 하나님 나라를 미리 보여 줘야 할 것입니다." (2016년 6월 19일 설교)

유경재 목사의 설교처럼 우리는 아무리 세상이 어둡고 절망적이라고 해도 세상을 다시 살려 내시는 하나님의 구원의 역사를 만들어 가야 한다. 유 목사는 그 역사의 교훈을 광장의 촛불과 시민의 외침이 마침내 박근혜와 최순실로 이어지는 불의한 권력을 끌어내리고 새로운 정권을 세워 "나라다운 나라"를 만들어 가는 새 역사에서 확인하고 있다. 이 과정에서 교회가 어떤 자세로 임했는가를 깊이 성찰하지 않으면 우리는 빛도 생명력도 갖지 못할 것이다.

우리는 유경재 목사의 설교를 통해 하나님이 역사 속에서 이끌어 가시는 생명의 구원사를 확인할 수 있다. 그런 면에서 그의 설교는 오늘을 살아가는 사람들에게는 '살아있는 복음'이다. 앞으로도 그가 힘찬 걸음으로 앞서 가며 마침내 이 역사를 구원하시는 하나님의 진리를 밝혀 주기를 바란다.

유경재 목사님, 이 시대에 살아 있는 예언의 말씀을 들려주셔서 정말 고맙습니다.

이재정*
경기도 교육감, 전 성공회대학교 총장

---

* 1972년 대한성공회에서 사제로 성직 안수를 받았다. 유경재 목사와는 교파를 넘어 목회자로서, 신학자로서 그리고 에큐메니컬 운동가로서 오랜 기간 동행하면서 교류해 왔다. 지난 2009년부터는 유경재 목사를 비롯해 한국기독교장로회 김상근 목사, 기독교대한감리회 신경하 목사 등과 함께 실험적인 에큐메니컬 신앙 공동체인 더불어한교회를 만들어 가고 있다. 현재 경기도 교육감으로서 새로운 사역을 감당하고 있다.

추천의 글 2

 이 책은 저자가 목회 사역 동안 행한 1,300여 편의 설교 중 27편을 묶은 설교집이다. 서문에서 밝히듯이 저자는 한국교회 강단 설교의 단점 중 하나가 구원사 신학에 대한 이해가 빈곤한 것이라고 진단한다. 이런 문제의식을 갖고 저자는 역사적으로 중요한 사건들이 터질 때마다 설교에서 그것들의 영적 의미와 신앙적 함의를 성찰하곤 했다.

 제목이 암시하듯이 이 책에 담긴 설교들은 박정희 대통령의 암살 사건부터 작년 말에 터진 박근혜·최순실 게이트와 태극기 집회 사태까지 다루고 있다. 각각의 설교들은 중요한 역사적 사건들의 의미를 직접적 혹은 간접적으로 성찰하는 접근을 취한다. 모든 설교의 공통 관심은 각 사건들 속에 일하시는 하나님의 역사 주재적 동선을 더듬어 보는 데 있다.

 부록에서 잘 밝혔듯이 저자는 하나님 나라의 관점에서 교회와 설교 사역을 파악한다. 하나님 나라 복음을 일반화·사사화(私事化)시키고 종교적으로 추상화하는 대부분의 설교에 비해 이 책에 실린 설교들은 예언자적 설교라고 불러도 될 정도로 각 시대사적 사건들 속에 일하시는 하나님의 동선을 추적하고 있다. 이런 예언자적 설교들은 특정한 개별 교회의 회중을 돌보려는 목회적 관심을 넘어 교회 밖의 사람들에게까지 호소력을 갖는다.

그러한 설교들을 팔순이 되신 후에야 이렇게 정갈하고 절제된 책으로 엮어 출간하는 저자의 영적 절제심에 경의를 표하며, 부디 이 설교집이 모든 목회자에게 그리고 한국교회의 강단을 걱정하는 성도들에게 널리 읽히기를 간구한다.

김회권
숭실대 기독교학과 교수, 하나님나라신학연구소 소장

서문

팔순! 어느 사이 80년을 살았다는 이야기인데, 실감이 나지 않는다. 수명이 짧았던 시절에는 팔순이 되었다면 잔치를 할 만했다. 그러나 요즘은 수명이 길어지면서 팔순을 맞는 것도 대수롭지 않은 분위기다. 그래도 팔순에 무언가 기념될 만한 일로 한 획을 긋는 것이 좋을 듯하여 설교집을 펴낸다.

다른 설교집과는 조금 다르게 과거 중요 사건들이 일어났을 때 그와 관련하여 한 설교들을 모아 봤다. 수많은 설교집이 출판되었지만 아직 그런 특색 있는 설교집이 있다는 이야기를 들어 보지 못했다. 한국교회 설교가 역사 현장을 외면한 채 너무 일반론에 치우치거나 원론적인 성경 이야기로 끝맺는 경향이 짙기 때문에, 역사적 사건 혹은 이슈들을 말씀으로 풀어낸 설교들을 묶어 출판하는 것도 의미가 있다고 생각했다.

목회를 시작한 1970년대 후반부터 지금까지 수많은 사건이 일어났다. 격변의 역사가 흘렀다. 유신 체제, 전두환과 노태우로 이어지는 군사정권에 대항하여 일어난 민주화 운동과 그 결과로 이루어진 체제의 변화, 그리고 해동되는 듯하다 다시 얼어붙은 남북 관계, 최근에 이르러 발생한 세월호 침몰 사건, 박근혜·최순실 게이트에 이르기까지 설교자로서 그 역사를 보고 겪은 기록이 좋은 자료가 되리라는 생각이 들었다.

내가 안동교회에 부임한 1970년대 후반은 유신 정권 말기로 긴급조치 9호가 발효된 엄혹한 시기였다. 안동교회는 역사가 오래 되었지만 한동안 침체기를 벗어나지 못하고 있었다. 교회 목회가 처음인 젊은 목사로서 그런 교회에서 설교하는 일은 대단히 조심스러웠다. 한편으로 침체된 교회의 분위기를 끌어 올려야 했고, 다른 한편으로는 긴급조치 9호로 가택 연금된 윤보선 전 대통령이 출석하는 교회의 목사로서 정권에 비판적인 설교를 하지 않을 수 없었다. 그래서 가끔 예언적 설교를 하거나 설교 중에 유신 정권을 비판하기도 했는데 그로 인해 문제가 불거지기도 했다.

부임 1년 후, 오후에 위임식이 예정된 날 주일예배 설교에서 유신 정권을 "양의 껍데기를 쓴 이리"로 비유했다가 박정희 전 대통령 부인 육영수 씨와 인척 관계인 한 권사의 반발로 문제가 되었는가 하면, 고 문익환 목사가 방북하여 김일성을 만난 1989년 4월 2일 주일에 "문 목사님이야말로 이 시대의 진정한 예언자"라고 설교했다가 일부 교인의 반발로 교회가 술렁거린 일도 있었다. 그렇지만 다행히 부임 후 침체된 교회가 활기를 띠기 시작했고, 오랜 숙원이던 교회당 건축도 이루어지면서 당회는 예언적 설교를 포함한 나의 목회 전반에 적극 협력했으며, 교인들의 역사의식도 어느 정도 고양되었다.

목사가 중요한 역사적 사건이 있을 때마다 거기에 적절히 대응하는 설교를 하기는 쉽지 않다. 스스로 신학적 확신이 없거나 교회 분위기가 경직되어 있으면 대체로 목사는 역사적 현실을 외면한 채 무의미한 설교를 되풀이하기 쉽다. 나도 나름대로 역사의식을 가지고 설교를 준비한다고 했지만 이번에 묶어 내는 설교 수가 30편도 안 된다. 지금껏 설교한 1,300여 편 가운데 3퍼센트도 안 된다. 특히 5·18민주화운동이 일어났을 때 그와 관련된 설교를 하지 못했는데, 아마도 다른 어떤 때보다 나 스스로 나약했거나 확신이 없었기 때문인 것 같다. 지금 와 생각해도 부끄러운 일이다. 그러나 28년간의 안동교회 목회는 대체로 내가 지향한 구원사 신학에서 크게 벗어나지 않았다고 말할 수 있다. 이 작은 설교집은 구원사 신학에 근거한 설교의 한 본보기라 하겠다.

　우리나라처럼 역사가 격동하는 환경 속에서 제대로 된 설교를 하려면 폭넓은 인문학 상식이 필요하다. 내게는 그런 지식이 많이 부족했다. 그래서 다시 목회를 하게 된다면 인문학 서적을 두루 섭렵하여 더 폭넓은 시야를 가지고, 역사를 바라보면서 말씀으로 제대로 해석하고 조명하는 설교를 하고 싶다. 그러나 그런 기회가 내게 다시 올 리 없을 테니 결국 뒤에 오는 후배들에게 건네는 당부가 될 수밖에 없다.

　이 설교집이 나오도록 기획해 준 〈뉴스앤조이〉 강도현 대표와 편집 실무로 여러 가지 조언을 해 준 김은석 팀장에게 진심으로 고마운 마음을 전한다.

2017년 10월 광교산 기슭에서
유경재

제4공화국 유신 시대

10·26 사건

KAL기 피격 사건

교황 요한 바오로 2세 방한

6월 민주 항쟁

노태우 대통령의 "7·7 선언" 발표

88 서울 올림픽

문익환 목사 방북 사건

'88 선언'에 대한 교단 결의를 보고

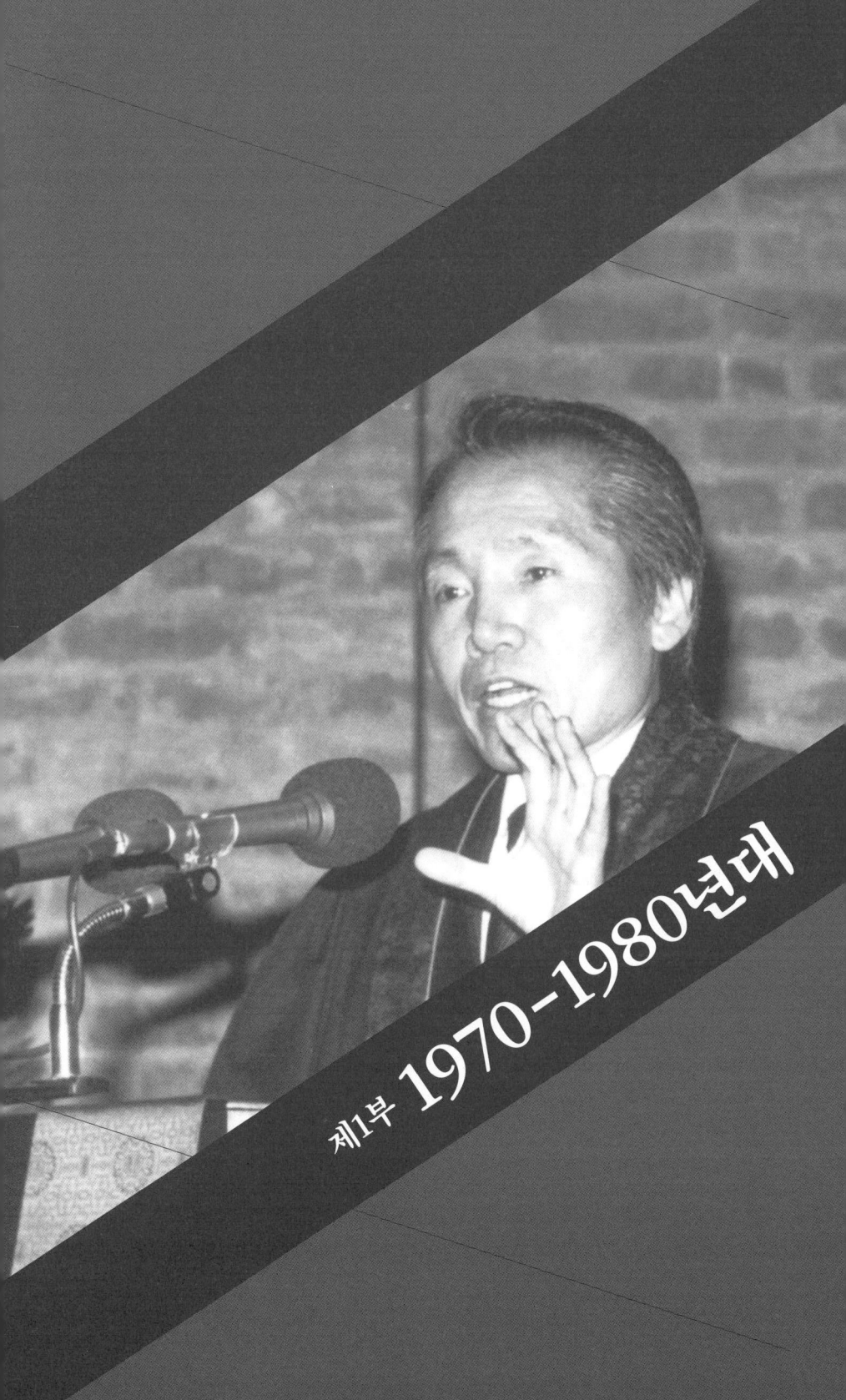

제1부 1970-1980년대

제4공화국 유신 시대

제4공화국은 1972년 10월 유신으로 수립된 대한민국의 네 번째 헌정 체제다. '유신 체제'로 불리기도 하는 대통령 1인 독재 체제다. 1972년 7·4남북공동성명을 이용하여 10월 17일, 당시 헌법을 개정하면서까지 장기 집권을 추구하던 박정희 전 대통령은 전국에 비상 계엄령을 선포하고 국회해산, 정당 활동 중지, 일부 헌법의 효력 정지 등 비상조치를 발표하고 통일주체국민회의를 구성했다. 11월 21일 국민투표로 유신헌법이 확정됐고, 통일주체국민회의는 12월 23일 대통령으로 박 전 대통령을 선출했다. 그는 12월 27일 제8대 대통령에 취임했다. 이것이 10월 유신으로 이 시기를 유신 시대라고 부르기도 한다. 독재 체제인 제4공화국은 민주주의를 열망하는 국민의 끊임없는 저항에 부딪혔고, 10·26 사건으로 유신 체제는 사실상 막을 내렸다.

나는 유신 시대 후반인 1976년 12월에 안동교회에 부임하여 그 이듬해 12월에 위임목사가 됐다. 안동교회에는 윤보선 전 대통령과 그의 부인 공덕귀 권사가 출석했다. 그들은 유신 정권에 맞서 민주화 운동에 앞장섰으므로 언제나 감시를 받았다. 나는 자연히 가끔 정권을 비판하는 예언적 설교를 했고, 교인들도 큰 거부감 없이 설교를 들어 줬다.

다음 설교는 성탄 전야 예배에서 별을 따라온 동방박사를 소재로 한 것이다. 유신 시대를 암흑의 시대로 상정하고 어두운 밤을 지키는 점성가들처럼 깨어 밤하늘을 바라보며 희망의 별을 찾고 그 희망을 따라 나아가자고 했다.

별을 따라

마태복음 2:1-12

서울의 밤하늘에서는 아름다운 별을 볼 수 없습니다. 여름에 학교 봉사대를 따라 시골에 갈 때면 깜깜한 밤하늘에 쏟아질 것같이 총총한 별들을 볼 수 있었습니다. 별들이 그렇게 빛나는 밤은 무척 아름답습니다. 제가 군에 입대해서 훈련받은 때는 무더운 여름이었습니다. 고달픈 훈련을 받던 그때 제게 위로가 된 것은, 막사에 드러누우면 보이는 빛나는 별이었습니다. 다른 별보다 유난히 빛나는 별이 막사 창문을 통해 보였습니다. 그 별은 고달픈 군대 생활에서 하나의 희망이 되었습니다.

크리스마스가 다가오면 우리는 동방박사의 이야기를 떠올립니다. 별을 보며 점을 치던 세 점성가가 신기한 별의 움직임을 따라 예루살렘까지 찾아왔습니다. 그들이 왕궁에 들어가 물었습니다. "유대인의 왕으로 나신 이가 어디 계십니까?" 뜻밖의 방문을 받은 헤롯왕은 큰 충격을 받았고, 이 소문은 온 예루살렘을 불안에 떨게 만들었습니다. 헤롯 왕은 그들을 베들레헴으로 보내며 아기에 대한 정보를 달라고 부탁했습니다. 별을 따라 새로 태어난 아기에게 닿은 박사들은 그를 경배하고 천사의 지시를 받아 다른 길로 자기 고향에 돌아갔습니다. 이 사건으로 말미암아 베들레헴의 두 살 이하 아기들이 모두 죽임을 당했다는 이야기입니다.

예루살렘의 소동

오늘 본문 1절에 "헤롯 왕 때에 예수께서 유대 베들레헴에서" 나셨다고 나옵니다. 헤롯 왕은 순수한 유대인이 아닌 사람으로, 주전 37년에서 주후 4년까지 팔레스타인 지방의 통치자로 군림한 왕입니다. 그는 큰 군대를 지녔으며 당시 로마의 권력자들인 카이사르, 안토니우스, 아우구스투스 등 여러 정객들의 보호를 받았고, 많은 권력과 특권을 누렸습니다. 그는 이 막강한 힘을 가지고 팔레스타인의 평화를 겨우 유지할 수 있었습니다. 그러나 그 평화는 지독하게 값비싼 것이었습니다. 중과세와 노예노동이라는 대가를 치러야만 했습니다. 그리고 정권을 전복하려 한다는 혐의를 받는 자면 누구나 가차 없이 무자비하게 처형당했습니다.

통치 말기에 그는 육체적으로 병들었으며, 지나친 의심 때문에 자신의 아내를 비롯해 장모를 죽이고, 두 아들까지 죽였습니다. 그뿐 아니라 수천 명에 이르는 친구들의 생명을 희생시켰습니다. 정권 유지를 위해서는 어떤 희생이라도 불사하겠다는 발악적인 행위였습니다. 아우구스투스는 "헤롯의 아들이 되는 것보다는 그의 돼지가 되는 편이 훨씬 더 안전하다"고 비꼬아 말했습니다. 이러한 헤롯 왕 통치하에 "유대인의 왕"이 탄생했다는 사실은 그야말로 충격적인 사건이 아닐 수 없었습니다. 헤롯이 매우 불안해한 것은 당연했습니다.

여기서 주목할 점은, 예수님의 탄생은 정치적인 사건이 아니라는 점입니다. 그것은 우주적인 사건입니다. 그런데 정권 유지에만 혈안이 된 헤롯 왕에게 예수님의 탄생은 엄청난 정치적 사건으로 보였습니다. 그래서 그는 불안했고, 신속히 정보를 수집하여 예수님이 언제 어디서 태어났는지 알아본 후 민심을 자극하지 않고 그를 없애 버릴 방법을 강구했습니다.

헤롯 왕은 먼저 종교 지도자들을 불러 의견을 물었습니다. "그리스도가 어디서 나겠는가?" 그는 탄생한 아기가 메시아임을 직감적으로 알아차렸습니다. 이 점이 더욱 그의 가슴을 쓰리게 했습니다. 그는 스스로 메시아 같은 왕이 되고자 했습니다. 유대인들의 환심을 사려고 지중해 연안에 가이사랴라는 아름다운 도시를 건설하고, 무너진 사마리아 성을 재건했으며, 예루살렘 근방에 극장과 유원지를 세우고, 40년 이상이나 걸려서 예루살렘에 화려한 성전을 건축했습니다. 그러나 그는 자기가 메시아일 수 없다는 사실을 너무 잘 알고 있었습니다. 다윗 왕의 후예도 아니요 순수한 유대인도 아닌 그가 메시아로 인정받을 수는 없었습니다. 그래서 그는 메시아일 수도 있는 아기의 탄생 소식에 더욱 불안해했고, 아기를 반드시 죽여야겠다고 생각했습니다.

이런 헤롯 왕을 보필하던 종교 지도자들이 있었는데, 대제사장들과 율법학자들이었습니다. 그들은 정권에 아부하면서 형식적인 종교의 명맥을 유지해 가던 자들이었습니다. 그들에게는 정권을 잡은 자들이 누구이건 형식적으로나마 제사를 뒷받침해 주고 제한된 종교 활동을 할 수 있게만 해 준다면 상관이 없었습니다. 그들은 전통적으로 지켜 온 종교의식만 허락된다면 정치가 정의를 짓밟고 부패하며 인권을 유린해도 상관치 않았습니다.

물론 그들은 헤롯 왕이 메시아일 수 없다는 사실을 누구보다도 잘 알았습니다. 성경을 너무 잘 알기 때문입니다. 그들은 메시아가 탄생했을지도 모른다는 소식을 접하고서도 흥분하지 않았을 뿐 아니라 그 아기를 죽이려는 헤롯의 음모에 가담했습니다.

헤롯은 정치적인 제스처에도 능란했습니다. 그는 동방박사들의 일에 협조하는 척 했습니다. 그뿐 아니라 마치 오래 전부터 메시아를 기다려오기나 한 것처럼 자기도 가서 경배하겠다고 했습니다. 가끔 순진한 국민은 이런 정치가들의 제스처에 곧잘 속아 넘어갑니다.

그뿐 아니라 헤롯은 정보 정치의 선구자입니다. 별이 나타난 때를 "자세히" 물었다고 했습니다. 결국 나중에 그것을 기준으로 베들레헴의 아기들을 학살했습니다. 그는 곳곳에 정보원을 두고 여기저기서 일어나는 메시아 대망 운동을 가차 없이 박멸해 왔습니다. 정권 유지를 위해서 수단 방법을 가리지 않은 정치가의 표본입니다. 다 늘그막에 이제 갓 태어난 한 무명의 아기 때문에 베들레헴의 두 살 아래 아기를 모조리 죽였다는 사실이 그것을 잘 말해 줍니다.

결국 헤롯은 70세에 악질에 걸려 고통을 겪다 죽었습니다. 하지만 그는 자신이 해 온 일을 너무 잘 아는지라 누구도 자기의 죽음을 슬퍼해 주지 않을 것을 예측하고, 예루살렘의 지식인들을 비롯한 지도자들을 많이 투옥시켜 놓은 후에 자신이 죽는 시간에 그들을 다 학살하여 곡성이 진동케 하라고 유언했다고 합니다.

별을 바라보는 사람들

헤롯 왕 때는 역사의 암흑기였습니다. 정치적인 폭정, 무거운 과세, 박탈당한 자유, 언론의 탄압…. 결국 오랫동안 잃어버린 정치적 독립이 갈망되던 때였습니다. 경제적인 면에서도 마찬가지였습니다. 일부 정권에 아부하는 자들은 부를 축적할 수 있었으나 기타 민중은 과중한 세금과 높은 물가고에 허덕일 수밖에 없던 때였습니다.

종교적인 면에서도 당시는 밤이었습니다. 예언자가 끊어진 지 400년이 넘었습니다. 하나님의 음성이 들려오지 않았습니다. 정권에 밀착된 종교 지도자들은 고난당하는 민중과는 동떨어진 채 형식주의에 몰입했고, 분파 싸움과 교권 쟁탈에만 여념이 없었습니다. 고통당하는 민중에게 소망의 종교가 될 수 없었습니다. 어두운 밤이었습니다. 밤에는 강도들만이 활개를 치며 다닙니다. 이런 때에 사람들은 희망의 별을 찾게 됩니다. 어두움에 압도당하지 않고 빛나는 별을 따라 밤을 지새우며 역사의 새벽을 기다리게 됩니다.

어느 날 밤 동트는 곳에 사는 점성가들이 신기한 별을 발견했습니다. 남들이 다 자는 밤중에 일어나 어두운 밤하늘을 밤새 지켜 보다 별을 발견한 것입니다. 메시아를 알았을 리 없건만 그들은 이 역사의 밤에 저 별은 위대한 존재의 탄생을 알리는 것이 분명하다고 판단했습니다. 밤이 너무나 어두웠기에 그들에게 그런 생각이 떠올랐던 것 아닐까요?

밤에 별을 보는 사람은 극히 소수입니다. 밤에는 모두 잠들기 때문입니다. 잠들지 않는 자만 별을 봅니다. 예루살렘 들녘에서 밤을 지새우던 소수의 목자들이 예수님의 탄생을 먼저 통보받았습니다. 소수를 우습게 생각하는 사람도 있지만 이 소수야말로 역사의 밤에 강도를 지키는 밤의 파수꾼입니다. 이 깨어 있는 소수야말로 역사의 미래를 내다볼 줄 아는 예언자입니다. 이 소수야말로 인류의 역사를 온통 새롭게 할 아기의 탄생을 지켜본 자들입니다.

동방박사들에게는 결단력과 용기가 있었습니다. 그들이 어딘지 모르지만 별을 따라 나선다고 했을 때 가족이나 주변의 동료들이 비웃었을 것입니다. 철없는 짓이라고, 철들고 나면 그게 얼마나 어리석은 일인가 알게 될 거라고 말이지요. 그러나 이 철없는 소수의 늙은이들은 길을 떠났습니다. 막연한 징조와 불확실한 미래를 향하여 그들은 주저하지 않고 앞으로 나갔습니다.

여러분은 아마 무지개를 따라간 소년이 있었다는 말은 들었어도, 밤의 별을 따라 길을 떠났다는 말은 들어보지 못했을 것입니다. 그런데 이 어리숙한 동방의 박사들은 모든 난관을 돌파하면서 계속 별을 따라갔습니다. 추측컨대 그 별이 나타난 때로부터 베들레헴에 도착하기까지 2년이 걸린 것 같습니다. 헤롯이 베들레헴의 아기들을 학살할 때 두 살을 기준으로 삼은 것을 보아 그렇게 짐작할 수 있습니다. 2년의 방황 끝에 그들은 겨우 예루살렘 왕궁을 찾아간 것 같습니다. 왕이니 왕궁에서 태어났으리라고 생각했을 것입니다. 거기서 종교학자들의 이야기를 듣고 베들레헴이라는 확실한 목적지를 향해 나섰을 때 동방에서 보던 그 별이 문득 나타나 자신들을 인도하자 그들은 더욱 확신을 갖게 되었습니다.

드디어 한 집에 당도했습니다. 그런데 그것은 지극히 평범한 집, 아니 허술한 마구간이었습니다. 그 부모도 아주 평범한 서민이었습니다. 아기도 별로 다른 데가 없었습니다. 그들은 이 평범함에 순간 실망했을지도 모릅니다. 그러나 별이 주는 확신을 따라 그들은 아기에게 정중한 경배를 드렸습니다. 그리고 황금과 유향, 몰약을 예물로 드렸습니다. 처음에는 막연하게 떠난 길이었지만 마침내 한 아기를 찾아 경배하고, 자신들의 신념이 틀리지 않았음을 확인하고, 다시 소망을 안고 돌아갈 수 있게 됨을 크게 기뻐했을 것입니다.

별을 따라

1977년 한 해는 우리나라에 있어서 그 어떤 해보다 시련의 시기였습니다. 아무것도 들을 수 없고 볼 수 없던 깜깜한 밤이었습니다. 그래도 우리는 이 밤에 잠들지 않고 깨어서 별을 찾던 동방박사들처럼 별을 지켜봐 왔습니다. 그리스도란 별, 비록 멀리 있는 것 같지만 너무도 선명한 빛을 발하는 그리스도를 바라보면서 1977년 한 해의 밤을 밝히며 새벽을 기다려 왔습니다. 아니 우리는 이미 철없는 소수의 무리가 되어 이 별을 따라 밤의 행군을 시작했습니다. 험난하고 고달픈 괴로운 길이지만 우리는 낙담하지 않고 오늘까지 왔습니다. 우리의 길을 방해하고 위협하며 그 길을 멈추게 해도 철없는 소수인 우리의 행진은 멈추지 않고 조용히 계속되었습니다.

이제 다시 베들레헴 상공에 나타나 반짝이는 별을 바라봅시다. 그래서 그 옛날 2년 동안 방황하던 박사들의 가슴을 기쁨으로 설레게 한 그 별을 바라보며 오늘 우리의 가슴에도 넘치는 기쁨과 감격을 간직합시다. 베들레헴은 멀지 않습니다. 구유에 겸손히 누우신 아기 그리스도를 만날 시간이 멀지 않습니다. 폭군이었던 헤롯은 죽었어도 예수 그리스도는 영원히 살아 계셔서 우리에게 용기와 희망을 주십니다.

그제는 동지(冬至)였습니다. 밤이 최대로 길어진 동지는 암흑의 전성기를 상징합니다. 죽음의 세계를 상징합니다. 하지만 위세를 부리던 동지의 어두움도 사흘을 못 갑니다. 사흘이 지나면 광명한 낮이 길어지기 때문입니다. 아니 태양이 암흑을 몰아내기 때문입니다. 이날이 바로 크리스마스입니다. 예수님이 탄생하신 날입니다. 이 세상의 암흑을 몰아내는 인류의 태양, 그리스도께서 탄생하셨습니다. 이 세상의 어두움의 세력을 꺾고 승리한 그리스도의 탄생을 축하하는 날이 바로 크리스마스입니다.

동트는 나라, 아침의 나라에 사는 여러분, 오늘도 우리 위에 반짝이는 별 그리스도를 바라봅시다. 그는 가난한 곳에서 나셨지만 만민을 부요하게 하셨고, 고난을 당하셨지만 인류의 고통을 치유하셨으며, 십자가에 돌아가셨지만 다시 부활하셔서 우리에게 부활의 희망을 주셨습니다. 사랑과 믿음과 희망의 별이 되신 그리스도가 오늘도 고난당하는 모든 자에게 희망의 별이 되시며 억눌린 자들에게 기쁨의 별이 되십니다. 우리 다 같이 밤하늘에 높이 빛나는 별을 바라보며 그 별을 따라 이 고난의 역사를 극복해 나갑시다.

1977년 12월 24일.

10·26 사건

1979년 10월 26일에 중앙정보부장 김재규가 박선호, 박흥주 등과 함께 박정희 전 대통령과 차지철 경호실장을 암살한 사건이다.

이날 박 전 대통령은 KBS 당진 송신소 개소식과 삽교천 방조제 준공식에 참석한 후 궁정동 안가에서 경호실장 차지철, 비서실장 김계원, 중앙정보부장 김재규와 함께 연회를 가졌다. 연회 중간 김재규의 총에 가슴과 머리를 맞은 박 전 대통령은 국군 서울지구병원으로 이송되던 중 세상을 떠났다. 당시 그의 나이는 만 62세였다. 장례는 11월 3일 국장으로 치러졌다.

국장이 치러진 그 이튿날인 11월 4일 주일예배에서 "역사의 주관자"란 제목으로 설교했다. 역사의 주관자는 하나님이시기에 인간이 아무리 역사의 주인처럼 행동하려 해도 그것은 헛된 수고일 뿐임을 지적하고 우리가 그 어리석음에서 돌이켜 하나님이 이끄시는 역사의 방향을 바르게 보고 잘못된 길에서 돌이켜야 한다고 설교했다.

역사의 주관자

예레미야 18:1-12, 고린도전서 10:1-13

성경은 토기장이를 비유로 많이 사용하고 있습니다. 이사야서에 보면 "그러나 여호와여 주는 우리 아버지시니이다. 우리는 진흙이요 주는 토기장이시니 우리는 다 주의 손으로 지으신 것이라"고 했습니다(64:8). 따라서 지음받은 존재인 인간이 창조주 하나님에 대하여 원망과 불평을 할 수 없다는 것입니다(45:9). 이와 같은 내용을 사도 바울도 로마서에서 언급하고 있습니다(롬 9:20-21 참조). 성경 중에서도 예레미야서는 아주 자세하게 토기장이의 이야기를 통하여 하나님이 어떻게 역사를 이루어 가시는지 잘 보여 줍니다.

한 번은 예레미야가 하나님의 지시를 따라서 토기를 만드는 곳으로 내려갔습니다. 예루살렘 남쪽 힌놈 골짜기에 토기를 굽는 곳이 많았다고 합니다. 그가 가서 토기 만드는 과정을 눈여겨보게 되었습니다. 반죽된 고운 흙을 메로 쳐서 차지게 한 뒤 그것을 빚어서 돌림판 위에 올려놓고 원하는 대로 뚜껑도 만들고 큰 독이나 작은 항아리를 만들곤 했습니다. 돌림판 이외에는 특별한 기구가 없이 사람의 손으로 대부분 빚어 만들었습니다. 다 된 것은 말려 가마에 넣어서 사흘 동안 불을 계속 지펴 구워 냅니다. 구워 내는 과정에서 어떤 것은 아주 잘 구워지고 어떤 것은 찌그러져 못 쓰게 됩니다.

본문을 보면, 예레미야는 이 모든 과정을 자세히 지켜봤습니다. 특히 토기장이가 만들어 놓은 그릇이 찌그러지거나 깨지면 그것을 다시 빚어 다른 그릇을 만드는 것을 유심히 보았습니다. 그때 하나님은 예레미야를 통해 "나 여호와가 이르노라 이스라엘 족속아 이 토기장이의 하는 것 같이 내가 능히 너희에게 행하지 못하겠느냐? 이스라엘 족속아 진흙이 토기장이의 손에 있음같이 너희가 내 손에 있느니라"고 하셨습니다(6절). 한 민족을 멸하려 하셨다가도 그들이 돌이키면 용서하고, 한 민족을 건설하거나 심으려고 하셨다가도 그들이 악을 행하면 그 뜻을 돌이킨다고 하셨습니다.

하나님은 모든 역사의 주관자이십니다

구약성서에 "역사"라는 말은 나오지 않습니다. 하지만 역사에 대한 뚜렷한 생각이 성서 전체를 흐르고 있습니다. 하나님이 인간을 고통 가운데서 구원하시어 더 좋은 곳으로 인도하신다는 생각 자체가 역사적인 사고라고 할 수 있습니다. 이스라엘 민족이 다른 민족보다 훨씬 앞서 이런 생각을 갖게 된 것은 온 세상을 창조하시고 그것을 주관하시는 창조주 하나님을 일찍이 알았기 때문입니다. 하나님이 모든 나라를 세우시고 혹은 멸망시키시기도 한다는 사실을 이스라엘 민족은 일찍부터 알았습니다. 이런 사실들을 교과서에서 배운 것이 아니라 그들의 역사에서 배웠습니다. 그들은 자기 민족이 이집트를 탈출할 때 그것을 깨달아 알았습니다. 그렇게 강하던 이집트와 바로 왕이 철저하게 당하는 것을 보았습니다. 그 후 모든 역사에 간섭하시는 하나님의 손길을 그들은 늘 깨달아 알았습니다. 시편에 보면, 하나님을 대적하려는 세상의 군왕들을 하나님이 비웃으신다고 했습니다. 하나님의 아들이 나타나면 저희를 질그릇 부수듯 철장으로 깨뜨린다고 하면서 "그런즉 군왕들아 너희는 지혜를 얻으며 세상의 관원들아 교훈을 받을지어다 여호와를 경외함으로 섬기고 떨며 즐거워할지어다"라고 경고했습니다(2:10-11). 또 이사야서에 보면 "보라 그에게는 열방이 통의 한 방울 물 같고 저울의 작은 티끌 같으며 섬들은 떠오르는 먼지 같으리니"라고 했습니다(40:15).

예레미야는 소명받을 때부터 이와 같은 역사의식이 분명했습니다. 그의 소명 때 주신 하나님의 말씀을 보면 "보라, 내가 오늘 너를 여러 나라와 여러 왕국 위에 세워 네가 그것들을 뽑고 파괴하며 파멸하고 넘어뜨리며 건설하고 심게 하였느니라"고 하셨습니다(렘 1:10). 이런 역사의식이 토기장이를 본 후에 더욱 분명해졌습니다.

하나님을 역사의 주관자로 받아들인다는 사실은 대단히 중요한 의미가 있습니다. 역사는 인간을 통하여 이루어지지만 그것이 인간의 역사가 아니라 하나님이 섭리하시는 역사임을 인정하는 것입니다. 동시에 하나님이 이룩하시는 역사의 목표는 아름답고 선한 것이므로 언제나 낙관적인 미래를 꿈꿀 수가 있다는 것입니다.

이스라엘 민족은 이런 사실을 믿었기 때문에 그들의 역사가 고난의 연속이었지만 그것이 자기들의 죄로 말미암았음을 알고 받아들였습니다. 동시에 반드시 희망에 찬 미래가 그들에게 다가올 것이라고 믿으며 고난을 헤쳐 왔습니다. 그들은 하나님이 반드시 이스라엘을 영광의 그릇으로 만드시리라는 확신을 가지고 있었습니다. 그들은 오늘날에도 이런 역사의식을 가지고 자기 국가를 발전시키고 있습니다.

이스라엘 민족의 이런 역사관을 이어받은 기독교는 그것을 더욱 분명하게 발전시켰습니다. 하나님이 예수 그리스도를 이 역사 속에 보내셔서 자신이 이룩하시려는 분명한 역사의 방향을 계시하셨고, 이 역사의 끝에 하나님의 나라가 세워질 것이라고 선포하셨습니다. 예수 그리스도를 믿는 우리는 바로 이 목표를 향하여 끊임없이 나가고 있습니다. 그러나 하나님의 나라가 완성될 때까지는 사탄의 유혹이 따르게 마련입니다. 우리 그리스도인은 항상 이 악한 세력과 싸워야 합니다. 하나님께서는 성령을 보내셔서 우리를 돕고 계십니다. 이렇게 해서 점차 하나님의 나라는 이루어집니다. 이것이 오늘 우리가 갖는 역사관입니다.

그러나 현대에는 이런 역사관을 부인하고, 즉 다시 말해서 하나님을 역사의 주관자로 보지 않고, 이 역사가 운명적으로 순환된다고 보거나 맹목적으로 발전한다고 보는 역사관을 지지하는 사람들이 많습니다.

슈팽글러(Oswald Spengler)라는 역사학자는 자연의 생물체와 마찬가지로 문명도 탄생·성장·쇠퇴·사망이라는 도식을 따라 운명론적으로 순환된다고 주장했습니다. 그는 힘이 역사를 결정하는 궁극적 요인이며, 역사의 유일한 의미는 최강자의 생존에 있다고 했습니다. 살아남으려면 힘이 있어야 한다는 말입니다. 이런 역사관을 따라서 오늘날 세계는 새로운 전쟁 무기 개발에 열을 올리고 있습니다. 약육강식의 사고가 오늘의 세계를 지배하고 있습니다.

그런가 하면 변증법적 유물사관은, "물질은 끊임없이 발전하고 있으며 그리고 그 발전을 통해서 원자, 분자, 생명 세포, 식물, 인간, 사회로 점차 복잡한 존재물이 만들어져 간다. 그러므로 발전은 순환적이 아니고 직선적이다. 발전의 추진력은 투쟁이다. 세계는 엄밀하게 말하면 의미도 목적도 가지지 않고 영원한 그리고 계산 가능한 법칙대로 맹목적으로 발전하는 것이다. 불변적 실체도 없을 뿐더러 '영원한 진리'도 인정치 않는다. 단지 물질 그 자체와 물질의 변화의 법칙만이 보편적 운동 안에서 영원히 존속하고 있다"고 말합니다.*

결국 이들이 말하려는 것은 세계 역사가 하나님 없이 맹목적으로 발전하고 있다는 것입니다. 이런 역사관이 오늘날의 세계를 지배하고 있어 우리 그리스도인을 항상 긴장하게 하고 있습니다.

그러므로 우리는 먼저 분명한 역사관을 확립해야 합니다. 하나님이 모든 역사를 주관하시며 그 역사의 궁극적인 목표는 하나님 나라의 완성에 있다는 사실을 우리가 분명히 알아야만 오늘 이 악한 세대에서 싸워 이길 수가 있을 것입니다. 오늘날 그리스도인들에게 이런 분명한 역사의식이 없어서 힘의 논리에 솔깃하고, 혹은 감상에 젖어 악한 것에 동조하고 있습니다. 우리는 지금 역사적으로 중대한 국면에 처해 있습니다. 이런 때일수록 우리는 분명한 역사의식을 가지고 역사를 판단해야 합니다. 자칫 잘못하면 감상에 흘러 역사를 호도하려는 자들의 술책에 넘어가기 쉽기 때문입니다.

역사는 하나님이 주관하시며, 그것은 예수 그리스도를 통하여 실현되는 하나님의 나라에 그 궁극적인 목표를 두고 있습니다. 항상 이러한 역사의식을 새롭게 하여 우리를 대적하는 악한 세력을 꺾고 승리를 이루어야 할 것입니다.

하나님은 우리가 새롭게 방향을 조정하도록 기회를 주십니다

빚다가 망가진 그릇을 다시 반죽하여 새 그릇을 만든 토기장이를 본

---

* 김익달, 『철학대사전』(학원사), 417.

예레미야에게 하나님이 주신 교훈은 '백성이 죄에서 돌이켜 회개하면 하나님이 다시 그들을 새롭게 하신다'는 사실입니다. 역사는 항상 변할 수 있습니다. 또한 역사는 발전합니다.

이 세상 모든 역사의 과정은 아직 가마에 들어가기 전에 있는 그릇과 같습니다. 그렇기 때문에 조금 잘못되어도 수정될 기회는 있습니다. 가마에 들어가기 전에 바로 잡기만 한다면 좋은 그릇으로 만들어질 수 있습니다.

하나님은 이스라엘 민족이 잘못 나갈 때마다 예언자들을 통해 경고하시기도 하고, 몇 번씩이나 돌이킬 기회를 주시어 그들로 하여금 깨닫고 돌아오게 하셨습니다. 몇 번의 전쟁을 통해서도 그들이 깨닫지 못했을 때 그 민족을 바벨론의 포로가 되게 하시고 거기서 깨닫게 하셨습니다. 그러다가 그들이 돌이켜 회개했을 때 하나님은 다시 자비를 베푸십니다.

다시는 낮에 해가 네 빛이 되지 아니하며 달도 네게 빛을 비추지 않을 것이요 오직 여호와가 네게 영영한 빛이 되며 네 하나님이 네 영광이 되리니, 다시는 네 해가 지지 아니하며 네 달이 물러가지 아니할 것은 여호와가 네 영원한 빛이 되고 네 슬픔의 날이 끝날 것임이라. (사 60:19-20)

그들은 바벨론 포로 생활에서 돌아왔지만 그 후에도 계속 시련의 역사를 벗어나지 못했습니다. 결국 2,000년 동안 세계 모든 나라 가운데서 가장 고난받은 민족으로 지내다가 1948년 독립을 선언하고 오늘에 이르렀습니다.

하나님은 우리나라 역사에서도 여러 차례 돌이킬 기회를 주셨습니다. 혼돈에 빠진 조선조 500년의 역사 끝에 일본의 지배를 받게 하셨고, 36년간 고통을 통해 많은 것을 깨닫게 하셨습니다. 8·15광복을 통해 우리는 하나님의 사랑을 깨달았어야 하는데 그러지 못했습니다. 그래서 우리는 북한의 남침으로 시작된 무서운 전쟁을 겪었습니다. 다시 새롭게 시작할 수 있는 기회였는데 우리 민족은 회개하지 못했고, 결국 4·19혁명에까지 이르게 되었습니다. 그러나 이 역사의 의미를 채 깨닫기도 전에 5·16 군사정변이 일어나게 되어 수많은 역사의 진통을 겪게 되었습니다. 그런데 하나님은 또 다시 이 민족을 새로운 역사의 국면으로 접어들게 하고 계십니다. 우리가 이번 기회에 돌이켜 하나님의 뜻을 따르지 않는다면 하나님의 심판의 손길을 벗어나기 어려울 것입니다.

아합 왕 시대에 이세벨이 이스라엘 민족 전체가 바알 신을 섬기도록 만들 수 있었던 것은 그 민족이 여호와 신앙에 철저하지 못했기 때문이었습니다. 갈멜 산의 대결에서 엘리야가 백성들에게 결단을 요구한 말이 그것을 증명합니다.

> 너희가 어느 때까지 둘 사이에서 머뭇머뭇 하려느냐? 여호와가 만일 하나님이면 그를 따르고 바알이 만일 하나님이면 그를 따를지니라. (왕상 18:21)

그럴 때 그 백성이 한마디도 대답하지 않았습니다. 결국 이세벨이 그렇게 횡포를 부릴 수 있게 한 것은 그 백성이었습니다. 그 백성이 하나님 신앙에 철저했다면 어떻게 이세벨이 감히 발을 붙일 수 있었겠습니까?

❖

오늘날의 역사도 마찬가지라고 생각합니다. 이 백성이 양심에 철저히 순복하고 진리를 추구하며 사회정의를 세우는 데 철저하다면 이 땅에 어떻게 독재가가 발을 붙일 수 있겠습니까? 하나님은 오늘 우리 민족에게 회개를 촉구하고 계십니다. 더 철저하게 진리를 추구하고 자유와 평화를 사랑하도록 우리에게 요구하고 계십니다. 하나님이 이 민족에게 이와 같이 여러 번의 기회를 주시는 것은 이 민족을 특별히 사랑하시기 때문이라고 생각합니다. 다시 한 번 다음의 시편 말씀에 귀를 기울이면서 우리의 역사의식을 분명히 해야겠습니다.

그런즉 군왕들아 너희는 지혜를 얻으며 세상의 재판관들아 교훈을 받을지어다. 여호와를 경외함으로 섬기고 떨며 즐거워할지어다. 그의 아들에게 입맞추라. 그렇지 아니하면 진노하심으로 너희가 길에서 망하리니 그의 진노가 급하심이라. 여호와께 피하는 모든 사람은 다 복이 있도다. (시 2:10-12)

1979년 11월 4일.

KAL기 피격 사건

1983년 9월 1일, 뉴욕 케네디 국제공항을 출발하여 앵커리지 국제공항을 거쳐 김포 국제공항으로 향하던 대한항공 007편 보잉 747 여객기가 사할린 근처 모네론 섬 부근 상공에서 소련방공군 전투기의 미사일 공격을 받고 추락했다.

총 246명의 승객과 23명의 승무원 전원이 사망했다. 이 중에는 미국 하원 의원인 로렌스 맥도널드(Lawrence McDonald)도 있었다. 이 사건으로 미국과 소련의 관계는 급속도로 악화되었다. 대한민국 정부는 소련 정부에 항의하고, 사과와 피해 보상, 책임자 처벌, 재발 방지 등을 요구했다. 국내 항공사고 중 가장 많은 사상자를 낸 사건이었으며, 세계 항공사고 중에서도 12번째로 많은 사상자를 낸 사건이었다.

이 비행기로 미국에서 귀국하던 안동교회 교인 김우식 교우와 유병숙 권사 내외분이 희생되었다. 두 분은 노년에 더욱 열심히 신앙생활에 몰두하셨다. 특히 당시 교회에서 진행하던 베델성서연구반에 한 번도 거르지 않고 참석하셨다. 그래서 이 비행기 추락사고는 안동교회 교인들에게 큰 충격을 안겨 주었다.

우리가 약자여서 강자에게 당할 수밖에 없지만 하나님께서 우리의 울부짖음과 원통함을 갚아 주실 것임을 설교했다.

여호와여 일어나소서!

시편 10:1-18, 마가복음 9:14-29

지난 1일(1983년 9월) 소련 전투기의 미사일 공격을 받아 추락된 KAL 여객기 피격 사건으로 우리는 큰 충격을 받았습니다. 더욱이 희생된 270명 가운데 우리 교회 유병숙 권사님 내외분이 포함되어 있어서 우리의 마음은 더욱 침통합니다. 비명에 간 이들의 영혼을 하나님이 받아 주시고 하나님의 위로가 유족들과 함께하시기를 기도합니다.

이 사건은 여러 가지를 생각하게 합니다. 어떻게 인간의 마음을 가지고 수백 명의 목숨을 그렇게 가벼이 여길 수 있었을까요? 쉽게 격추하라는 명령을 내리고 그 명령대로 주저 없이 미사일 단추를 누른 사람들, 저들은 이미 인간에 대한 연민을 상실한 로봇과 같은 기계가 되어 버렸습니다. 이번 사건을 통해 저들의 인간성이 죽어 버린 지 오래되었다는 사실이 온 세계에 알려졌습니다. 저들에게 조금이라도 인간성이 남아 있었더라면 그리도 쉽게 민간기를 격추시키지는 않았을 것입니다. 아무리 공산주의자라 할지라도 일말의 양심과 인간이면 서로 통하는 어떤 인간성은 그래도 남아 있겠지 하는 기대를 저들은 완전히 저버렸습니다. 인간성을 잃어버린 기계화된 인간만이 사는 세계, 그것은 정말로 생각만 해도 소름끼치는 일이 아닐 수 없습니다. 이 사건이 온 세계에 충격을 준 것은 인간이라면 이럴 수 없기 때문입니다. 인간이 이렇게까지 잔인해질 수 있다는 사실에 모두가 충격을 받았습니다. 이번 사건은 단순히 소련 공산주의자들의 비인간성만 보여 준 것이 아니라 비인간화되어 가는 현대 세계를 그대로 노출시킨 것입니다. 우리 안에 상실되어 가는 인간성을 돌아보게 하는 사건이었습니다. 온 세계가 다 일어나 소련을 규탄하고 있지만 단순히 그들의 비인도적 처사만을 규탄하는 데 그쳐서는 안 됩니다. 우리 모두가 잃어 가는 인간성을 되찾기 위한 반성의 외침으로 발전시켜야 합니다.

　인간이 인간성을 상실하면 한낱 기계에 지나지 않게 됩니다. 단순한 기계가 아니라 악의 의지를 동반한 기계가 되므로 더욱 두려운 존재가 됩니다. 이런 상태를 우리는 흔히 미쳤다고 표현합니다. 성경에서는 귀신 들렸다고 했습니다. 이번 소련의 행위는 미친 짓입니다. 귀신 들린 인간의 행위입니다. 그런데 소련만 미친 것이 아닙니다. 공산주의자들이 귀신 들린 현대를 대표하고 있지만, 우리 모두가 인간성을 상실해 가면서 귀신 들려 가고 있습니다. 그런 단적인 예를 우리는 전쟁 무기 비축에서 볼 수 있습니다. 3년 전에 유엔이 발표한 세계 핵무기 현황 보고서에 따르면, 현재 세계가 보유하고 있는 핵무기의 총화력은 히로시마에 투하되었던 핵폭탄의 100만 배에 달한다고 합니다. 이것은 대략 TNT* 130억 톤에 해당하는데 세계 인구 한 사람당 사용할 화약으로 3톤 정도가 준비되어 있다는 말입니다. 이런 무기를 생산하기 위해서 세계가 지불하고 있는 돈은 1년에 6,000억 불 정도에 달하는데, 전 세계 가운데 40퍼센트 국가의

---

*　톨루엔에 질산과 황산의 혼합물을 작용시켜 얻는 화합물. 황색의 바늘 모양 결정으로, 폭약으로 널리 쓰인다(국립국어원 표준국어대사전).

예산을 완전히 충당할 수 있는 규모의 돈입니다. 이것이 미친 짓이 아니고 무엇이겠습니까?

제2차 세계대전이 끝난 후 40여 년이 지난 지금까지 한국전쟁과 월남전쟁을 포함해서 130여 회의 전쟁이 일어났고, 그간 죽은 사람이 1,500만 명에 달한다고 합니다. 이러한 분쟁이 일어난 나라들은 대개 약소국가들로서 강대국들이 뒤에서 관여하고 있습니다. 강대국들이 자기 이익을 위해서 약소국가 간에 전쟁을 일으키거나, 약소국가를 이용하고 있다는 것입니다. 이 또한 얼마나 비인간적인 미친 짓입니까? 이번 여객기 피격 사건도 면밀히 계산된 행위였을 것입니다. 약소국가 중 하나인 대한민국의 여객기이므로 격추시켜도 큰 문제가 없을 것으로 보고, 그것을 이용해 어떤 목적을 달성하겠다는 계산이었을 것입니다. 목적을 위해 수단 방법을 가리지 않는 야만적인 행위로서 하나님의 심판을 면할 수 없을 것입니다. 이런 인간성의 상실은 강자들이 약자를 무자비한 횡포로 대할 때 나타납니다. 약자에 대한 동정과 연민은 고사하고 어떻게 해서든지 약자를 착취하여 없애 버리려고 합니다. 이런 현상은 예부터 내려왔으며 현대에 이르러서는 그것이 더욱 기계화되고 잔인해졌습니다.

오늘 본문인 시편에서 우리는 강자들의 횡포와 그로 말미암아 착취당하는 약자의 호소를 들을 수 있습니다.

악인은 그의 교만한 얼굴로 말하기를 여호와께서 이를 감찰하지 아니하신다 하며 그의 모든 사상에 하나님이 없다 하나이다. (시 10:4)

하나님을 부정하는 자리에 결국 악이 존재합니다. 하나님을 부정하는 곳에는 양심도 선도 연민도 동정도 있을 수 없습니다. 하나님을 부정할 때 결국 하나님이 주신 인간성도 없어지고 맙니다. 그들의 "입에는 저주와 거짓과 포악이 충만하며 그의 혀 밑에는 잔해와 죄악"이 가득할 뿐입니다(시 10:7). 공산주의자들이 특별히 잔악한 것은 결국 저들이 하나님을 부정해 버렸기 때문입니다. 공산주의자뿐 아니라 하나님을 부정해 버린 사람은 누구나 다 잔인해지기 마련입니다. 하나님 없이는 참된 인간성을 가질 수 없기 때문입니다.

이런 악인들이 하는 일이란 억압과 착취와 살육과 전쟁 도발과 온갖 거짓을 동원한 간사한 계략이 전부입니다. 오늘 시편 본문 9절에 "사자가 자기 굴에 엎드림 같이 그가 은밀한 곳에 엎드려 가련한 자를 잡으려고 기다리며 자기 그물을 끌어당겨 가련한 자를 잡나이다. 그가 구푸려 엎드리니 그의 포악으로 말미암아 가련한 자들이 넘어지나이다"라고 한 대로입니다. 세계 도처에서 강자들의 이런 횡포로 많은 약자가 신음하며 고통당하고 있습니다. 이번에 이렇게 당했으면서도 우리나라가 어쩔 도리 없이 세계 여론에 기대할 수밖에 없는 약소국임을 절실하게 느껴야만 하는 아픔을 우리는 경험하고 있습니다. 살인강도를 뻔히 보면서도 어쩌지 못하는 우리의 약함 때문에 더욱 통분을 느끼지 않을 수 없습니다. 우리 민족은 역사 속에서 약소민족으로 언제나 강대국들에게 당하면서 계속 속수무책인 채 짓눌려야만 했습니다. 그 억울함과 그 원통함을 참아야만 했습니다. 짓눌린 자의 억울함과 원통함은 당한 자밖에 알지 못합니다. 미국과 일본이 알아주겠습니까? 저들은 결코 우리를 동정하지 않습니다. 자기 이익만을 위해서 일할 뿐입니다.

이제 우리가 호소할 데는 하나님밖에 없습니다. 그분은 약자의 하나님이십니다. 억눌린 자의 부르짖음을 들으시는 하나님이십니다. 신명기 26장 말씀을 보면 "애굽 사람이 우리를 학대하며 우리를 괴롭히며 우리에게 중노동을 시키므로 우리가 우리 조상의 하나님 여호와께 부르짖었더니 여호와께서 우리 음성을 들으시고 우리의 고통과 신고와 압제를 보시고"라고 했습니다(6-7절). 불의를 당한 약자들이 하나님께 부르짖을 때 이를 들으시는 하나님이십니다. 억눌린 자를 자유케 하시고 갇힌 자를 해방하시는 하나님이십니다. 이제 이 하나님께 우리가 울부짖어야겠습니다. 우리가 당하는 원통함과 서러움을 하나님께 호소합시다.

> 여호와여 일어나옵소서. 하나님이여 손을 드옵소서. 가난한 자들을 잊지 마옵소서.…주께서는 보셨나이다. 주는 재앙과 원한을 감찰하시고 주의 손으로 갚으려 하시오니 외로운 자가 주를 의지하나이다. 주는 벌써부터 고아를 도우시는 이시니이다. (시 10:12, 14)

세계 속에 고아와 같은 우리를 돌봐 주실 분은 하나님뿐입니다. 하나님께 우리의 원통함을 풀어달라고 기도합시다.

> 저 악하고 못된 자들의 팔을 꺾으소서. 저들의 죄 사정없이 물으소서. 깨끗이 벌하소서. (시 10:15, 공동번역)

이집트에서 400년 동안 고통을 당하던 이스라엘 민족이 하나님께 울부짖었을 때 하나님께서 들으시고 "강한 손과 편 팔과 큰 위험과 이적과 기사"로 그들을 가나안 땅으로 인도하여 내셨습니다. 하나님은 열 가지 재앙으로 바로와 이집트를 혼내시고 노예였던 이스라엘 자손들을 해방시켜 자유의 땅으로 인도하셨습니다.

5,000년의 억눌린 역사 속에서 신음해 온 우리 민족의 원통함과

억울함을 하나님께 호소할 때 하나님은 분명 들어주실 것입니다. 이번에 당한 이 원통함을 큰 소리로 부르짖읍시다. 궐기대회도 하고 규탄 대회도 합시다. 기도회도 하고 성명도 발표합시다. 억눌린 민족의 함성을 들으시는 하나님께서 들어주실 것입니다. 그래서 우리의 억울함을 풀어 주실 것입니다. 바로를 혼내셨듯이 이번에 하나님께서 소련을 혼내실 것입니다. 약자를 업신여기고 억압하는 모든 자를 하나님이 심판하실 것입니다. 하나님께서 다시는 강자들이 횡포를 부리지 못하게 하실 것입니다.

> 여호와여, 주는 겸손한 자의 소원을 들으셨사오니 그들의 마음을 준비하시며 귀를 기울여 들으시고 고아와 압제당하는 자를 위하여 심판하사 세상에 속한 자가 다시는 위협하지 못하게 하시리이다. (시 10:17-18)

하나님께서는 약자들의 억울함과 원통함을 풀어 주시려고 성자 예수 그리스도를 보내 주셨습니다. 그분이 오셔서 인간성을 잃어버리고 하나님을 부정하는 인간의 마음속에 도사리고 있는 악마를 몰아내시고 그를 꺾어 패배케 하셨습니다. 그리고 우리에게 새로운 인간성을 주셨으며, 귀신 들린 자를 고치신 것처럼 우리 속에 귀신들을 몰아내시고 새 인간성을 주셔서 서로 사랑하게 하셨습니다. 우리를 부르셔서 하나님의 나라의 백성이 되게 하셨습니다.

아직도 하나님을 대적하는 악마의 세력이 인간의 역사 속에서 기승을 부리고 있지만 머지않아 임할 심판에서 그들은 곧 멸망을 선고받을 것입니다. 오늘날 강자들이 자기가 가진 무력과 권세로 이 땅을 지배하려 하지만 그들의 나라는 곧 무너질 것입니다. 하나님께서 그 나라들을 심판하실 것이기 때문입니다. 그 나라들이 한 때는 번

쩍거리는 거대한 우상처럼 서 있으나 잠시 후 다 없어지고 하나님의 나라만이 거기에 우뚝 서게 될 것입니다.

강한 자에게 당하지 않기 위해 우리 스스로 강자가 되려고 할 필요는 없습니다. 하나님보다 더 강한 자가 없다면 오히려 억압받는 자들이야말로 가장 강한 자가 아니겠습니까? 하나님께서 약자를 도우시고 강한 자를 심판하시기로 작정하신 이상 우리는 모든 원수 갚는 것을 그분께 맡기는 것이 마땅합니다. 그분이 우리의 원통함을 속시원하게 씻어 주실 것입니다. 우리가 강하게 되는 길은 철저하게 하나님을 따르는 길입니다.

옛날 의인들이 고난을 당하면서도 끝까지 하나님을 의뢰하며 그분을 섬기는 길에서 떠나지 않았던 것처럼 오늘 비록 우리가 고난의 길에 있다 할지라도 낙심하거나 좌절하지 않고 더욱 더 하나님을 바라보며, 그분이 이룩해 가시는 역사를 지켜보고, 하나님을 신뢰하며 공경하고 예배하는 일을 게을리하지 말아야겠습니다. 하나님을 믿으며, 인내로 기다리는 자에게 하나님의 구원의 은총이 임하는 것입니다. 시편 18편에 보면 다음과 같이 노래하고 있습니다.

> 내가 환난 중에서 여호와께 아뢰며 나의 하나님께 부르짖었더니 그가 그의 성전에서 내 소리를 들으심이여 그의 앞에서 나의 부르짖음이 그 귀에 들렸도다. (시 18:6)

> 나를 강한 원수와 미워하는 자에게서 건지셨음이여 그들은 나보다 힘이 세기 때문이로다. (시 18:17)

환난을 만난 시인이 하나님께 부르짖을 때 그분이 들으시고 강한 자의 손에서 건지시고 저들을 멸망케 하셨다는 것입니다. 끝까지 고난을 감수하며 하나님을 바라보는 자에게 하나님은 최후의 승리를 주시며, 그 모든 억울함과 원통함을 풀어 주시며, 그 눈에서 눈물을 씻겨 주십니다.

이번 사건을 계기로 우리 사회에서 일어나고 있는 강자들의 횡포에 대해서도 반성하면서 이 땅 위에서 모든 폭력과 억압과 살육을 몰아내기 위하여 끊임없이 기도해야 합니다. 이번 사건을 결코 헛되게 해서는 안 됩니다. 어떤 폭력과 불의도 용납할 수 없다는 굳은 신념을 지니는 계기를 삼읍시다. 국제사회뿐 아니라 우리 사회 속에서도 다시는 이런 폭력이 난무하는 일이 없도록 해야겠습니다.

그것은 오직 하나님이 이룩해 가시는 구원의 역사에 대한 확신과 그 나라에 대한 기대 속에서만 이루어질 수 있습니다. 귀신 들려 미쳐 돌아가는 세계 속에 무능력한 제자들처럼 서 있을 것이 아니라 예수 그리스도의 강한 능력으로 귀신들을 몰아내고, 잃었던 인간성을 되찾아 줄 사명이 오늘 우리에게 있음을 깨달아야겠습니다. 권력의 귀신, 물질의 귀신, 전쟁의 귀신이 들린 세계를 일깨우고 경고를 주는 데 이번 사건은 큰 몫을 할 것입니다. 우리 스스로 이 귀신 들린 세계 속에 휩싸이지 말고 정신을 차리고 깨어 있어 그리스도의 능력으로 무장하고 하나님의 나라를 바라보는 믿음의 생활을 이루어 가야겠습니다.

강한 자들이 심판을 받고 약자들이 높이 들려지는 하나님의 나라가 속히 임하기를 기다립시다. 다시 한 번 하나님의 은총이 비명에 간 영혼들 위에 함께하시기를 바라며, 아울러 유족들에게도 하나님의 위로가 함께하시기를 바랍니다.

1983년 9월 3일.

교황 요한 바오로 2세 방한

1984년 5월 3일 4박 5일 일정으로 방한한 교황 요한 바오로 2세는 한국 천주교 창립 200주년 기념식과 순교자 103인 시성식에 참석하려고 교황으로는 처음으로 한국을 찾았다. 교황은 서울 여의도 광장에서 100만 명의 천주교 신도가 모인 가운데 한국 천주교 200주년 기념 미사를 집전했다. 이 자리에서 김대건 신부를 비롯한 한국 천주교 순교자 103인의 시성식이 치러졌다.

교황은 방한 기간 동안 광주와 소록도, 대구와 부산 등을 방문했다. 특히 방한 이튿날에는 광주 무등경기장에서 '화해의 날' 미사를 집전하며 5·18 민주화운동의 희생자와 유가족을 위로했다.

광주 민주화 운동을 비롯한 국민의 민주화 요구를 폭력으로 진압하고 시작된 제5공화국은 정권 성립 과정에서 발생한 민주화 운동의 유혈 진압 등 정통성 없는 정권 창출 과정에 대해 임기 내내 재야인사들의 비판을 받았다.

이러한 시기에 교황의 방한은 여러 가지 의미가 있었다. 정권 쪽에서는 재야의 한축인 천주교의 선교 200주년을 축하함으로 정권을 향한 칼날을 무디게 하려 했는가 하면, 억압적인 군사정권 밑에서 짓눌린 민중은 교황의 방문을 통해 위로의 메시지를 얻고자 했다.

나는 교황의 방한이 폭력적인 현실에 새로운 희망과 용기를 주는 계기가 되었다고 보고, 어떤 폭력도 정의로울 수 없다는 점을 강조하면서 폭력에 맞서는 화해와 용서, 그리고 평화의 메시지를 준비했다.

폭력에 항거하는 신앙

시편 94:1-23, 마태복음 5:38-48

5월은 싱그럽고 푸르른 달로 어린이날이 있고, 어버이날이 있으며, 청년의 날도 있습니다. 그러나 우리나라 5월의 역사에는 폭력으로 얼룩진 날들이 포함되어 있습니다. 5·16군사정변이 그것이고, 또 5·18 광주 민중 항쟁이 바로 그렇습니다. 이렇게 폭력으로 정부가 세워지고 폭력으로 다스려지는 사회에 사는 우리 그리스도인은 폭력에 대한 입장을 어떻게 취해야 할지 생각해 봐야 합니다.

폭력의 필연적 속성

우리의 사회는 여러 가지 폭력으로 얼룩져 있습니다. 정권을 유지하기 위한 정치적 폭력이 있는가 하면, 대기업들의 경제적 폭력이 이 사회를 병들게 만들었고, 언론의 무기력과 횡포 또한 이 사회를 어지럽게 하고 있습니다. 그런가 하면 이런 폭력에 맞서 항거하는 사람들도 폭력에 의존하고 있어서 폭력의 악순환은 계속되고 있습니다.

우리 사회가 이렇게 폭력이 난무하는 사회가 된 것은 남북이 분단되어 6·25전쟁을 치르면서 공산 집단의 침략을 막으려고 군사력을 기르지 않을 수 없었고, 군부가 막강한 힘을 가진 집단이 되어 마침내 쿠데타를 통해 정권을 장악하기에 이르렀기 때문입니다. 그 이후 계속해서 오늘날까지 폭력에 의존하지 않고는 정권을 유지할 수가 없었으며, 그 폭력은 합리화되고 필연적인 것으로 받아들여졌습니다. 이런 상황 속에서 기독교인들도 폭력을 합리화하는 데에 동조해 왔습니다.

프랑스 보르도대학의 자크 엘륄(Jacques Ellul) 교수의 저서 『폭력』(현대사상사)에 보면, 이런 현상은 비단 우리나라에 국한된 것이 아니라 모든 나라에 공통적인 현상임을 알 수 있습니다. 그래서 그 책에서 자유롭게 인용하면서 폭력의 성격을 규명하고 거기에 대한 그리스도인의 입장을 밝히고자 합니다.

엘륄 교수는 "폭력은 어느 곳에서나 어느 때에나 심지어 그것이 존재하지 않는다고 생각하는 곳에서도 존재한다는 사실을 인정하지 않으면 안 된다"고 했습니다.* 그리고 모든 국가가 폭력에 근거하여 수립되었으며, 폭력을 통하지 않고서는 자체가 유지될 수 없다고 했습니다. 그는 여러 가지 폭력적인 사실을 지적하는 가운데 미국 사회의 예를 들며 "이와 같이 도덕화되고 기독교화된 사회, 법과 정의의 정중한 이데올로기를 표방하는 사회도…마찬가지로 근본적으로 폭력적인 사회임을 면치 못한다"고 했습니다.** 예수님께서 일찍이 이런 상황을 지적하신 바 있습니다.

> 이방인의 집권자들이 그들을 임의로 주관하고 그 고관들이 그들에게 권세를 부리는 줄을 너희가 알거니와. (마 20:25)

---

* 자크 엘륄, 『폭력』(현대사상사), 100.
** 앞의 책, 107.

세상 나라들은 폭력에 기대지 않고는 세울 수도 유지할 수도 없습니다. 결국 폭력은 이 세상 나라의 필연적인 속성임을 알 수 있습니다.

폭력의 법칙

엘륄 교수는 폭력의 몇 가지 법칙을 소개했습니다.* 폭력의 첫 번째 법칙은 계속성입니다. 일단 폭력에서 출발하면 계속 폭력을 사용할 수밖에 없다는 것입니다. 5·16군사정변이 일어났을 때 그들은 혁명 과업을 완수한 뒤 군 본연의 자세로 돌아가겠다고 철석같이 약속을 했습니다. 그러나 그들은 군으로 돌아가는 대신에 계속 폭력으로 정권을 장악했습니다. 그것도 한 번으로 만족하지 않고 계속 집권하기 위해 더 강력한 폭력을 사용했습니다.

폭력의 두 번째 법칙은 상호성입니다. 그것은 "칼을 쓰는 모든 사람은 칼로 망한다"는 예수님의 유명한 말씀에서 잘 나타납니다(마 26:52). 폭력은 폭력을 창조하고 생산 및 방출합니다. 폭력으로 시작된 제3공화국, 제4공화국은 결국 폭력에 의해 끝장났습니다. 정부는 학생들의 데모를 저지하고자 주동자들을 감옥에 가두거나 강제징집을 하여 입대시켰습니다. 군에서는 이렇게 강제징집당한 학생들의 사상을 '녹화 사업'이란 이름으로 푸르게 만든다고 합니다. 이 녹화 사업이 젊은이들에게는 감옥보다 더 무서운 폭력으로 작용합니다. 폭력은 폭력의 재생산을 가져올 뿐입니다.

폭력의 세 번째 법칙은 동일성입니다. 모든 폭력은 똑같습니다. 정당한 폭력이 따로 있고 부당한 폭력이 따로 있는 것이 아닙니다.

---

* 자크 엘륄, 앞의 책, 111-128.

해방시키는 폭력과 예속시키는 폭력 사이에 구별이 있을 수 없습니다. 물리적 폭력, 경제적 폭력, 심리적 폭력 모두 똑같은 폭력임에 틀림이 없습니다.

폭력의 네 번째 법칙은 폭력은 폭력을 낳을 뿐이라는 것입니다. 폭력으로 수립한 어떠한 정부도 자유와 정의를 준 예가 없습니다. 폭력은 어떠한 고상한 목표도 실현할 수 없고, 자유와 정의도 창조할 수 없습니다. 폭력으로 세워진 정권이 정의 사회를 구현한다는 것은 허울 좋은 구호에 불과합니다.

마지막으로 폭력을 사용하는 사람은 항상 폭력과 자기 자신을 정당화하려고 애씁니다. 폭력은 원래가 매력 없는 것이기에 폭력을 사용한 자들 모두가 사람들에게 그것이 도덕적으로 정당하게 보장받은 것이라고 장광설을 늘어놓았습니다. 히틀러, 스탈린, 모택동이 그러했고, 우리나라 역대 집권자들이 그러했습니다. 폭력을 사용하는 사람일수록 자기들은 평화주의자요, 반폭력의 기수라고 선전합니다. 그런데 어째서 이 땅에서 전쟁이 끊일 사이가 없고, 폭력이 난무하게 되는지 알 수 없습니다. 결국 폭력에 의존하는 사람일수록 평화주의자란 가면을 쓰고 있다는 사실이 명백합니다.

이런 폭력의 법칙들이 그대로 우리 사회에서 실증되고 있습니다. 이 세상 나라들은 폭력에 의존할 수밖에 없다는 사실이 분명합니다. 세상의 나라를 거부하고 사랑으로 이룩하는 하나님의 나라를 선포하신 예수 그리스도를 믿는 우리는 이 세상에서 일어나고 있는 모든 폭력에 대해서 "아니오"라고 분명히 말해야 할 것입니다.

폭력을 거부하는 하나님 나라

예수님은 하나님의 나라를 폭력에 의존해 세우려 하시지 않았습니다. 겟세마네 동산에서 체포당할 때 베드로가 칼을 빼어 한 사람의 귀를 베었을 때 예수님은 검을 도로 집에 꽂으라고 하시면서 당장 열두 군단 이상의 천사를 불러올 수도 있지만 그것은 하나님의 뜻이 아니라고 하셨습니다. 폭력에 맞서 폭력으로 대항한다면 거기에 하나님의 나라는 없습니다. 예수님이 천국을 겨자씨로 비유하신 일을 이런 측면에서 살펴볼 때 새롭습니다. 겨자씨와 같이 극히 보잘것없는 것에서 천국이 시작된다는 사실은 모든 폭력에 대한 거부입니다. 강력한 폭력으로 단번에 하나님의 나라를 이루는 것이 아니라 서서히 자라나는 생명의 힘으로 이룩한다는 것입니다. 오히려 이 세상의 폭력으로 죽임을 당하는 곳에서 새 생명이 싹트면서 천국이 자라나기 시작합니다.

예수님께서 제자들에게 이 세상 나라 지배자들은 강제로 백성을 지배하려 하지만 너희들은 섬기는 자가 되라고 하셨습니다. 그리스도인들은 폭력을 사용하는 자가 아니라 사랑으로 봉사하고 희생하는 자들이라는 말씀입니다. 오른 편 뺨을 칠 때 왼 편도 돌려 대며, 원수를 사랑하고 핍박하는 자를 위하여 기도함으로 여기에 하나님의 나라를 이룩해 갑니다.

사도행전에 나타난 초대교회는 바로 예수님의 이런 정신을 따라 그들을 억압하고 핍박하는 폭력에 대해 폭력으로 맞서지 않고 가두면 갇히고, 때리면 맞고, 죽이면 순교하면서 복음을 전했습니다. 교회가 복음적 사업을 위해 혹시라도 폭력에 의존한다면 그것은 복음 자체를 훼손시키는 일이 아닐 수 없습니다. 하나님의 나라가 세상 나라와 근본적으로 다른 것은 이와 같이 전적으로 폭력을 배제한다는 데 있습니다. 하나님의 나라는 폭력에 의존하지 않고도 자랄 수 있는 힘을 간직하고 있습니다. 그러므로 이 생명력은 이 세상 그 어떤 폭력보다도 더 강력한 힘입니다. 우리가 가진 생명은 죽음을 극복하고 부활하신 예수 그리스도의 생명이기에 이 세상의 폭력이 꺾을 수 없습니다.

이와 같이 선포된 하나님의 나라에 부름받은 우리 그리스도인은 이 세상에 중력 법칙과 같이 존재하는 폭력의 현실을 똑바로 인식하면서 어떠한 이유, 어떠한 합리적인 해석에도 모든 종류의 폭력을 인정하지 않아야 합니다. 우리가 어쩔 수 없는 폭력적 현실 속에 살더라도 그것이 결코 옳지 않음을 고백해야 합니다. 우리는 폭력으로 이루어진 사회를 정당한 것으로 받아들여서는 안됩니다. 아무리 그럴듯한 명분이 있다 하더라도 모든 폭력은 거부되어야 합니다. 미국이 세계 평화를 위해서 무기를 개발한다고 하지만, 그들이 내다 파는 무기가 오늘 세계 도처에 전쟁을 일으키고 있다는 사실을 볼 때 평화를 위한 무기란 논리적으로만 가능할 뿐 실제로는 존재하지 않습니다. 악을 응징한다는 명분으로 또 다른 폭력을 사용하는 것을 우리는 용납해서는 안 됩니다. 끊임없이 폭력과 폭력이 맞서는 이 사회 속에서 화해와 사랑을 선포해야 할 책임이 우리에게 있습니다. 그 어떤 편의 폭력에도 가담해서는 안 됩니다. 우리가 전할 복음은 화해와 용서와 사랑입니다.

지난번에 교황 바오로 2세가 다녀간 일은 이런 의미에서 참으로 뜻깊은 일이었다고 생각합니다. 특별히 5·18 민중 항쟁으로 아직 응어리진 한이 풀리지 않은 광주에 내려가서 화해와 용서의 메시지를 전한 것은 참으로 기독교의 본질을 보여 준 일이었습니다. 저는 교황이야말로 하나님께서 이 땅을 사랑하셔서 보내주신 사랑과 화해의 사자라고 생각했습니다. 폭력과 증오와 불신으로 범벅이 된 이 땅에 그가 신뢰와 사랑과 일치의 뜨거운 입김을 불어넣으려고 내한한 것이라고 생각합니다.

정치가들은 이 화해의 분위기를 자기들에게 유리하도록 이용하려고 하지만, 교황이 내한 후 보여 준 모습은 바로 그들이 사용한 폭력을 심판하는 것입니다. 또한 민중이 폭력으로 다스려지지 않고 사랑으로만 일치를 이룰 수 있다는 교훈을 그들에게 주는 것임을 깨달아야 합니다.

하나님 나라를 막을 수 없는 폭력

다음으로 우리가 가져야 할 확신은, 결코 폭력이 하나님의 나라를 저지할 수 없다는 사실입니다. 예수님께서 일찍이 이런 확신을 우리에게 비유로 보여 주셨습니다. 씨를 뿌리는 자가 나가서 씨를 뿌리는데 어떤 것은 새가 와서 쪼아 먹고, 어떤 것은 돌작밭에 떨어져 시들고, 어떤 것은 가시덤불에 숨이 막혀 자라지 못했습니다. 여기서 나오는 새나 돌이나 가시는 이 세상의 폭력을 뜻합니다. 이 땅에 천국이 실현되는 것을 방해하는 폭력들입니다. 예수께서는 자기가 전하는 복음이 세상에서 많은 박해와 핍박을 받을 것을 아셨습니다. 그러나 그 비유 마지막에서 예수님은 30배, 60배, 100배를 수확하게 되는 추수 때를 말씀하셨습니다. 아무리 폭력이 난무하여도 마침내 풍성한 수확이 이루어진다는 예수님의 확신이 그 비유에 잘 나타나 있습니다.

예수님의 확신은 역사 속에서 잘 증명되고 있습니다. 로마에서 기독교가 그렇게 박해를 당하고 수많은 순교자가 생겼음에도 더욱 번

창했으며, 한국 땅에서도 수많은 교인이 순교를 당했지만 오늘 이 땅에 복음은 더욱 활발하게 전파되고 있습니다. 이번에 여의도에서 거행된 시성식(諡聖式)에서 성자로 추대된 103명은 모두가 순교자입니다. 폭력에 의해 순교당한 103명의 영혼이 있는 그 자리에 100만 명의 신자들이 모였고 수백만 명의 기독교인들이 이를 지켜봤습니다. 폭력이 결코 복음을 저지시킬 수 없고, 하나님의 나라를 막을 수 없다는 분명한 증거가 나타난 역사적인 자리였습니다. 사랑으로 시작된 하나님의 나라는 이 세상 나라들의 폭력에도 틀림없이 온 땅에 충만하게 될 것이며, 모든 사람의 가슴 깊이 그 뿌리를 내리게 될 것입니다. 우리는 이 확신을 가지고 오늘날 이 폭력적인 현실과의 타협을 거부하며 이 땅에서 사랑과 화해의 역사를 이루어 나가야겠습니다.

    사랑하는 여러분, 우리는 이 땅에서 일어나는 모든 종류의 폭력을 거부하고 항거하는 그리스도인임을 잊지 말아야 합니다. 국가가 폭력에 동조하도록 그럴듯한 명분과 이유로 유혹할 때 우리는 단호히 "아니오"라고 말할 수 있어야 합니다. "아니오"라는 말 때문에 우리의 생명이 위협을 받는다 해도 끝까지 타협해서는 안 됩니다.
    폭력적인 사회는 우리가 피할 수 없는 필연적인 현실입니다. 그렇지만 우리는 결코 그것을 정당하다고 인정할 수 없습니다. 그것을 정당화할 구실을 만들어 주어서도 안 됩니다. 우리 그리스도인은 끝까지 폭력을 사용하는 자들과 생각을 같이할 수 없으며, 그들과 손잡을 수 없습니다. 그들이 뒤집어 쓴 양의 가면에 속아서는 안 됩니다. 그들이 감추려는 폭력적 과오를 잊어서는 안 됩니다. 그들의 폭력을 똑똑히 인식하면서 거기에 사랑과 용서와 화해로 응답해야 합니다. 이것이 바로 그리스도께서 가르쳐 주신 하나님 나라의 길입니다. 오늘날 이 사회에 만연한 폭력에 항거하여 사랑과 화해와 복음으로 참다운 승리의 생활을 이루시는 성도가 되시기를 바랍니다.

1984년 5월 20일.

6월 민주 항쟁

6월 민주 항쟁이란 1987년 6월, 전두환 정권의 군부독재에 맞서 전국에서 일어난 일련의 민주화 운동이다. 4·13 호헌 조치와, 박종철 고문치사 사건 그리고 이한열 군이 시위 도중 최루탄에 맞아 사망한 사건 등이 도화선이 되어 6월 10일 이후 전국적인 시위가 발생했다. 6월 29일 당시 민정당 대표 노태우가 수습안을 발표해 대통령 직선제로 개헌이 이루어졌고, 1987년 12월 16일 새 헌법에 따른 대통령 선거가 치러졌다. 이로써 5·16 군사정변으로부터 시작된 27년 군부독재는 끝나고 '제도적인' 민주주의가 회복되었다. 이 사건을 계기로 제정된 대한민국 헌법 9차 개정안이 지금까지도 1987년 체제라고 표현될 정도로 한국 정치, 법률 운영의 기초가 되고 있다.

나는 30년 가까이 계속된 군사정권이 시민들의 희생과 저항에 의해 물러가고 진정한 민주주의가 실현될 수 있는 기초를 놓았다는 점에서 6월 항쟁을 하나님께서 우리를 위해 예비하신 새 역사라고 보았다. 그래서 바벨론의 오랜 포로생활 끝에 고국으로 귀환하는 이스라엘 백성을 위로하는 이사야의 예언의 말씀 가운데 우리를 향하신 하나님의 뜻이 있다고 보았다. 교회는 새로 시작되는 역사 앞에서 과거의 소극적이었던 죄를 회개하고 적극적으로 하나님의 뜻을 받들어 이 사회의 민주화에 헌신해야 한다고 역설했다.

새 역사를 위한 교회의 사명

이사야 54:1-7, 고린도전서 3:6-9

고문치사당한 박종철 군의 죽음과 이를 축소 은폐하려던 음모가 만천하에 폭로되어 민주화를 요구하는 온 국민의 함성이 6월의 하늘을 뒤흔들었습니다. 그렇게 완악하고 강퍅했던 이 정권은 마침내 국민의 요구에 굴복하여 민주화의 새 역사를 향한 대장정에 동의하지 않을 수 없었습니다. 최루탄 파편에 맞은 이한열 군의 죽음은 5·16 쿠데타 이후 오늘까지 군사독재의 억압과 불의로 상처받은 온 국민의 한을 분출시켰습니다. 이제는 누구도 민주화를 향한 새 역사의 열망을 거스를 수 없게 되었습니다.

돌이켜 볼 때 우리 사회가 이 새 역사를 출발시키려고 얼마나 많은 희생과 고통을 당했는지 알 수 없습니다. 멀리는 4·19의거 때 희생된 수많은 학생의 피로 시작해서 광주 학살 사건에서 흘려진 아벨들의 피, 그리고 스스로 목숨을 끊어 이 민족의 제단에 바친 젊은이들의 죽음과 악독한 고문을 이 땅에 다시는 발붙이지 못하게 한 박종철 군의 죽음, 이 정권을 유지해 주던 최루탄에 희생을 당한 이한열 군의 죽음까지 어둡고 고통스러운 역사의 터널을 지나와야 했습니다. 그러나 우리는 이 길고도 견디기 어려웠던 역사를 통해서, 걸만 번지르르 하고 듣기 좋은 구호만 외치는 독재 체제가 얼마나 못된 것인가를 몸서리치도록 체험했습니다. 그래서 이제는 더 이상 이를 용납할 수 없으며 민주화된 사회만이 우리가 추구할 이상임을 배우게 되었습니다.

지금 우리의 역사는, 그 옛날 바벨론 포로 생활이란 고통스러운 시련의 시기를 지낸 후 다시 고국에 돌아가 새롭게 출발한 이스라엘의 역사와 비슷합니다. 새로운 날이 오기를 바라며 기다리는 이스라엘 백성을 향한 이사야서 40장 이후의 메시지들은 저들에게 말할 수 없이 큰 위로와 용기와 희망을 주었습니다. 오늘 새 역사의 지평 앞에 서게 된 우리에게도 이사야서의 말씀은 큰 위로와 용기, 희망을 줍니다. 동시에 이 새 역사를 위한 우리의 사명이 무엇인지 깨우쳐 줍니다.

생산치 못하던 백성

오늘 본문인 이사야서 54장에 보면 "잉태하지 못하며 생산하지 못한" 이스라엘 백성이 이제는 남편 되신 하나님으로 말미암아 많은 자식을 낳을 것이라고 했습니다(1절). 많은 자식을 낳는다는 것은 문자 그대로 인구의 증가를 의미합니다. 그것은 곧 이스라엘의 번영을 뜻합니다. 그러나 여기서 우리는 상징적인 의미로 이 말씀을 해석할 수 있습니다. 잉태하지 못하며 생산하지 못한다는 것은 하나님의 말씀대로 살지 못한 이스라엘의 역사를 뜻합니다. 이스라엘 백성이 바벨론 포로가 될 수밖에 없었던 것은 저들이 하나님이 주신 율법대로 살지 않았기 때문입니다. 하나님을 사랑하고 이웃을 사랑하라는 계명으로 요약되는 율법은 왕의 절대 권력을 허락하지 않고 약한 자를 돌볼 것을 강조하는 민주화를 지향하고 있었습니다.

이스라엘은 이 율법을 기초로 나라를 세웠지만 때로는 왕이, 때로는 백성이 이 말씀을 철저하게 따르지 않았습니다. 그때마다 징계와 심판을 받았고, 수많은 예언자들이 나타나 왕과 백성을 향하여 율법대로 행하라고 설교했습니다. 왕들의 역사를 기록한 열왕기를 보면, 율법을 따라 올바로 다스린 왕들을 선한 왕으로 평가하고, 그렇지 못한 왕들은 악한 왕으로 평가합니다. 그러나 전체적으로 이스라엘의 역사를 볼 때 백성이 의식화되지 못한 데 문제가 있었습니다. 그 백성은 하나님에 대한 신앙을 분명히 하지 못했습니다. 자주 가나안 종교에 매력을 느끼고 그것을 좇아갔습니다. 율법이 제시하는 이상보다는 주변 국가들의 문화를 더 현실적이고 매력적인 것으로 받아들였습니다. 그래서 율법을 따르기보다 주변 국가들의 생활양식을 그대로 받아들이려 했습니다. 물론 왕의 의식이 어떠한가는 백성의 삶과 신앙에 많은 영향을 미칩니다만, 백성의 의식이 올바로 되어 있다면 왕들이 함부로 그 백성을 좌우하지 못했을 것입니다. 전제군주가 나타나 자기 마음대로 할 수 있는 것은 결국 백성이 그것을 용납하기 때문입니다. 그 좋은 예가 이스라엘의 아합 왕 때 나타납니다. 그가 두로의 공주 이세벨과 결혼하여 이스라엘에 바알 신앙을 끌어들였을 때 백성은 거기에 개의치 않고 묵묵히 받아들였습니다. 예언자 엘리야가 갈멜산 대결에서 백성을 향하여 외쳤습니다.

"너희가 어느 때까지 두 사이에서 머뭇머뭇 하려느냐? 여호와가 만일 하나님이면 그를 따르고, 바알이 만일 하나님이면 그를 따를지니라." (왕상 18:21)

그러나 그때 그들은 한마디도 대답하지 않았습니다. 엘리야가 갈멜

산에서 하나님의 능력을 보여 주어 그 백성을 깨우쳤지만 아무도 엘리야를 따라 궐기하지 않았습니다. 오히려 엘리야가 낙담하여 호렙산으로 도망가게 되었습니다.

나봇의 포도원 사건도 마찬가지입니다. 나봇이 용기 있게 항거했음에도 백성은 나봇을 따라 궐기하는 대신에 오히려 이세벨의 사주를 따라 나봇을 재판하고 처형해 버렸습니다. 백성이 얼마나 의식이 없었는가를 단적으로 보여 주는 이야기입니다.

결국 하나님께서는 그 백성을 바벨론에 포로로 잡혀가 고난당하게 하심으로 그들의 신앙을 일깨우고 올바른 의식을 갖게 하셨습니다. 고난을 치르고 난 이스라엘을 향하여 예언자는 이제 장막 터를 넓히라고 권고합니다. 그리고 하나님께서 이제 그들과 함께하셔서 보석으로 꾸민 성에 살면서 평화와 정의로운 사회를 이룩하고 다시는 공포가 없는 사회를 이룩하실 것이라고 외쳤습니다.

오늘날 우리 국민이 한 목소리로 민주화를 외치며 뜨거운 열망으로 이 새로운 역사의 문 앞에 서기까지는 참으로 오랜 고통의 시간이 필요했습니다. 일제강점기 36년과 해방 후 42년, 도합 78년이란 오랜 시련의 역사 끝에 이제 비로소 우리 모두가 바라고 하나님이 기뻐하시는 새 역사의 문턱에 도달했습니다. 이 기간은 이스라엘이 광야에서 보낸 40년보다도 길고, 바벨론 포로 생활을 한 70년보다도 오랜 세월입니다. 하나님께서는 청옥이나 홍보석처럼 아름다운 젊은이들의 생명을 기초로 놓으시고 이제 여기에 아름다운 민주의 새 역사를 시작하려 하십니다. 우리가 출발하려는 이 새 역사가 바로 이와 같은 오랜 시련과 고통의 결과라는 인식을 가져야 합니다. 그래야 다시는 방심하여 이 기회를 놓치는 일 없이 정신을 똑바로 차리고 오직 민주화를 위한 새 역사 창조에만 열중하게 될 것입니다.

새 역사를 위한 교회의 사명

이런 새 역사의 출발을 위한 교회의 사명이 무엇인가 생각하기에 앞서 우리는 회개하는 마음으로 이 역사 앞에 서야 합니다. 어려운 시기마다 교회가 예언자적 사명을 감당했어야 하지만 그러지를 못했습니다. 교회는 고난 가운데 있는 백성에게 위로를 준다고 하면서 현실을 도피하게 하고 사후 천국만을 소망하게 했습니다. 적극적으로 이 땅에 하나님의 나라를 실현시키는 일에 교회는 거의 무관심했습니다. 그래서 교회는 어떤 정권이 들어서든 예배만 드리게 해 준다면 개의치 않고 그저 오늘의 역사와 완전히 단절된 복음 안에 안주하려고 했습니다. 이러한 교회의 태도는 결국 하나님이 우리에게 주신 시련과 고난의 의미를 제대로 밝히지 못하고 따라서 하나님의 예정을 따라 이루어질 미래의 역사를 소망으로 제시하지 못했습니다. 하나님이 예정하신 역사 안에 살면서 그 역사의 의미를 전혀 알지 못한 채 헛된 믿음으로 세상의 빛과 소금이 되지 못했습니다.

이사야는 바로 이런 잘못된 신앙에 사로잡힌 이스라엘을 향해 회개하라고 외쳤습니다. 이사야서 58장을 보면 이스라엘 백성은 금식을 해도 하나님께서 알아주지 않는다고 호소합니다. 그때 하나님께서 저들에게 대답하십니다.

> 보라 너희가 금식하는 날에 오락을 구하며 온갖 일을 시키는 도다. 보라 너희가 금식하면서 논쟁하며 다투며 악한 주먹으로 치는 도다.…이것이 어찌 내가 기뻐하는 금식이 되겠으며…. (사 58:3-5)

우리 한국교회도 그렇지 않은가요? 가장 잘 믿는다고 하면서 우리는 너무나 많이 싸웠고 분열했습니다. 이것이 어찌 하나님이 기뻐하시는 예배가 될 수 있겠습니까? 이사야는 계속 하나님의 말씀을 들려줍니다.

> 내가 기뻐하는 금식은 흉악의 결박을 풀어 주며 멍에의 줄을 끌러 주며 압제당하는 자를 자유하게 하며, 모든 멍에를 꺾는 것이 아니겠느냐? (사 58:6)

그렇습니다. 하나님이 기뻐하시는 일은 바로 정치와 관계있습니다. 군사독재가 이 땅에 펼쳐 놓은 흉악의 결박과 멍에와 압제를 제거하고, 해방과 자유를 가져오는 일을 하나님은 기뻐하십니다. 이것이야말로 하나님이 기뻐하시는 금식이라고 하십니다. 고통 가운데 있는 역사와 상관없이 그저 교회당 안에 엎드려 금식하며 기도한다고 해서 하나님이 기뻐하시는 게 아니라는 말씀입니다. 역사와 상관없이 무엇을 기도하며 무엇을 위해 금식하는 겁니까? 고난의 역사에 담긴 의미를 물으며 함께 고통하면서 기도할 때 그것이 참된 기도가 됩니다.

이사야는 계속 교훈합니다.

> 또 주린 자에게 내 양식을 나누어 주며 유리하는 빈민을 집에 들이며 헐벗은 자를 보면 입히며 또 네 골육을 피하여 스스로 숨지 아니하는 것이 아니겠느냐? (사 58:7)

이것은 경제와 관련된 이야기입니다. 경제 분야에서 민주화되어야 한다고 말씀하시는 것입니다. 단순한 구제로 만족할 성질의 것이 아니라 저임금과 저소득으로 말미암은 고통을 없애고 사람다운 삶을 누릴 수 있도록 경제의 민주화가 이루어질 때 하나님이 이를 기뻐하신다는 말씀입니다. 한국교회는 이런 역사에 대해 너무 무감각하고 무관심했던 잘못을 회개하고 이제부터라도 하나님이 이룩해 가시는 역사에 관심을 가져야 합니다. 그 역사를 가꾸고 키우며 그 의미를 밝히는 예언자적 사명을 감당해 가야겠습니다.

한국 민주화라는 큰 역사를 위해서 교회는 항상 비판적으로 그 길을 제시하며 하나님의 거룩하신 뜻이 무엇인지를 분별하여 그 뜻에 따르도록 이끌어야 합니다. 교회는 역사와 정치에 대하여 소극적이던 과거의 자세를 버리고 적극적으로 역사에 동참하여 하나님이 기뻐하시는 자유와 정의의 질서를 이 땅에 정착시켜 가야 합니다. 결국은 하나님께서 민주의 나무를 자라게 하시지만, 우리에게도 심고 물을 주라고 하십니다. 우리는 하나님의 동역자들로 부름받았습니다. 새 역사 창조를 위한 동역자의 사명이 바로 교회에 주어진 것입니다. 이제 우리 모든 그리스도인이 과거의 안일과 나태에서 깨어나 오늘의 역사를 주시하면서 하나님께서 우리에게 약속하신 은총의 역사를 이루어 나가야겠습니다.

사랑하는 여러분, 80년 만에 겨우 주어진 민주화를 위한 새 역사의 기회를 다시는 잃어버리지 않도록 정신을 차려야겠습니다. 이번에 이루어진 변화의 역사는 바로 우리 교회를 향한 하나님의 역사이기도 합니다. 잠들어 있는 교회를 깨워 정신을 차리고 전신갑주로 무장하게 하시는 하나님의 역사입니다. 이제 우리는 예배당 안에만 국한된 신앙이 아니라 하나님의 역사 전체를 바라보며 그것을 추구하는 폭넓은 신앙의 세계를 향해 나가야 합니다. 하나님께서 허락하신 기회임을 자각하면서 이사야의 말씀대로 민주화를 위한 우리의 장막 터를 넓히고 처소의 휘장을 널리 폅시다. 다시는 넘어지지 않도록 말뚝을 든든히 박아야겠습니다. 이 새 역사의 부름에 응답하여 그 사명을 감당해 가는 여러분의 생활이 되시기를 바랍니다.

1987년 7월 12일.

노태우 대통령의 '7·7선언' 발표

1988년 7월 7일 노태우 대통령은 '민족자존과 통일 번영을 위한 특별 선언'을 발표했다. '7·7선언'으로 명명되는 이 선언은 북방 정책을 대북한 정책과 대북방 외교 정책을 포괄하는 개념으로 설정하고 그 대상 범위도 북한과 북한의 주요 동맹국인 중국과 소련뿐 아니라 동구 및 아시아권 사회주의 국가를 포함하는 것으로 정립했다.

'7·7선언'은 88 서울올림픽이 동서 진영 거의 모든 국가가 참여한 전 인류의 스포츠 제전으로 만드는 데 기여했다. 그 후 냉전의 종식 등 세계적으로 화해 시대가 열리는 길을 선도했다.

'7·7선언'에 앞서 한국기독교교회협의회(NCCK)는 1988년 2월 29일 '민족의 통일과 평화에 대한 한국 기독교회 선언'을 발표한 바 있다. 분단된 조국의 통일 문제를 고민해 온 NCCK가 가맹 교단들의 의견을 수렴하여 통일에 대한 고백적인 내용을 담아 우리 민족과 온 세계에 발표한 선언이다. 이 선언은 노태우 대통령의 '7·7선언' 발표를 앞당기는 데 큰 역할을 한 것으로 평가받는다.

이 두 선언을 보면서 과거 메뚜기(독재 정권)가 먹어 버린 세월이 막을 내리고 평화와 민족의 통일을 향한 새로운 날들이 열린다는 희망을 갖게 되었다. 하나님께서 우리 앞에 새로운 날들을 준비하셨음을 바라보며 그 역사에 동참할 것을 강조하며 '잃어버린 세월에 대한 보상'이란 제목으로 설교했다.

잃어버린 세월에 대한 보상

요엘 2:15-27, 디모데전서 1:12-17

본문인 요엘서 2장 말씀 가운데 25절에 "내가 전에 너희에게 보낸 큰 군대 곧 메뚜기와 느치와 황충과 팥중이가 먹은 햇수대로 너희에게 갚아 주리니"라는 말씀이 있습니다. 이것은 이스라엘 땅에 일어난 메뚜기 재난으로 몇 해 농사가 헛수고가 되어 버린 일과 관계된 말씀입니다. 메뚜기로 말미암아 잃어버린 세월을 하나님께서 보상해 주시겠다는 것입니다.

요엘서는 3장으로 되어 있는데 첫 부분은 민족의 회개와 기도를 요청하고, 둘째 부분에서는 하나님께서 자기 백성의 부르짖음을 들으시고 그들이 회복하고 다시 번영하며 영적으로 풍성하게 하시리라는 약속이 포함되어 있습니다. 요엘은 메뚜기 재난으로 고난당한 이스라엘 민족에게 회개를 촉구하면서 하나님의 위로의 메시지를 전했습니다.

이 위로의 메시지 중 으뜸은 바로 잃어버린 세월을 보상해 주신다는 말씀입니다. 환난을 당한 이스라엘이 고난 중에서 하나님께 부르짖기만 하면, 하나님은 뜨거운 마음으로 그 백성을 긍휼히 여기셔서 그들이 잃어버린 세월을 몇 배로 보상해 주시리라는 위로의 약속입니다. 우리는 이 말씀 속에서 성경의 핵심 메시지 즉 하나님께서 우리 인간을 구원하셔서 새롭게 하신다는 복음을 발견하게 됩니다. 오늘 이 말씀을 통해 우리가 잃어버린 세월에 대한 반성과 회개 그리고 그것을 보상하시는 하나님의 은혜가 무엇인지 살펴보면서 은혜를 나누고자 합니다.

메뚜기가 먹은 세월

먼저, 메뚜기로 말미암아 잃어버린 우리의 세월에 대하여 생각해 보고자 합니다. 메뚜기 떼로 말미암은 재난은 치명적입니다. 구름같이 새까맣게 몰려온 메뚜기 떼가 한번 앉았다 지나가면 마치 전쟁을 치른 것처럼 되어 버리고 맙니다. 그래서 메뚜기 떼를 군대로 비유하고 있습니다. 그것도 막강한 큰 군대로 말입니다. 이들이 한번 지나가면 완전 폐허가 되어 버립니다. 무서운 세력이 아닐 수 없습니다. 1년 농사가 완전히 헛수고로 돌아가 버리고 모든 사람이 굶주린 배를 움켜쥐고 다음 농사를 준비할 수밖에 없습니다. 메뚜기 떼는 이스라엘의 세월을 갉아먹었습니다. 그들의 삶을 갉아먹은 것입니다. 이것은 비유적인 표현입니다. 우리의 삶을 갉아먹는 것은 메뚜기 떼 같은 사탄의 무리입니다.

우리는 허영심과 어리석음, 욕망 때문에 삶의 대부분을 잃어버리고 있습니다. 아담과 하와가 그들의 헛된 욕망 때문에 에덴동산의 행복한 삶을 잃어버린 것처럼 우리는 모두 참다운 삶을 잃어버리고 있습니다. 이스라엘 백성은 그들의 어리석음과 교만과 욕심 때문에 광야에서 40년을 허비해야만 했습니다. 그들이 믿음을 가지고 바로 약속의 땅을 향해 전진했더라면 40년의 세월을 허송하지 않아도 됐을 것입니다. 어리석음의 메뚜기가 그들의 40년을 먹어 버렸습니다. 이스라엘의 처음 왕인 사울, 그가 하나님의 말씀을 순종하지 않고 자기 뜻대로 모든 일을 처리했을 때부터 그는 잃어버린 세월을 살았습니다. 하나님이 그를 버리셨습니다. 하나님이 떠나가신 그의 삶은 공허했고 의미가 없었습니다. 그는 미련함으로 자기 삶을 잃어버리고 말았습니다. 능력 있는 이스라엘의 예언자 엘리사의 종 게하시도 그 욕심 때문에 자기 삶을 잃어버린 사람입니다. 엘리사가 받기를 거절한 나아만 장군의 예물에 탐을 내, 거짓말로 그 예물을 자기 것으로 삼았던 게하시는 나병에 걸려 일생을 보낼 수밖에 없었습니다. 욕심의 메뚜기가 그의 일생을 망쳐 버렸습니다. 예수님의 비유에 나오는 탕자도 허영과 욕심 때문에 아버지의 재산을 가지고 먼 도시로 나갔으나 모두를 잃고 돼지우리에 들어가 허기를 채울 수밖에 없는 비참한 신세로 전락하고 말았습니다. 아버지를 떠나서 보낸 그 모든 시간이 탕자에게는 잃어버린 세월이었습니다. 허영의 메뚜기가 그의 세월을 갉아먹었습니다.

이렇게 볼 때 우리 인간은 아담 이후 사탄의 날카로운 이빨에 의해 삶이 침식당하고 결국은 파멸로 가고 있다는 사실을 깨닫게 됩니다. 하나님을 떠난 인간의 삶이 모두 잃어버린 세월입니다. 하나님 없이 쌓아 올린 인간의 문명이나 역사는 모두 잘못된 것이며, 결국 인류를 파멸로 이끌어 가게 됨을 분명히 알아야겠습니다.

우리 역사를 돌이켜 보면 일제의 강점 아래서 36년간 잃어버린 세월을 살아야만 했습니다. 그것은 조선조의 당쟁과 백성에 대한 압제로 말미암아 이루어진 결과입니다. 그런데 하나님의 은총으로 해방된 이후 오늘까지의 역사를 돌이켜 볼 때 과연 우리는 의미 있는 삶을 살아왔습니까? 특히 남북의 분단과 그것을 고착시킨 남북 정권의 이념 분쟁은 이 민족의 혼을 말살시키고 우리의 삶을 시들게 했습니다. 해방 후 이제까지의 역사도 잃어버린 세월이라 하지 않을 수 없습니다.

이렇게 된 까닭이 무엇입니까? 결국은 이 민족이 하나님의 역사를 깨닫지 못하고 인간의 욕심을 좇아 행했기 때문이 아니겠습니까? 4·19 이후 작년 6월 10일 민주화의 함성이 분출될 때까지 줄기차게 이 민족을 향한 하나님의 뜻이 무엇인지 분명히 제시되었지만 집권자들은 이를 외면했습니다. 저들의 정권욕이 결국 하나님의 뜻을 저버렸습니다. 만약 6·29 민주화 선언이 좀 더 일찍 나왔더라면 이 나라는 지금 많이 달라졌을 것입니다.

통일에 관한 문제도 마찬가지입니다. 그동안의 정권은 통일 문제를 민족의 입장에서 생각하기보다는 정권 유지를 위한 방편으로만 이용했습니다. 저들은 이산가족의 아픔이나 간절한 염원 같은 것은 안중에도 없었습니다. 그러나 지난 2월 한국기독교교회협의회가 발표한 '민족의 통일과 평화에 대한 한국 기독교회의 선언' 이후 계속된 학생들의 요구 끝에 드디어 7월 7일 노 대통령이 통일에 대한 새로운 정책들을 내놓았습니다. 이런 정책들이 왜 좀 더 일찍 나올 수 없었을까 하는 안타까운 마음을 가지면서 잃어버린 세월에 대한 아쉬움을 갖게 됩니다. 우리는 이제 메뚜기가 먹어 버린 세월들에 대한 반성과 회개 그리고 새로운 역사를 창조해야 할 시점에 도달했습니다.

잃어버린 세월에 대한 보상

우리가 어리석음과 죄악으로 말미암아 파멸에 이르게 되었지만 하나님은 긍휼로 우리를 회복시켜 주십니다. 요엘서의 전체적인 분위기는 하나님의 뜨거운 사랑을 전하고 있습니다.

> 그때에 여호와께서 자기의 땅을 극진히 사랑하시어 그의 백성을 불쌍히 여기실 것이라. (욜 2:18)

아무리 무서운 메뚜기 떼의 피해를 입었더라도 하나님은 다시 그 땅에 단비를 내리셔서 황폐했던 땅을 다시 푸르르게 하시고 풍성한 곡식을 허락해 주십니다.

> 시온의 자녀들아 너희는 너희 하나님 여호와로 말미암아 기뻐하며 즐거워할지어다. 그가 너희를 위하여 비를 내리시되 이른 비를 너희에게 적당하게 주시리니 이른 비와 늦은 비가 예전과 같을 것이라. 마당에는 밀이 가득하고 독에는 새 포도주와 기름이 넘치리로다. (욜 2:23-24)

이것도 하나의 비유로 볼 수 있습니다. 메뚜기 떼 같은 사탄의 발악이 이 땅을 황폐하게 해도 하나님은 다시 그것을 더 아름답게 회복시켜 새로운 삶, 새로운 역사를 창조하신다는 사실을 뜻합니다. 이 얼마나 놀라운 은총이며, 얼마나 아름다운 소망입니까!

우리가 돌이켜 하나님께로 돌아가기만 하면 하나님은 전보다 넘치는 은혜로 우리의 삶을 풍성하게 하시고 새롭게 하십니다. 탕자가 아버지 집을 기억하고 돌아왔을 때 아버지는 뜨거운 사랑으로 그를 맞아드려 새 옷을 입히고 반지를 끼우고 송아지를 잡아 잔치를 열지 않았습니까? 전보다 더 뜨거운 사랑으로 그를 사랑하고 더욱 영화롭게 만들어 주었습니다. 하나님이 우리를 이렇게 새롭고 풍성하게 하시려고 유일한 아들 예수 그리스도를 십자가에 내어 주셨습니다. 그분이 십자가에서 죽음으로 우리의 어리석음과 허영심과, 게으름과 욕심 등 모든 죄악에 대한 처벌을 대신하셨습니다. 그리고 우리에게 측량할 수 없는 사랑을 거저 베풀어 주셨습니다.

그리스도를 알기 전 사도 바울은 그의 고백대로 훼방자요, 핍박자요, 포행자(暴行者)였습니다. 예수님을 알기 전 그의 삶은 잃어버린 세월이었습니다. 그러나 그리스도를 만난 이후 그의 삶은 완전히 변화된 새로운 삶이었습니다.

> 우리 주의 은혜가 그리스도 예수 안에 있는 믿음과 사랑과 함께 넘치도록 풍성하였도다. (딤전 1:14)

그는 잃어버린 세월을 풍성하게 보상받았습니다. 특별히 하나님께서 그에게 사도의 직분을 주심에 감격하며 충성되게 그 사명을 감당했습니다. 그는 그 직분을 통해서 잃어버린 세월의 몇 배를 보상받았습니다. 그가 전도 여행을 하면서 깨달은 하나님의 비밀들은 정말 값진 것이었습니다.

우리가 하나님께 돌아갔을 때 받는 보상은 말로 다 할 수 없는 큰 은혜요 사랑입니다. 우리의 믿음이 바로만 선다면 우리 생활에 불평할 것이 없습니다. 늘 감사할 것뿐입니다. 생각해 보십시오. 탕자가 아버지 집에 돌아가서 놀라운 사랑으로 받아들여졌을 때 그에게 무슨 불만이 있었겠습니까? 그 후의 삶은 늘 감사에 넘친 삶이 아니었겠습니까? 또 다시 무슨 권리를 주장하고 자기 몫을 주장할 수 있겠습니까? 우리도 돌아온 탕자가 아닙니까? 그렇다면 사랑으로 영접해 주신 하나님 앞에 무엇을 더 요구하겠습니까? 날마다 감사할 뿐입니다. 자녀로 맞아 주신 하나님 앞에 감사하면서 열심히 일할 때 탕자의 잃어버린 세월은 보상됩니다. 하나님을 알기 전에 잃어버린 세월을 다시 찾는 길은 늘 감사하면서 열심히 봉사하고 사랑하며 헌신하는 것입니다.

해방 전 일제강점기 36년간 잃어버린 세월과 해방 후 오늘까지 우리가 잃어버린 세월은 이제 우리가 돌이키기만 하면 하나님께서 보상해 주실 것입니다. 일본의 압제 밑에서 당했던 우리의 수치와 해방 후 민족의 분단으로 겪은 쓰라린 고통과 한, 그리고 독재 정권 밑에서 겪은 온갖 수난들을 이제는 하나님께서 보상해 주실 것입니다. 6·29 민주화 선언과 '7·7 선언'에는 충분치 않지만 그래도 하나님의 뜻을 따르려는 의지가 엿보입니다. 그렇게 볼 때 하나님은 앞으로 우리를 위해 큰일을 하실 것입니다. 이 민족을 향하여 중심이 뜨거우신 하나님, 이 민족을 긍휼히 여기시는 하나님이 이 민족을 위하여 큰일을 행하실 것입니다.

> 땅이여, 두려워하지 말고 기뻐하며 즐거워할지어다. 여호와께서 큰일을 행하셨음이로다. 들짐승들아 두려워하지 말지어다. 들의 풀이 싹이 나며, 나무가 열매를 맺으며 무화과나무와 포도나무가 다 힘을 내는 도다. (욜 2:21-22)

우리는 계속해서 이 정부와 국회와 사법부가 하나님의 뜻을 올바로 알고 시행할 수 있도록 기도해야 합니다. 6·29 민주화 선언이나 '7·7 선언'은 결코 저절로 나온 것이 아닙니다. 고통 가운데 울부짖으며 외친 까닭에 나타났습니다. 교회는 더욱 정신을 차려 이 시대에 주어진 하나님의 뜻을 바로 분별하고 힘 있게 선포하며 기도하기를 쉬지 말아야 합니다. 그럴 때에 하나님께서 우리를 위해 단비를 내리시며 황폐했던 이 땅에 무화과와 포도가 무성하게 열리게 하실 것입니다. 우리가 낙심하지 않고 감사하며 기도할 때 하나님은 이 땅에 민주화의 아름다운 열매가 맺고 평화의 나무가 무성하게 자라도록 분명히 역사하실 것입니다.

사랑하는 여러분, 우리의 허영과 욕심과 어리석음으로 말미암아 잃어버린 세월을 돌이켜 반성하고 회개하면서 하나님께로 나아갑시다. 그러면 그가 우리를 새롭게 하시며 메뚜기가 먹은 세월을 보상해 주실 것입니다. 이제 우리는 다시 찾은 새 날들을 헛되게 보내서는 안 됩니다. 늘 감사하며 열심히 봉사하고 사랑하며 전도하며 기도합시다. 하나님은 우리 앞에 찬란하게 빛나는 미래를 준비하고 계십니다. 하나님을 뜨겁게 사랑하셔서 그분이 준비하신 이 찬란한 미래가 여러분의 것이 되기를 바랍니다.

1988년 7월 10일.

88 서울 올림픽

1988년 9월 17일부터 10월 2일까지 대한민국 서울에서 개최된 하계 올림픽 대회다. 정식 명칭은 제24회 서울 올림픽 경기 대회. 전쟁으로 폐허밖에 남지 않았던 대한민국이 한강의 기적으로 이룬 발전상을 자랑하는 국위 선양의 장이 되었으며, 세계적으로는 냉전 종식의 밑거름이 된 역사적인 올림픽이기도 하다.

1980년 모스크바 올림픽과 1984년 LA 올림픽에서 각각 서방 국가와 공산 국가가 보이콧을 한지라, 서울 올림픽에서도 공산권의 참가 여부가 관심사였다. 먼저 중국이 1984년 7월에 참가를 선언했고, 1985년 3월 동유럽의 대표적 소련 위성국가인 동독이 참가를 확언했으며 소련도 개혁파인 미하일 고르바초프(Mikhail S. Gorbachev)가 집권하면서 1988년 초 참가를 확정했다. 여러 공산 국가가 이에 동참하면서 서울 올림픽은 총 160개 국가가 참가한 역대 최대 규모이자 8년 만에 서방 진영과 공산 진영이 함께 참가한 대회로 기록되었다. 하지만 북한은 불참했다.

우리나라에서 처음 열리는 올림픽이 갖는 의미가 무엇일까 생각하며 올림픽 성화를 성경의 불과 연관시켜 설교를 준비했다. 불은 하나님의 임재를 상징하는 동시에 심판을 상징한다는 사실을 지적하며, 올림픽이 인류 문명의 발전을 자랑하는 바벨탑 축제가 아니라 인류를 구원하시는 하나님의 은총을 찬양하는 축제가 되도록 기도해야 한다고 설교했다.

불이 상징하는 것

레위기 6:8-12, 마태복음 3:7-12

성화의 의미

지난 8월 23일 그리스 올림피아에서 채화(採火)되어 8월 27일 제주도에 도착한 올림픽 성화는 21일간 여러 지방을 돌아 9월 17일 올림픽 주경기장 성화대에 붙여질 것입니다. 이 불이 전국을 누비면서 곳곳에 한바탕 놀이마당이 벌어지고 있습니다. 이제 올림픽 붐이 조성되어 나라 전체가 올림픽 기간 동안 축제 분위기에 들뜨게 될 것입니다. 이 축제는 불과 함께 시작되어서 불이 꺼질 때 끝납니다. 이 불은 올림픽 축제의 중심이 될 것입니다. 그러면 이 불이 상징하는 것은 무엇일까요? 왜 이것을 거룩할 성(聖)자를 붙여 성화라고 부를까요?

 올림픽 경기란 온 인류의 놀이마당이라고 할 수 있습니다. 우리나라에서 놀이마당은 대개 가을 추수가 끝난 뒤에 풍성한 결실을 감사하면서 벌어지곤 했습니다. 흉년이 들거나 배고플 때에는 놀이마당을 벌일 수 없습니다. 마찬가지로 올림픽 경기도 인류가 발전시킨 문명의 산물이라고 할 수 있습니다. 근대 올림픽이 시작된 지 한 세기가 채 못 됩니다. 우리 인류가 무엇인가 성취할 수 있고 또 성취했다고 생각한 그때부터 이 축제를 열기 시작했습니다. 다시 말해서 18세기 후반 시작된 산업혁명으로 일군 인류 번영의 결과로 나타난 것이 올림픽이라고 할 수 있습니다. 먹고 살 만하게 되어 여유가 생기니까 그 여유를 즐길 마음이 생긴 것입니다. 우리나라가 올림픽을 개최하게 된 것도 뼈 빠지게 일한 결과 이제 좀 여유가 생겼기 때문입니다.

이런 놀이마당에서 불은 인류가 발전시킨 문명의 상징인 동시에 그 문명의 영원한 발전을 기원하는 뜻을 담고 있습니다. 불은 바로 인류 문명의 씨앗이라고 할 수 있습니다. 불이 있어서 인류의 문명이 발달하게 되었습니다. 산업혁명이라는 것도 결국 따지고 보면 불의 혁명입니다. 오늘날의 산업 발전도 전적으로 불에 의존하고 있습니다. 불을 더 많이 가진 나라의 산업이 앞서 발전합니다. 그러므로 불은 인류 문명에 없어서는 안 될 중요한 요소가 아닐 수 없습니다. 그래서 그것을 거룩한 불이라고 하는 것 같습니다.

그런데 그리스신화는 이 불을 제우스 신에게서 훔쳐 왔다고 합니다. 한 때 화가 난 제우스가 인간에게서 불을 빼앗아 버리자 인간을 동정한 프로메테우스란 신이 천상의 불을 훔쳐다가 인간에게 주었다는 것입니다. 그때부터 인간은 갖가지 불 쓰는 법을 배워 산업을 발전시킬 수가 있었습니다. 그 외에도 프로메테우스는 집 짓는 법, 기상 관측법, 셈, 글쓰기, 짐승 길들이기, 조선 항해법 등을 인간에게 가르쳐 주었다고 합니다. 인류의 은인이 아닐 수 없습니다.

그러나 그는 제우스의 진노를 받아 인적 없는 광야의 끝 코카서스 산정에 끌려가 쇠사슬로 바위에 묶이게 되었고, 독수리에게 간을 파 먹혔습니다. 그런데 밤이 되면 간이 새로 돋아나 독수리에게 간을 파 먹히는 고통은 날마다 계속될 수밖에 없었습니다.

성화의 경고

불을 훔쳐 인간에게 주었다는 프로메테우스의 신화는 불을 가지고 발전시킨 인류의 문명이 무엇인가 하나님을 거스르는 요소가 있음을 암시합니다. 저는 왠지 성화라는 말이 귀에 거슬립니다. 160개국이라는 사상 유례없이 많은 참가국이 모여 벌이는 이 올림픽이 왠지 하나님의 뜻을 거스르는 것 같은 느낌을 지울 수가 없습니다. 화려한 축제가 요란하게 준비될수록 그 뒤에 감춰진 인간의 불안을 의식하지 않을 수 없습니다. 동서 진영이 오랜만에 함께 모여 벌이는 대축제로 어느 때보다도 동서의 화해 무드가 짙어지고 있지만, 근본적으로 그 밑바닥에 깔린 불신과 불화는 어쩔 수 없는 벽으로 느껴집니다. 또한 우리나라가 감당하기에는 너무나 거창한 축제를 치르는 것이 아닌가 하는 불안이 있습니다. 아직은 우리의 의식이나 생활이 이 축제를 감당할 만큼 성숙하지 못했는데 이 대축제를 치름으로 못난 송아지 엉덩이에 뿔나는 것처럼 자만에 빠지지 않을까 두려워집니다. 특히 북한이 끝내 참가하지 않게 되어 우리는 꺼림칙한 불안을 안은 채 이 올림픽을 치르게 되었습니다. 온 세계가 함께 모여 벌이는 축제에 가장 가까이에 있는 같은 민족이 함께할 수 없는 현실 속에서 과연 올림픽을 치르는 것이 합당한가 하는 의문도 없지 않습니다.

우리는 기왕 열리게 된 올림픽을 성공적으로 치르도록 기도해야 합니다. 하지만 덮어놓고 아무 생각 없이 좋아하며 함께 춤출 일은 아닙니다. 우리가 올림픽을 치르고 나면 제3세계 국가들에게 따돌림을 받게 될 것이며 일본처럼 경계의 대상이 될 것입니다. 가난을 벗고 벼락부자가 된 사람이 꼴불견인 것처럼, 우리나라도 그렇게 보일지 모릅니다. 옆집은 가난하여 끼니를 굶는데 나는 돈 좀 있다고 흥청거리며 큰 잔치를 벌인다면 미움을 사지 않겠습니까? 대만의 경제력이 우리 못지않습니다. 그들은 그다지 내세우지 않는데 우리는 지금 너무 떠벌려 주목의 대상이 되고 견제를 받고 있습니다. 인간의 방자함과 오만은 언제나 하나님의 진노의 대상이 됩니다. 이럴 때일수록 좀 더 신중하게 대처하고 깊이 생각할 줄 알아야 합니다. 성화는 도착했는데 군 고위 장성이 언론인 테러에 가담했다는 보도가 나오고, 올림픽 중계를 해야 할 방송국이 파업에 들어가 마비 상태에 있다는 것은 무엇을 의미할까요? 깊이 생각하고 자중해야 할 때입니다.

성경으로 본 불의 의미

다시 성경으로 돌아가 불이 상징하는 것이 무엇인지를 살펴봅시다. 성경에서 불은 크게 두 가지 의미로 사용되고 있습니다. 하나는 하나님의 나타나심과 관계있습니다. 그리고 다른 하나는 심판과 관계있습니다.

먼저 하나님의 임재를 상징하는 불에 대해 살펴보겠습니다. 구약 레위기 말씀을 보면, 제사를 드리는 단 위의 불은 항상 꺼지지 않게 하라는 지시가 기록되어 있습니다. 전설에 따르면 바벨론 포로로 잡혀갈 때까지 솔로몬 성전 제단의 불이 꺼지지 않았다고 합니다. 그것은 하나님의 임재를 상징하며, 하나님의 용서하심과 사랑을 이스라엘이 끊임없이 예배함을 상징합니다.

하나님께서 모세에게 나타나실 때에 떨기나무 불꽃 가운데에서 말씀하신 사실이나, 광야에서 불기둥으로 이스라엘을 인도하신 사실, 그리고 시내 산에서 하나님이 불 가운데 강림하셨다는 사실은 모두가 불과 하나님의 임재가 깊이 관계있음을 보여 줍니다.

하나님께서 불 가운데 임재하신다는 것은 이스라엘 백성에게 여러 의미를 암시했습니다. 불은 모든 것을 맹렬하게 사르는 힘이 있습니다. 하나님의 진노를 상징합니다. 심판은 항상 불과 깊은 관계가 있습니다. 그런가 하면 불은 우리에게 따뜻함을 주고 여러 가지 삶의 도구로 쓰입니다. 이것은 하나님의 인간을 향한 사랑을 상징합니다. 이스라엘을 불기둥으로 인도하셨다는 사실이 바로 그분의 사랑을 나타냅니다. 불은 빛을 발하기도 합니다. 어둠을 밝히는 빛으로서 하나님의 임재를 상징합니다. 불빛으로 이스라엘 가운데 임재하시는 하나님은, 노예근성에 젖은 저들을 깨끗하게 하시며 하나님의 선민으로 새로 태어나게 하셨습니다. 꺼지지 않는 제단의 불길로 함께하시는 하나님은, 제물을 태우심으로 저들의 죄를 사하시고 죄인인 저들을 성결케 하사 자기 백성으로 삼으시는 은총의 하나님이십니다. 갈멜 산상에 차려진 제물을 엘리야의 기도를 따라 불로 태우신 하나님은 능력의 하나님이시며 저들의 모든 역사를 주관하시는 하나님이십니다.

신약에 오면 예수님은 이 불을 우리에게 주려고 오셨습니다. 세례 요한은 "그는 성령과 불로 너희에게 세례를 베푸실 것"이라고 했습니다(마 3:11). 또 예수님께서 친히 "내가 불을 땅에 던지러 왔노니 이 불이 이미 붙었으면 내가 무엇을 원하리요"라고 하셨습니다(눅 12:49). 이 불은 우리를 정결케 하는 것이며, 우리에게 부어 주시는 은총을 의미합니다. 마침내 오순절 다락방에 불꽃 같은 모습으로 임재하신 성령으로 말미암아 인간의 심령 속에 불이 댕겨지고 하나님의 구원 역사가 널리 전파되어 교회가 세워졌습니다. 하나님은 오늘 우리 심령 속에 타오르는 불꽃 가운데서 우리와 함께 계십니다. 하나님은 꺼지지 않는 기도의 불꽃으로 환히 빛나는 교회 가운데 임재하십니다. 우리는 이 불이 꺼지지 않도록 끊임없이 기도하고 예배하며 찬양해야 합니다. 기도와 예배와 찬양이란 항상 자신을 돌아보아 교만하지 않고 겸손히 하나님 앞에 나감을 뜻합니다. 바벨탑을 쌓는 인간의 어리석음에서 돌이켜 겸손하게 하나님의 뜻을 이 땅에 실현하려는 우리의 봉사를 뜻합니다.

우리는 올림픽 성화의 의미를 이런 각도에서 봐야 합니다. 바벨탑을 쌓는 인류의 오만을 표현하는 성화가 아니라 하나님의 은총과 사랑을 표현하는 성화, 하나님의 임재를 상징하는 성화가 되도록 깨우쳐야 할 것입니다. 그 성화는 햇볕을 집중시켜 채화한 것입니다. 하나님이 주신 불입니다. 이것을 우리가 바로 기억해야 합니다. 하나님이 주신 불을 밝혀 벌이는 올림픽 대회는 이제까지 인류가 발전시킨 문명을 자랑하며 오만하게 하나님의 역사를 거스르는 바벨탑 축제가 되어서는 안 됩니다. 꺼지지 않는 불로 제사를 드린 옛 이스라엘 백성처럼 구속의 은총을 감사하는 예배로서의 축제가 되어야 할 것입니다. 우리는 좀 더 겸허한 마음으로 이 축제를 예배로 승화시켜야 합니다. 성화대에 불길이 타오르는 것을 보면서, 그 옛날 시내 산에 타오르는 불길 속에 임재하신 하나님을 두려움으로 예배한 이스라엘 백성처럼 하나님의 임재하심을 두려움으로 느껴야 합니다. 그럴 때 그 불은 진정한 '성화'가 될 것입니다.

불이 또 하나 상징하는 것은 심판입니다. 제단 위 꺼지지 않는 불은 그 위에 놓인 제물을 재가 되도록 태웁니다. 그것은 이스라엘 백성의 모든 죄에 진노하시는 하나님의 심판을 상징합니다. 세례 요한은 자기 앞에 나온 이스라엘 백성에게 회개를 촉구하며 외쳤습니다. "이미 도끼가 나무뿌리에 놓였으니 좋은 열매를 맺지 아니하는 나무마다 찍혀 불에 던져지리라(마 3:10)." 또 메시아가 오시면 "손에 키를 들고 자기의 타작마당을 정하게 하사 알곡은 모아 곳간에

들이고 쭉정이는 꺼지지 않는 불에 태우시리라"라고도 했습니다(마 3:12). 예수님께서도 친히 말씀하셨습니다.

> 사람이 내 안에 거하지 아니하면 가지처럼 밖에 버려져 마르나니 사람들이 그것을 모아다가 불에 던져 사르느니라. (요 15:6)

결국 좋은 열매 맺지 않는 나무나 가지는 불에 던져 태워 버린다는 것입니다. 좋은 열매가 무엇입니까? 그것은 빛의 열매, 의의 열매, 사랑의 열매, 평화의 열매가 아니겠습니까? 극우나 극좌가 아닌 하나님의 뜻을 따르는 평화와 정의의 길을 이 사회가 추구하지 못할 때 심판의 불길이 이 사회를 태워 버릴 것입니다. 이제 이 땅에 도착해 전국을 누비고 있는 성화를 우리는 두려움으로 지켜봐야 합니다. 그것이 우리가 가진 거짓 열매들, 불의의 열매들을 들춰 낼 지도 모르기 때문입니다. 올림픽 기간에 타오르는 성화를 우리가 떨림으로 지켜봐야 할 것입니다. 그 불길이 혹시 우리를 심판하시는 하나님의 진노의 불길이 될지도 모르기 때문입니다.

그러므로 우리는 결코 자만하지 말아야 합니다. 자랑하지 말아야 합니다. 우리가 경제적으로는 좀 나아졌는지 모르지만 인간성이나 도덕성은 옛날보다 훨씬 떨어지지 않았습니까? 우리가 세계 앞에 자랑스럽게 내놓을 열매가 무엇이 있습니까? 자칫 잘못하면 올림픽을 치르면서 세계 앞에 우리가 가진 부끄러움을 다 드러내게 될지도 모릅니다. 평화를 사랑하고 정의를 위해 싸우며, 인권을 존중하고 질서가 있으며 예의 바른 사회라는 인상을 주는 대신에 겉모양은 화려하지만 속은 곪아 있는 사회라는 인상을 줄는지도 모릅니다. 그렇게 되면 올림픽 성화는 우리를 심판하는 불이 될 것입니다. 도끼가 이미 나무뿌리에 놓였습니다. 모두가 넋을 잃고 춤출 때가 아니라 정신 차리고 긴장할 때입니다. 하나님의 심판의 도끼는 좋은 열매를 맺지 않는 나무나 가지는 가차 없이 찍어 내 불에 던질 것입니다. 이제 두렵고 떨림으로 우리 스스로를 돌아보고 정신 못 차리는 이 백성을 위해 기도해야겠습니다.

사랑하는 여러분, 화려한 역사의 겉모양만 보지 말고 좀 더 깊이 생각하며 역사 속에 깃든 하나님의 뜻이 무엇인지 분별하는 데 힘씁시다. 지금은 덮어놓고 장단에 맞추어 춤출 때가 아닙니다. 역사의 변화를 지켜보면서 기도할 때입니다. 전국 방방곡곡을 돌고 있는 성화를 보면서, 제발 그 불길이 우리의 지나간 날 몹쓸 것들을 다 태워 이 민족이 새로 태어나게 되기를 기도해야겠습니다. 불길로 임재하시는 하나님은 사랑의 하나님인 동시에 공의의 하나님이심을 우리가 잊어서는 안 됩니다. 우리에게 베푸신 사랑을 잊지 않고 늘 기억하며 예배하는 생활, 그 사랑을 이웃과 더불어 나누는 생활을 해야 합니다. 동시에 두렵고 떨림으로 스스로를 돌아보아 선한 열매, 의의 열매, 빛의 열매를 많이 맺도록 노력해야겠습니다. 하나님의 무한하신 은총이 올림픽을 치르는 이 민족과 여러분 가운데 함께하시기를 바랍니다.

1988년 8월 28일.

문익환 목사 방북 사건

전국민족민주운동연합(전민련) 고문인 문익환 목사가 북한의 조국평화통일위원회 초청으로 1989년 3월 25일 평양을 방문했다. 문 목사의 방북에는 재일동포 정경모 씨와 통일민주당 당원인 사업가 유원호 씨가 동행했다. 일본과 중국을 경유해 평양에 도착한 문 목사는 성명을 통해 김일성 주석과 만나 조국 통일 문제를 협의하기 위해 평양에 왔다고 밝혔다.

문 목사 일행은 27일 다른 행로로 북한에 간 소설가 황석영 씨와 함께 김일성 주석을 면담했다. 4월 2일에는 문 목사와 북측의 조국평화통일위원회 허담 위원장의 공동명의로 '4·2 남북공동성명서'가 발표됐다. 문 목사는 4월 3일 북한을 떠나 중국과 일본을 경유해 4월 13일 귀국했다.

정부는 당국과의 사전 협의 및 허가 없이 평양을 방문한 문 목사의 행위가 명백한 실정법 위반이라고 규정, 귀국하자마자 그를 구속했다. 법원은 판결문에서 그의 행동을 "감상주의적, 이상주의적"이라고 규정하며 7년 징역형을 확정했다. 문 목사는 1990년 10월 20일 1년 6개월여 만에 형집행정지로 석방됐다.

문 목사의 방북 소식과 김일성 주석과의 포옹 등을 다룬 뉴스는 남쪽 여론을 들끓게 했다. 공안 분위기가 형성되어 누구도 문 목사의 방북이 용기 있는 결단이었다고 말할 수 없었다. 교계에서도 문 목사를 정신 나간 사람으로 여겼다. 그런 분위기 속에서 나는 문 목사의 방북이 하나님 나라 이상을 지향하는 예언자의 행동으로 보았다. 그분의 시를 세 편이나 인용하면서 "더 나은 고향을 바라는 사람들"이라는 제목으로 '남북공동성명서'가 평양에서 발표되던 4월 2일 주일예배에서 설교했다.

더 나은 고향을 바라는 사람들

예레미야 28:1-17, 히브리서 11:13-16

고향이란 우리가 태어난 곳, 아름다운 추억이 무지개처럼 영롱하게 서려 있는 곳, 그래서 설날이나 추석이면 만사 제쳐 두고 찾아가는 곳을 말합니다. 지금은 고향을 떠나 살 수밖에 없지만 언젠가는 고향에 돌아가 살 것이라는 희망을 안고 현대인들은 살아갑니다. 현대인 모두가 타향살이를 하고 있습니다. 나그네와 같은 떠돌이 삶을 산다고 할 수 있습니다. 그들 모두 돌아갈 고향을 찾고 있습니다.

그러나 성경에는 더 나은 고향을 바라며 자기가 태어난 고향을 떠나서 나그네로 사는 사람들의 이야기가 실려 있습니다. 더 나은 고향을 바란 아브라함은 살기 좋던 자기 고향을 떠나 나그네로 살다가 일생을 마쳤습니다. 아브라함뿐만 아니라 이삭도 야곱도 다 나그네였습니다. 아니 그의 후손인 이스라엘 민족 모두가 더 나은 고향인 약속의 땅을 바라보며 나그네로 지낸 민족이라고 할 수 있습니다. 본문인 히브리서 11장은 더 나은 고향을 바라며 고생한 사람들의 이야기로 채워져 있습니다. 여기에 나오는 사람들은 돌아갈 고향을 찾는 것이 아닙니다. 15절을 보면 "만일 그들이 떠나 온 곳을 고향으로 생각했었다면 그리로 돌아갈 기회도 있었을 것"이라고 했습니다(공동번역). "그러나 실지로 그들이 갈망한 곳은 하늘에 있는 더 나은 고향이었습니다(16절, 공동번역)." 이들은 떠나온 그곳을 결코 고향으로 생각하지 않았습니다. 이 신앙인들이 바라본 고향은 흔히 말하는 고향과는 차원을 달리하는 곳입니다. 이 사람들은 그들이 살고 있는 이 땅에서는 결코 찾을 수 없는 하늘에 있는 고향을 바라보고 나아간 사람들입니다. 그러므로 이들은 이 땅에서는 항상 나그네일 수밖에 없으며, 타향 사람일 수밖에 없습니다.

믿음으로 살다 죽은 사람들

성경은 이들을 가리켜 "믿음으로 살다가 죽었[다]"고 합니다(13절, 공동번역). 믿음으로 산다는 것이 무엇입니까? "믿음은 바라는 것들의 실상이요, 보지 못하는 것들의 증거"라고 했습니다(1절). 간단히 말해서 하나님을 바라보는 일, 하나님이 하신 일을 받아들이는 것, 그분의 말씀에 귀 기울이는 것을 말합니다. 믿음으로 산다는 것은 오늘 여기에 있는 것, 눈에 보이는 것, 이 땅의 질서를 따라 사는 것이 아니라 보이지 않는 미래를 바라보며 사는 것입니다. 믿음으로 사는 사람들은 비현실적인 사람들입니다. 꿈을 꾸는 사람들입니다. 이들의 눈에는 하늘에 있는 고향이 보이며, 이들의 귀에는 하나님의 음성이 들립니다. 몽유병 환자처럼 이들은 그 눈에 보이는 고향을 향해 나아가며, 그 귀에 들리는 음성을 좇아 달려갑니다.

첫째로, 믿음으로 사는 사람들은 자기가 살던 고향을 떠나는 사람들입니다. 아브라함이 하나님의 부르심을 듣고 고향을 떠나간 것처럼 믿음의 사람들은 모두가 고향을 떠납니다. 비록 거기에 모든 게 다 보장되어 있다 하더라도 그것을 헌신짝처럼 버리고 떠나갑니다. 모세는 바로의 궁에 머물면서 안정된 삶을 누릴 수 있었지만 하나님의 백성과 함께 고난받기를 택했습니다. 이들이 고향을 떠나는 까닭은 거기에 머물러 살아서는 안 된다는 자각이 있었기 때문입니다. 거기서 누리는 평화와 안정과 번영은 일시적이며, 그들의 영혼을 만족시킬 수 없으며, 거기에 머물다가는 결국 멸망할 수밖에 없다는 사실을 깨달았기 때문입니다.

우리 믿음의 사람들도 마찬가지입니다. 지금 우리가 태어난 이 고향에 그대로 머물러서는 안 됩니다. 아니 이미 우리는 이 고향을 떠난 사람들입니다. 고향에 머물면 편하게 살고 출세할 수도 있지만 거기에는 온갖 거짓과 불의와 음모와 죽음이 도사리고 있기에 우리는 떠날 수밖에 없습니다. 하나님의 음성을 듣기 전까지는 우리도 이 고향을 사랑했고, 여기만이 우리가 살 곳이라고 믿었습니다. 그러나 하나님이 보여 주신 더 나은 고향을 본 후로 결코 여기 머물 수가 없게 되었습니다. 몰랐을 때는 별 생각 없이 받아들일 수 있었던 이 땅의 모든 가치관과 질서를 이제는 인정할 수 없게 되었습니다. 우리의 눈과 귀가 열리기 전까지는 우리도 다른 사람들과 똑같이 거짓말하며 살았고, 타협하며 적당히 지내왔지만, 이제는 그럴 수 없습니다. 빛을 보기 전까지는 이 어둠의 세상이 좋아 보였지만 이제는 그렇지가 않습니다. 그래서 고향을 떠날 수밖에 없습니다.

우리는 모두 이 땅을 떠난 사람들입니다. 바울처럼 전에 자랑스럽게 가졌던 모든 것을 오물(汚物)로 여기고 버려야 합니다. 바울은 그리스도를 만나기 이전에 가지고 있던 모든 것을 그분을 만난 후 아낌없이 버리고, 이방인의 사도로 고난의 삶을 자취했습니다. 이제 우리 모두 이 땅에 대한 미련을 깨끗이 떨쳐 버리고 더 나은 고향을 향해 나가야 합니다.

둘째로, 믿음으로 사는 사람들은 꿈을 가진 사람들입니다. 더 나은 고향을 이상으로 바라보는 사람들입니다. 꿈이란 비현실입니다. 오늘 여기에 있는 것이 아닙니다. 오늘 여기에 없는 것을 바라기 때문에 꿈입니다. 이상입니다. 먼 미래를 바라보며 그것을 꿈꾸는 것입니다. 이 땅에서는 찾을 수 없는 평화를 바라는 것입니다. 현실에서는 찾아볼 수 없는 진실과 정의를 추구하는 것입니다. 우리 사회에서는 찾아보기 힘든 사랑을 꿈꾸며 그것을 실천하는 것입니다.

구약의 예언자들은 모두 이런 꿈을 꾸는 사람들이었습니다. 이사야는 사자들과 어린아이가 함께 노는 평화의 꿈을 꾼 사람입니다. 호세아는 죄악으로 구제 불가능한 이스라엘을 하나님이 무조건 용서해 주시는 꿈을 꾼 사람입니다. 예레미야는 인간의 마음 판에 아로새겨져 결코 다시는 잊지 않을 새 언약이 하나님과 이스라엘 자손 사이에 맺어질 것이라고 했습니다. 에스겔은 마른 뼈들이 다시 살아나 크고 강한 군대가 되는 환상을 봤습니다. 예언자들의 꿈은 너무 엄청나 사람들의 웃음거리가 될 뿐이었습니다. 그러나 그 꿈의 이야기를 우리는 성경이라고 하며 그 어떤 것과도 바꿀 수 없는 하나님의 말씀으로 읽고 있지 않습니까?

오늘날 우리가 믿음으로 사는 사람들이라면 꿈을 따라 살아야 합니다. 우리의 꿈은 무엇인가요? 하나님이 통치하시는 하나님의 나라입니다. 우리는 죽은 자가 다시 살아나는 부활을 꿈꿉니다. 이 땅에서 모든 불의와 어둠과 악이 제거되고 정의와 평화가 이루어지는 꿈을 꾸고 있지 않습니까? 모든 사람이 이념을 초월하여 서로 부둥켜안고 함께 사랑하며 사는 세계를 환상으로 보는 것입니다. 더 구체적인 우리의 꿈은 분단된 이 민족이 하나로 통일되는 꿈이 아니겠습니까?

요즘 한참 문제가 되고 있는 문익환 목사님의 '꿈을 비는 마음'이라는 시를 소개해 드리고자 합니다.

개똥 같은 내일이야
꿈 아닌들 안 오리오 마는
조개 속 보드라운 살 바늘에 찔린 듯한
상처에서 저도 몰래 남도 몰래 자라는
진주 같은 꿈으로 잉태된 내일이야
꿈 아니곤 오는 법이 없다네

그러니 벗들이여!
보름달이 뜨거든 정화수 한 대접 떠놓고
진주 같은 꿈 한 자리 점지해 줍시사고
천지신명께 빌지 않으려나!

벗들이여!
이런 꿈은 어떻겠소?
155마일 휴전선을
해뜨는 동해바다 쪽으로 거슬러 오르다가 오르다가
푸른 바다가 굽어보이는 산정에 다달아
국군의 피로 뒤범벅이 되었던 북녘 땅 한삽
공산군의 살이 썩은 남녘 땅 한 삽씩 떠서
합장을 지내는 꿈,
그 무덤은 우리 5천만 겨레의 순례지가 되겠지
그 앞에서 눈물을 글썽이다보면

사팔뜨기가 된 우리의 눈들이 제대로 돌아

산이 산으로, 내가 내로, 하늘이 하늘로,

나무가 나무로, 새가 새로, 짐승이 짐승으로

사람이 사람으로 제대로 보이는

어처구니없는 꿈 말이외다.

그도 아니면

이런 꿈은 어떻겠소?

철들고 셈들었다는 것들은 다 죽고

동남동녀들만 남았다가

쌍쌍이 그 앞에 가서 화촉을 올리고

-그렇지 거기는 박달나무가 서있어야죠-

그 박달나무 아래서 뜨겁게들 사랑하는 꿈, 그리고는

동해 바다에서 치솟는 용이 품에 와서 안기는 태몽을 얻어

딸을 낳고

아침 햇살을 타고 날아오는

황금빛 수리에 덮치는 꿈을 꾸고

아들을 낳는

어처구니없는 꿈 말이외다.

그도 아니면

이런 꿈은 어떻겠소?

그 무덤 앞에서 샘이 솟아

서해바다로 서해바다로 흐르면서

휴전선 원시림이

압록강 두만강을 넘어 만주로 펼쳐지고
한려수도를 건너뛰어 제주도까지 뻗는 꿈
그리고 우리 모두
짐승이 되어 산과 들을 뛰노는 꿈,
새가 되어 신나게 하늘을 나는 꿈,
물고기가 되어 펄떡펄떡 뛰며 강과 바다를 누비는
어처구니없는 꿈 말이외다.

"비나이다. 비나이다.
천지신명님 비나이다.
밝고 싱싱한 꿈 한 자리,
부디부디 점지해 주사이다."

믿음으로 사는 자들은 꿈을 꾸는 자요, 시인이요, 예언자일 수밖에 없습니다. 우리 땅에는 그래도 이런 예언자들, 꿈꾸는 사람들이 여러 사람 있었습니다. 도산 안창호, 월남 이상재, 백범 김구, 함석헌, 장준하 같은 분들이 모두 예언자요 믿음으로 사신 분들이었고, 더 나은 고향을 바라보며 나그네로 살다가 가신 분들입니다. 우리는 너무 꿈을 잃어버리고 살고 있는 게 아닐까요? 아니면 현대인들이 너무 약아져서 이상보다는 현실을 택하고, 고난받는 시인이기보다는 돼지처럼 안주하는 현실주의자가 된 건 아닐까요? 별처럼 초롱초롱하게 빛나는 눈으로 이 역사의 지평을 뚫어지게 바라보며 거기로부터 오는 미래에 기대를 갖기보다는, 충혈된 눈으로 지금의 조그마한 안일과 이익을 위해 급급한 것이 아닐까요? 그렇게 우리는 예언자들의 무덤을 만드는 자들이 된 것이 아닐까요? 우리는 너무 이 땅의 보편적인 삶에 길들여졌고, 현실의 논리에 익숙해졌습니다. 예배당에 올 때만 잠시 꿈을 되살렸다가 또 잊어버리고 현실로 돌아가고 있습니다. 꿈을 갖는다는 것은 그 꿈을 좇아 사는 것을 의미합니다. 그런데 우리는 꿈과는 상관없는 삶을 살아가고 있습니다. 믿음과 생활이 단절되는 까닭이 여기에 있습니다. 믿음으로 우리의 삶을 변화시켜야 합니다. 환상을 보면서 그 환상을 이루기 위해 삶의 구조를 바꿔야 합니다. 꿈이 꿈으로만 끝나서는 의미가 없습니다. 꿈이 현실이 되도록 싸워야 합니다. 우리 모두 꿈 때문에 정들었던 고향을 떠난 것이 아닙니까? 그런데 꿈을 버리고 다시 고향으로 돌아가고 있습니다. 이제 다시 한 번 분명히 하나님의 나라를 바라봅시다. 하나님의 나라는 우리의 이상인 동시에 현실입니다. 단지 이 다음에 가는 나라가 아닙니다. 오늘 우리는 하나님 나라에 살아야 합니다. 이것이 우리의 꿈입니다.

끝으로 믿음으로 사는 사람들은 나그네요, 타향 사람들이기에 고난을 당할 수밖에 없습니다. 히브리서 11장 35절 이하에 보면 이들이 어떤 고난을 당했는지 자세히 기록하여 놓았습니다.

어떤 이들은 죽었다가 다시 살아나서 더 나은 생명을 누리려고 석방도 거부하고 고문도 달게 받았습니다. 또 어떤 이들은 조롱을 받고 채찍으로 얻어맞고 심지어는 결박을 당하여 감옥에 갇히기까지 하였습니다. 또 돌에 맞아 죽고 톱질을 당하고 칼에 맞아 죽기도 했습니다. 그리고 양과 염소의 가죽을 몸에 두르고 돌아다녔으며, 가난과 고난과 학대를 겪기도 했습니다. 이런 사람들에게는 이 세상이 살만한 곳이 되지 못했습니다. 그래서 그들은 광야와 산과 동굴과 땅굴로 헤매며 다녔습니다. (히 11:35-38, 공동번역)

더 나은 고향을 바라보며 나간 사람들은 대개 미친 사람으로 간주됩니다. 노아가 산꼭대기에 방주를 지을 때 그 시대 사람들이 그를 어떻게 취급했겠습니까? 모든 언론이 그를 미친놈이요, 몽상가라고 사설과 특집 기사를 써서 비난하지 않았을까요? 많은 사람이 독자 투고란에 노아 같은 사람은 이 땅에서 추방해야 한다고 열심히 주장했을 것입니다. 종교 지도자들은 찾아가서 그의 정신을 온전하게 해 달라고 기도를 했을 것입니다.

오늘날 우리가 진리를 선포하고 정의를 찾으며, 자유와 평등과 평화를 위해 일할 때 고난을 당할 수밖에 없습니다. 진실을 말하고 주장하다 보면 노아처럼 정신병자 취급받을 수도 있고, 예레미야처럼 반역자로 몰릴 수도 있습니다. 그것이 두려워서 진실을 말해야 할 때 말하지 못하고 정의를 위해 행동해야 할 때 하지 못하는 것입니다. 우리를 "구름같이 둘러싼 허다한 증인들"을 보면서 이제 우리도 두려워하지 말고 보다 나은 고향을 향해 끝까지 전진하며, 꿈을 이루기 위해 싸우는 예언자들이 되어야 합니다(히 12:1). 이런 믿음 없이는 하나님을 기쁘시게 할 수 없습니다.

꿈을 좇아 방북한 문익환 목사

최근에 문제된 문익환 목사님에 대해서 생각해 보고자 합니다. 그는 분명 실정법을 어긴 사람이요, 주책이 없는 사람입니다. 그를 정상적이라고 보는 사람은 별로 없습니다. 그러나 저는 다른 각도에서 문 목사님을 이해하고 싶습니다. 그는 구약을 연구한 신학자요, 시인입니다. 이 시대의 아픔을 몸소 겪은 분입니다. 이 시대의 부조리와 불의가 무엇인지 친히 경험한 분입니다. 그는 꿈을 가진 분입니다. 그 꿈을 몸으로 실천하며 살고자 하는 분입니다. 우선 올해 1월 1일 자정에 지었다는 '잠꼬대 아닌 잠꼬대'라는 시를 한번 보시기 바랍니다.

난 올해 안으로 평양으로 갈거야
기어코 가고 말거야. 이건
잠꼬대가 아니라고 농담이 아니라고
이건 진담이라고

누가 시인이 아니랄까봐서
터무니없는 상상력을 또 펼치는 거야
천만에 그게 아니라구 나는
이 1989년이 가기 전에 진짜 갈거라고
가기로 결심했다구
시작이 반이라는 속담 있지 않아
모란봉에 올라 대동강 흐르는 물에
가슴 적실 생각을 해 보라고
거리거리를 거닐면서 오가는 사람 손을 잡고
손바닥 온기로 회포를 푸는 거지
얼어붙었던 마음 풀어버리는 거지
난 그들을 괴뢰라고 부르지 않을 거야
그렇다고 인민이라고 부를 생각도 없어
동무라는 좋은 우리말 있지 않아
동무라고 부르면서 열살 스무살 때로
돌아가는 거지

아 얼마나 좋을까
그땐 일본 제국주의 사슬에서 벗어나려고
이천만이 한마음이었거든
한마음
그래 그 한마음으로
우리 선조들은 당나라 백만 대군을 물리쳤잖아

아 그 한마음으로
칠천만이 한겨레라는 걸 확인할 참이라고
오가는 눈길에서 화끈하는 숨결에서 말이야
아마도 서로 부둥켜안고 평양 거리를 뒹굴겠지
사십사년이나 억울하게도 서로 눈을 흘기며
부끄럽게도 부끄럽게도 서로 찔러 죽이면서
괴뢰니 주구니 하며 원수가 되어 대립하던
사상이니 이념이니 제도니 하던 신주단지들을
부수어 버리면서 말이야

뱃속 편한 소리하고 있구먼
누가 자넬 평양에 가게 한 대
국가보안법이 아직도 시퍼렇게 살아 있다구

객쩍은 소리 하지 말라구
난 지금 역사 이야기를 하고 있는 거야
역사를 말하는 게 아니라 산다는 것 말이야
된다는 일 하라는 일을 순순히 하고는

충성을 맹세하고 목을 내대고 수행하고는
훈장이나 타는 일인 줄 아는가
아니라고 그게 아니라구
역사를 산다는 건 말이야
밤을 낮으로 낮을 밤으로 뒤바꾸는 일이라구
하늘을 땅으로 땅을 하늘로 뒤엎는 일이라구
맨 발로 바위를 걷어차 무너뜨리고
그 속에 묻히는 일이라고
넋만은 살아 자유의 깃발로 드높이
나부끼는 일이라고
벽을 문이라고 지르고 나가야 하는
이 땅에서 오늘 역사를 산다는 건 말이야
온몸으로 분단을 거부하는 일이라고
휴전선은 없다고 소리치는 일이라고
서울역이나 부산 광주역에 가서
평양 가는 기차표를 내놓으라고
주장하는 일이라고

이 양반 머리가 좀 돌았구만

그래 난 머리가 돌았다. 돌아도 한참 돌았다.
머리가 돌지 않고 역사를 사는 일이
있다고 생각하나
이 머리가 말짱한 것들아
평양 가는 표를 팔지 않겠음 그만두라고

> 난 걸어서라도 갈 테니까
> 임진강을 헤엄쳐서라도 갈 테니까
> 그러다가 총에라도 맞아 죽는 날이면
> 그야 하는 수 없지
> 구름처럼 바람처럼 넋으로 가는 거지.

그는 스스로를 돈 사람이라고 했습니다. "돌아도 한참 돌았다"고 했습니다. 그가 돌아왔을 때 온갖 죄목을 뒤집어 씌워 감옥에 넣는 것은 아무 의미가 없습니다. 왜냐하면 그는 이미 자기를 죽었다고 생각하는 사람이기 때문입니다. 다음은 '벗들이여!'라는 그의 시입니다.

> 벗들이여!
> 나는 마지막 시까지 썼다가
> 죽지 못하고 살았습니다.
> 부끄럽습니다.
> 그러나
> 실상 나는 죽었습니다.
> 껍데기만 남은 거죠
> 그런데 나는 아직 숨쉬고 있습니다.
> 내 속에 숨쉬는 것은 누구입니까?
> 아, 그것은
> 흐느끼며 휘몰아치는 바람입니다.
> 높아 가는 겨레의 숨소리입니다
> 벗들이여!
> 그 속에서 불꽃 튕기는 눈망을 하나

불쑥 나타나

얼음같이 찬 눈물을

뚝 뚝 떨구는 것이 보이지 않습니까?

우리 중에 누가 그를 비난할 수 있습니까? 문 목사님만큼 온몸으로 이 민족의 분단을 아파한 사람이 있을까요? 진정으로 이 민족의 통일을 염원하여 온몸으로 부딪치며 산 사람이 있습니까? 있다면 그에게 돌을 던져도 좋을 것입니다. 그분처럼 온몸으로 하나님의 말씀대로 살려고 몸부림쳐 본 일이 있습니까? 저는 부끄러워서 할 말이 없습니다. 우리가 그의 믿음과 진실을 보지 못한 채 당장 눈앞에 보이는 결과만을 가지고 판단하는 것은 어리석은 일입니다. 하나님은 그분의 진실을 아실 것입니다. 김일성에게 이용당했다고들 하지만 역사는 그렇게 간단하지가 않습니다. 하나님은 언제나 진실을 따라 행동하는 사람의 편을 드십니다. 김일성이 이용했는지 아니면 그가 이용을 당했는지는 하나님만이 아실 것입니다. 제가 믿기로는 분명히 김일성이 하나님께 이용당한 것입니다.

문 목사님의 방북 사건이 왜 이렇게도 우리에게 충격을 주었을까요? 왜 온 나라가 온통 그 사건으로 떠들썩해야 했을까요? 한 몽상가가 저지른 사건이라면 신문 한쪽 구석에 싣는 일단기사로 한 번 정도 보도하고 끝났어야 할 것 아닙니까? 이것은 결국 하나님이 시키신 일입니다. 이 사건 가운데는 하나님의 크신 뜻이 있을 것입니다. 이제 우리는 그 뜻을 찾으려고 노력해야 합니다. 저는 하나님께 감사드리고 싶습니다. 우리 시대에 또 한 분의 예언자를 주셨음을 말입니다. 그분은 분명 더 나은 고향을 바라고 나아가는 예언자입니다. 예언자가 아니면 누구도 그렇게 할 수 없습니다.

❖

사랑하는 여러분, 우리는 이 땅에서 나그네일 수밖에 없는 하나님의 백성입니다. 더 나은 고향을 바라며 나아가는 꿈꾸는 백성입니다. 주저 없이 이 땅에 속한 것들을 버리고 떠나는 미래 지향적인 사람들입니다. 우리는 이 땅의 사람들과는 고향이 다릅니다.

"권력은 진리를 창조할 수 있다고 믿는 그런 사람들의 고향과는 전혀 다른 고향을 가진 사람들, 돈과 선과 악을 마음대로 조작할 수 있다고 믿고 있는 자들의 고향과는 전혀 다른 고향을 가진 사람들, 과학 문명을 인류 최대의 희망이라고 믿고 있는 자들의 고향과는 전혀 다른 고향을 가진 사람들, 인간이 만든 이상적 이데올로기가 이 땅에 능히 평화를 가져다 줄 수 있다고 확신하고 있는 자들의 고향과는 전혀 다른 고향을 가지고 있는 사람들"[*]

이와 같은 고향이 다른 사람들은 이 땅에서 고난을 당하고 죽임을 당하지만 결코 죽지 않습니다. 그들이 바라본 그 꿈은 반드시 이루어질 것이며, 그들은 그 꿈속에서 다시 살아날 것이기 때문입니다.

이제 우리가 나그네임을 두려워하지 맙시다. 우리의 꿈을 더욱 분명하게 바라보면서 그 꿈을 이루기 위해 온몸을 앞으로 기울여 나갑시다. 하나님께서 우리와 함께하실 것입니다. 잃어버렸던 꿈을 되찾아 이 시대의 예언자로서 하나님의 진실을 항상 선포하는 여러분이 되시기를 바랍니다.

1989년 4월 2일.

---

[*] 김이곤, 『고향이 다른 사람들』(대한기독교서회), 106.

'88 선언'에 대한 교단 결의를 보고

1988년 2월 29일 서울 연지동 연동교회에서 열린 한국기독교교회협의회(NCCK) 제37회 총회에서 '민족의 통일과 평화에 대한 한국 기독교회 선언'(88 선언)이 선포됐다. 당시 통일위원회 위원장이던 김형태 목사가 낭독자로 나서 "한국교회는 민족 분단의 역사적 과정 속에서 침묵했고, 면면히 이어져 온 자주적 민족 통일 운동의 흐름도 외면했다"며 "북에 적개심을 품고 분단을 정당화하는 죄를 지었으며 이념을 절대적인 것으로 우상화했다"고 회개했다. 낭독이 끝나자 참석자들은 기립 박수를 치며 만장일치로 '88 선언'을 채택했다.

'88 선언'은 분단과 증오에 대한 죄의 고백 외에도 '자주·평화·민족 대단결'이라는 7·4남북공동성명의 3대 정신을 재확인하고, 정부에 이산가족 상봉, 통일을 위한 민간 기구 활동 보장, 남북한 경제 및 학술·예술·종교의 교류 등을 요구했다. 또 한반도 비핵화와 전쟁 상태를 종식시키는 평화협정 체결과 불가침조약 체결을 촉구했다.

'88 선언' 발표 직후 주한 미군과 핵무기 철수 및 군축 문제를 언급한 것 등을 두고 보수 교단을 중심으로 비판이 일기도 했다. 특히 내가 속한 교단인 대한예수교장로회(통합)는 1989년 9월에 모인 75회 총회에서 '88 선언'을 받아들이지 않기로 결의했다. 이런 총회의 결정을 역사의 퇴보로 보고 다음 설교를 준비했다.

역사는 발전한다

출애굽기 12:29-36, 마가복음 15:6-15

성경을 보면, 옛것을 지키려고 하는 세력과 새로운 역사를 향하여 나가려는 세력 간에 마찰과 갈등이 있음을 보여 주는 사건이 많습니다. 출애굽기에 나오는 이스라엘 백성의 출애굽 사건이 그 좋은 예입니다. 이스라엘 민족은 400여 년 동안 이집트에서 종살이를 했습니다. 자유가 없는 생활을 오랫동안 했습니다. 이집트 왕조는 이들을 노예로 잡아 두면서 그들의 사회를 건설했습니다. 거대한 피라미드를 비롯한 수많은 화려한 건축물이 히브리인들의 희생을 바탕으로 세워졌습니다. 히브리인들의 노예적 삶은 그 당시 사회에서 당연한 것으로 받아들여졌습니다. 히브리인으로 태어나면 노예가 되어 이집트인들을 위해 일하는 것을 당연한 것으로 생각했습니다. 이집트 사회는 히브리인들의 노예적 봉사를 바탕으로 안정을 이루었습니다. 누구도 이런 사회 구조를 깨트릴 수 없다고 생각했습니다.

그러나 이런 역사에 도전을 한 사람이 나타났습니다. 모세였습니다. 히브리인의 노예적 삶이 정당하지 않음을 자각한 것입니다. 그들도 자유롭게 살 권리가 있음을 깨달은 것입니다. 처음에 그는 쉽게 생각하고 이에 도전했다가 도망자가 될 수밖에 없었습니다. 그러나

40년 후 하나님의 부르심을 받고 다시 이집트에 내려가 히브리인들의 탈출을 이끌었습니다. 모세가 바로를 찾아가서 히브리인들의 해방을 요구한 것은 하나의 혁명을 선포한 것과 같습니다. 히브리인이 빠져 버린 이집트 사회란 상상할 수 없었기 때문입니다. 그것은 곧 그 사회의 큰 변화를 의미하기에 혁명이 아닐 수 없습니다. 바로가 이런 혁명을 순순히 받아들일 수 없었던 것은 당연합니다. 바로는 이제까지 이룩한 기존 사회구조의 틀을 지키려고 온갖 수단을 다 동원할 수밖에 없었을 것입니다. 그러나 이런 억압된 사회제도가 올바르지 않으며, 히브리인도 자유인으로 살 권리가 있다는 의식이 깨어난 이상 구체제를 지키려는 세력은 도전받지 않을 수 없었습니다.

이 구체제를 지키려는 바로의 세력과 여기에 도전하는 모세의 세력이 치열한 대결을 하게 되었습니다. 하나님이 내리신 열 가지 재앙은 새로운 역사를 출발시키기 위한 진통이 얼마나 컸는지 우리에게 보여 줍니다. 바로는 동원할 수 있는 모든 것을 다 동원해 이 역사의 변화를 막으려 했습니다. 그러나 한번 의식화된 히브리인들의 강력한 저항을 그 어떤 것으로도 막을 수는 없었습니다. 바로는 끝까지 이 혁명을 막아 보려고 했지만 굴러가는 역사의 수레바퀴를 멈출 수는 없었습니다. 그래서 히브리인들은 이집트를 탈출하여 새로운 역사를 시작하게 되었습니다. 역사는 발전하지, 결코 후퇴하지는 않습니다.

역사는 하나님이 정하신 목표를 향해 진행합니다. 역사란 하나님이 정하신 목표를 향해 인간을 이끌어 가시는 과정을 뜻합니다. 그러므로 역사는 발전할 수밖에 없습니다. 누구도 그 목표를 향해 굴러가는 역사의 수레바퀴를 멈출 수도 없고 되돌릴 수도 없습니다. 이 역사의 굴러가는 바퀴를 멈추려고 애쓰는 사람들은 그 역사의 바퀴에 깔려 희생될 뿐입니다. 새로운 역사를 향해 나아가는 히브리인

역사는 발전한다 101

들을 뒤쫓던 이집트 군대가 홍해에 빠져 모두 죽은 사건은, 진행하는 하나님의 역사를 멈추어 보려는 인간의 노력이 얼마나 어리석은 것인지 보여 준 성경의 교훈입니다.

예수 그리스도의 십자가 사건도 바로 이런 역사의 전환을 보여 준 사건입니다. 율법 체제 아래 굳어진 유대 사회에 예수님의 출현은 큰 충격이었습니다. 그분이 선포하신 하나님의 나라는 이제까지 그들이 안주해 온 율법주의 체제를 근본부터 흔들어 놓는 것이었기 때문입니다. 그분이 선포하신 하나님의 나라는 모든 인간이 죄에서 자유함을 얻어 평등하게 하나님의 통치하에 살아가는 나라입니다. 유대인들은 자신들만이 하나님의 백성이요 선민(選民)이라고 자부했습니다. 그런데 예수님은 이들의 생각이 하나님의 뜻이 아닌 마귀의 생각이라고 몰아붙이셨습니다. 예수님의 출현은 율법주의 체제하에 굳어진 유대 사회에 일어난 하나의 혁명이었습니다.

유대인들은 이런 예수님의 도전에 가만히 있을 수 없었습니다. 자신들의 권위와 체제가 전복될 위기 앞에서 수수방관하고 있을 수 없었습니다. 온갖 지혜와 수단과 방법을 다 동원해 그들의 체제를 지키려 했습니다. 결국 그들은 예수님을 십자가에 못 박는 데까지 이르게 되었습니다. 수구 세력은 언제나 막강한 힘을 가지고 있어 자신들에게 도전하는 혁명 세력을 분쇄할 수 있습니다. 그러나 그들의 힘이 아무리 막강해도 하나님의 역사의 수레바퀴는 멈출 수 없습니다. 그들이 십자가에 못 박은 예수님은 사흘 만에 무덤 문을 열고 부활하셨습니다. 부활은 그 어떤 세력도 하나님이 이룩해 가시는 역사의 진행을 막을 수 없다는 사실을 분명히 증언해 줍니다. 율법주의 시대는 가고 새로운 교회의 시대가 열린 것입니다.

일반 역사 속에서도 우리는 이런 역사의 발전을 배웁니다. 로마가

톨릭교회가 중세를 주름잡았지만 마틴 루터(Martin Luther)의 종교개혁을 통해 새로운 역사로 발전하게 되었습니다. 온갖 협박과 억압을 동원하여 그 역사의 변화를 막으려 했지만 교황의 막강한 힘으로도 그것을 막을 수는 없었습니다. 한때 강대국들이 미개한 국가나 약소국가를 식민지화하던 시대가 있었습니다. 그러나 오늘날에 와서는 어떤 나라도 이런 식민주의를 용납하려 하지 않습니다. 오히려 지금은 과거에 식민지 경험을 한 약소국가들이 목소리를 높이고 있습니다.

우리나라 근세사에도 수구파에 의해 개화파 세력이 물러난 적이 있습니다. 갑신정변은 개화파 세력이 수구파를 몰아내고자 한 혁명이었지만 실패하고 말았습니다. 그러나 일본의 침략으로 구시대는 물러가고 새로운 시대에 접어들 수밖에 없었습니다. 상투를 자르면 죽는 줄로 알았던 때가 그렇게 멀지 않은데, 이제 상투를 튼 사람을 보기가 어렵고 오히려 그것은 신기한 구경거리가 되고 말았습니다.

역사는 정치적·사회적·정신적·윤리적으로 발전하게 마련입니다. 역사의 발전을 막으려는 세력이 언제나 있지만 그들은 시대의 낙오자가 될 수밖에 없습니다. 오늘날 공산권에 속한 국가들이 점점 개방정책을 채택하고 민주화되는 모습을 봅니다. 그러나 한편으로는 수구 세력이 이를 막고 공산 체제를 강화하려는 몸부림도 있습니다. 중국의 자유화 물결이 무참하게 짓밟힌 것이 그 대표적인 경우입니다. 그러나 그것은 오래가지 못할 것입니다. 역사는 발전합니다. 자유가 귀하다는 의식을 깨우친 사람들의 열망을 그 어떤 세력도 막을 수는 없습니다.

우리 사회도 여러 가지 진통을 겪고 있습니다. 모두 새로운 역사의 발전을 위한 것이라고 할 수 있습니다. 우리는 하나님께서 우리 앞에 열어 보이시려는 역사가 무엇인지를 통찰하면서 역사의 물결을 앞장서서 타고 나가야 합니다. 이런 역사의 변화를 깨닫지 못하고 어리석게 그것을 저지하려고 몸부림치는 사람들이 있습니다. 그런 세력이 정부 안에도 있고, 교회 안에도 있습니다.

이번에 끝난 우리 교단 75회 총회는 이상하게도 역사의 변화를 바라보는 결단을 하지 않고, 그 역사의 변화를 막으려는 결정들을 했습니다. 한국기독교교회협의회가 작년(1988년 2월)에 발표한 '민족의 통일과 평화에 대한 한국 기독교회 선언'을 받아들이지 않았습니다. 그 이유를 보면, 선언문이 민중 신학에 근거했고, '화해와 힘'이라는 두 가지 측면이 동시에 고려되어야 하는데 화해 일변도로 치우친 이상론에 빠졌고, 지나치게 남한의 잘못만을 지적할 뿐 북한의 잘못을 지적하지 않았기에 공정성을 잃었고, 희년의 선포는 타당치 못한 것이므로 그대로 수용할 수 없다는 것입니다. 또한 총회교육부가 발행한 여름성경학교 교재가 문제가 되었습니다. 교재의 주제가 "성숙한 교회와 통일 교육"이었습니다. 교단 교재로서는 처음으로 통일 문제를 교육적으로 심도 있게 다루었는데도 그 교재 때문에 교육부 총무가 사임하고 말았습니다. 이는 한반도에서 일고 있는 역사의 변화를 바로보지 못한 잘못된 결정이 아닐 수 없습니다. 그러나 변화하는 하나님의 역사는 막을 수는 없습니다. 이제 곧 그 변화가 더욱 분명하게 나타날 것입니다. 그때가 되면 오늘의 보수적 결정은 오점으로 남게 될 것입니다.

이렇게 역사의 전환기에 섰을 때일수록 우리가 정신을 차리지 않으면 씻을 수 없는 과오를 범하기 쉽습니다. 변화하는 역사의 선두에 서지는 못할망정 그것을 어리석게 막으려고 허둥대는 자들이 되어서는 안 됩니다. 역사는 틀림없이 하나님이 예정하신 정의롭고 자유로운 방향으로 발전해 갈 것입니다.

❖

　사랑하는 여러분, 우리는 역사의 주관자(主管者)이신 하나님을 믿는 사람들입니다. 알파와 오메가이신 예수 그리스도를 믿는 사람들입니다. 다시 말해서 우리는 역사와 깊은 관계를 가진 사람들입니다. 우리의 신앙은 하나님의 구원의 역사에 대한 신앙이라고 할 수 있습니다. 그러므로 우리는 이 역사를 누구보다도 더 잘 이해하고 통찰할 수 있는 자리에 있는 사람들입니다. 예수 그리스도를 믿는다는 것은 곧 그분이 이룩해 가시는 역사를 이해하고 그 역사에 동참하는 일입니다. 누구도 역사에 무관심한 채 "굿이나 보고 떡이나 먹겠다"라고 할 수 없습니다. 왜냐하면 우리는 하나님 앞에 이르러 반드시 무엇을 했는지 추궁을 받을 것이기 때문입니다. 역사에 무관심하거나 역사의 변화를 막으려고 어리석게 허둥대는 일은 하지 말아야 합니다. 항상 말씀을 통해 변화하는 역사를 주시하면서 그 흐름을 따라 우리의 의식을 변화시키고 그 시대에 감당할 사명을 완수하는 데 힘써야겠습니다.

　역사는 변화하며 발전합니다. 이것은 하나님의 예정이고 섭리이며 그분의 사역입니다. 누구도 이를 거스를 수 없습니다. 거스르는 자는 심판을 받습니다. 이제 정신을 차리고 하나님이 이 땅에 이루시는 역사를 지켜보면서 그 역사에 동참하여 하나님의 뜻을 이루어 가야겠습니다. 급변하는 역사의 전환기에서 당황하지 않고 믿음으로 그 변화의 물결을 타는 여러분이 되시기를 바랍니다.

1989년 10월 1일.

리우 회의와 미-러 핵 감축

시인 윤동주 50주기

한국통신 노조 연행 사건

삼풍백화점 붕괴와 생존자들

노태우 전 대통령 비자금 사건과 구속

외환 위기와 IMF 관리 체제

제2부 1990년대

리우 회의와 미-러 핵 감축

| 리우 회의

1992년 6월 3일부터 6월 14일까지 브라질 리우데자네이루에서 열린 국제회의로, 185개국 대표단과 114개국 정부 수반들이 참여하여 지구 환경 보전 문제를 논의했다. 정식 명칭은 환경 및 개발에 관한 유엔 회의(UNCED, United Nations Conference on Environment and Development)다. '리우 선언'과 '의제 21'(Agenda 21)을 채택했고, '지구 온난화 방지 협약', '생물다양성 보존 협약' 등에 수십 개국이 별도 서명함으로써 지구 환경 보호 활동의 수준이 한 단계 높아지는 성과를 낳았다.

| 미-러 핵무기 감축

미국의 조지 부시(George W. Bush) 전 대통령과 러시아의 보리스 옐친(Boris N. Yeltsin) 전 대통령이 1992년 6월 16일 백악관에서 정상회담을 열고 양국이 보유한 핵무기를 1991년 전략무기감축협상(START)에서 합의된 수준의 절반 이상을 추가 감축하고, 늦어도 2003년까지 이를 실행하기로 합의했다.

환경 파괴는 과학의 발전에 힘입은 경제성장의 결과였고, 핵무기 경쟁은 동서 냉전시대의 유물로 서로 힘의 우위에 서려다 초래한 결과다. 나는 경제성장이나 군사력 증강이 역사를 인간의 힘으로 이끌겠다는 인간 중심 세계관에 의한 것이라고 보았고, 이제 하나님 중심의 세계관으로 돌아가야 한다는 생각으로 설교를 준비했다.

역사를 어떻게 볼 것인가

이사야 41: 1-13, 요한일서 3:13-19

6월 들어 신문이나 텔레비전의 주요 뉴스는 브라질 리우데자네이루에서 열린 유엔환경개발회의, 그리고 미국 부시 대통령과 러시아 옐친 대통령의 회담이었습니다.

180여 개국 대표들이 모였고 110여 개국 정상이 자리를 같이한 환경회의는 '환경적으로 지속 가능한 개발'을 위한 원칙을 밝힌 '리우 선언'과 그 행동 강령을 800쪽에 걸쳐 자세하게 밝힌 '의제 21'(Agenda 21)을 채택했습니다. 이제까지 무분별하게 개발하여 파괴된 환경을 보호하기 위한 각국의 역할을 강조했습니다. 그 자세한 내용은 잘 모르지만 결국 환경을 파괴하는 개발을 더 이상 계속해서는 안 된다는 위기의식이 표출된 것이라고 할 수 있습니다. 무한정한 개발을 통해 끝없는 인간의 욕구를 충족시키는 것이 행복이라는 관념에 제동을 건 것입니다. 다시 말해서 인간의 물질문명에 제동을 걸었습니다. 하늘까지 닿는 바벨탑을 쌓아 올리려던 인간의 허황된 욕망에 제동을 걸었습니다. 솔로몬의 영광이 들의 백합화보다 못하다고 하신 예수님의 말씀이 옳았음을 증명한 것입니다. 솔로몬의 영광은 바로 개발을 통한 물질문명의 바벨탑인데, 이것은 하나님이 원래 창조해 놓으신 자연에 비교할 바가 되지 못한다는 것입니다. 개발과 발전만이 선한 것이라고 보던 역사관이 이제 달라질 수밖에 없게 되었습니다. "자연으로 돌아가라"는 루소(Jean Jacques Rousseau)의 지혜가 이제는 돋보이게 되었습니다. 예수님께서 말씀해 주신대로 이제는 무엇을 먹을까 무엇을 입을까 걱정하기에 앞서 먼저 하나님의 나라와 그 의를 구하여야 할 때가 되었습니다. 이제 역사를 인간의 개발의 역사가 아니라 하나님의 구원의 역사로 봐야 할 때가 되었습니다.

다음으로, 미국과 러시아가 보유하고 있는 핵무기의 3분의 2를 2003년까지 감축하기로 합의했다는 사실은 참으로 고무적입니다. 현재 미국이 9,986개, 러시아가 10,237개를 보유하고 있는 핵을 각각 3,500개와 3,000개로 감축한다는 것입니다. 힘과 힘이 맞섰던 냉전 시대가 지남에 따라 전략 핵무기들이 엄청난 경제적 부담만 준다는 사실 때문에 이를 축소시켜 가고 있습니다. 이 역시 역사에 대한 새로운 시각을 갖게 만들어 주는 사건이라 하겠습니다. 핵무기를 많이 갖는 것이 큰 힘이었던 시대가 지나가고 있습니다. 그것은 인류를 멸망으로 몰아넣을 뿐입니다. 이제는 어느 나라도 힘으로 약한 나라를 정복하겠다는 생각을 할 수 없게 되었습니다. 힘과 힘이 맞서면 결국 둘 다 망할 수밖에 없다는 인식이 분명해진 것입니다. 서로 대립하고 싸울 때가 아니라 서로 돕고 서로 나누면서 살아야 할 때임을 서서히 깨닫기 시작한 것입니다. 약육강식 적자생존이라는 진화론이 잘못된 세계관임을 알게 된 것입니다. 하나님의 섭리는 오히려 약한 자를 보호하시고 강한 자들이 스스로 가진 힘 때문에 멸망하게 하시며, 모두가 함께 살아가도록 이끄시는 것입니다.

창조주이시며 역사의 주관자이신 하나님

거대한 왕국 바벨론에 포로로 끌려간 작은 민족 유다는 그 신앙이 한때 흔들렸습니다. 자기들이 섬기던 야훼 하나님이 모든 열방의 신보다 뛰어난 신인 줄 알았는데, 이제 바벨론에 의해 성전이 파괴되고 선민인 이스라엘이 포로가 되어 제대로 예배조차 드릴 수 없게 되자 그들은 완전히 절망에 빠졌습니다. 바벨론 신이 야훼보다 더 강한 신이 아닐까 하는 의심에 빠졌습니다. 바벨론의 강력한 군사력뿐 아니라 그 문명에 완전히 압도당했습니다. 산골 사람이 화려한 도시 서울에 올라왔을 때 느끼는 그런 기분이었을 것입니다. 그래서 그들은 기가 죽었고, 기존 신앙에 회의를 느꼈습니다. 그러한 때에 나타난 예언자가 있었습니다. 그가 와서 낙담한 백성에게 위로와 용기를 북돋우었습니다.

> 보라 그에게는 열방이 통의 한 방울 물과 같고 저울의 작은 티끌 같으며, 섬들은 떠오르는 먼지 같으리니…그의 앞에는 모든 열방이 아무 것도 아니라. 그는 그들을 없는 것같이, 빈 것같이 여기시느니라. (사 40:15, 17)

바벨론 왕국이 아무리 거대하여도 하나님께는 먼지 같은 존재라는 사실을 깨우쳐 주었습니다. 거대한 왕국의 힘에 기죽지 말라는 것입니다. 전능하신 하나님께서 이스라엘을 버리지 않으시고 도와주시며 붙들어 주신다는 것입니다.

> 두려워하지 말라. 내가 너와 함께 함이라. 놀라지 말라. 나는 네 하나님이 됨이니라. 내가 너를 굳세게 하리라. 참으로 너를 도와주리라. 참으로 나의 의로운 오른손으로 너를 붙들리라. (사 41:10)

포로가 된 유대인들은 예언자들의 격려를 받고 자기들의 죄를 회개하며 하나님의 말씀에 귀를 기울이기 시작했습니다. 그들은 정치적 독립을 갈망하여 이를 쟁취하기 위한 지하조직을 만들지 않았습니다. 그 대신 회당을 세우고 말씀을 가르치며, 율법을 비롯한 하나님의 말씀을 편찬하고 모으는 일에 힘썼습니다. 그들은 율법과 예언자들을 통하여 주신 말씀들을 연구하면서 하나님의 역사에 대한 이해를 넓혀 나갔습니다. 전에는 이방 세계에 대한 경험이 전혀 없이 오직 하나님만을 섬겼습니다만, 이제 거대한 문명의 나라인 바벨론에 와서 그 문명을 일으킨 다른 신과 종교를 접하면서 야훼 하나님에 대한 새로운 인식을 갖게 되었습니다. 야훼 하나님은 천지를 창조하신 창조주요 모든 열국의 역사를 주관하시고 섭리하시는 분임을 새삼 깨달았습니다. 그들의 신앙을 다시 한 번 분명하게 다졌습니다. 그들의 역사관, 그들의 세계관을 분명하게 정립하는 계기가 되었습니다.

그들이 바벨론 포로에서 예루살렘으로 귀환했을 때 먼저 한 일은 왕을 선택하고 나라를 재건하는 게 아니었습니다. 그럴 상황도 아니었고 그렇게 하고자 하지도 않았습니다. 그들은 먼저 성전을 재건하고 에스라가 낭독한 율법을 듣고 그 말씀을 따라 바르게 제사하고 바르게 살아가고자 힘썼습니다. 그들은 역사가 하나님의 주권 아래 있다고 보고, 국가를 세워 강력한 힘을 구축하기보다는 역사의 주관자이신 하나님을 잘 공경하고 그 말씀대로 행하는 것이 무엇보다도 중요하다는 사실을 배웠습니다.

이스라엘의 이러한 역사관은 그들로 하여금 어떤 강력한 국가를 세우도록 하기보다는 율법을 지켜 보존하는 민족으로 머물게 했습니다. 다른 관점에서 보면, 이스라엘의 역사는 비극적인 역사였다고 할 수 있을 것입니다. 그러나 오늘날 와서 돌이켜 보면, 이스라엘의 역사야말로 철저하게 말씀을 따라 이루어진 성경적인 역사였다고 할 수 있습니다. 성경과 더불어 이스라엘의 역사만큼 온 인류의 정신에 지대한 영향을 미친 것은 없습니다.

두 역사관의 차이

은준관 목사의 설교에서 본 이야기입니다. 윌리엄 바클레이(William Barclay)의 『고대 세계의 교육 사상』(기독교문서선교회)이라는 책 중에서 스파르타 교육과 유대인 교육을 소개한 내용입니다. 스파르타에서는 남자가 출생하면 신체검사부터 시작했습니다. 허약한 아이는 길거리에 내버려 죽게 하고, 건강한 아이만 가정에서 길렀습니다. 남자아이는 일곱 살이 되면 아버지의 소유에서 국가의 소유로 바뀌고 간략한 음식, 강인한 훈련, 복종과 책임으로 훈련되었습니다. 열두 살이 되면 무서운 군사훈련을 시작하게 되는데, 밤이면 길거리에 숨었다가 지나가는 농노를 살해하는 것이 그 훈련의 극치를 이루었습니다. 스파르타인의 생존을 위한 살인 교육이었습니다.

유대인 교육은 이와는 대조적이었습니다. 예수님 오시기 약 100여 년 전에 실시되던 남자아이의 입학식 광경을 다음과 같이 소개하고 있습니다.

나이는 다섯 살에서 일곱 살, 새벽 미명에 어린아이는 잠을 깨고 목욕을 한다. 그리고 금술이 붙은 예복을 입는다. 반드시 아버지의 손에 이끌리어 회당으로 간다. 회당 앞에 놓인 두루마리 앞에 아버지와 아들은 무릎을 꿇고 앉는다. 아버지를 따라 출애굽기 20장 2-26절을 반복해서 외운다. 그리고 하잔이라는 교사의 집으로 인도된다. 하잔은 문간에서 어린이를 포옹하며 키스를 한다. 방안으로 인도된 어린이가 무릎을 꿇고 앉으면 신명기 33장 4절이 쓰인 돌판이 놓인다. 그리고 하잔을 따라 성경 암송을 반복한다. 하잔은 그 위에 꿀을 바르고, 어린아이는 엎드려 그 꿀을 핥아먹는다. 그다음엔 성경 말씀이 새겨진 케이크를 먹는다. 그리고 천사에게 기도한다. 마음을 열고, 좋은 기억력을 달라고….

강력한 교육을 받은 스파르타인들은 주전 400년 경 펠로폰네소스전쟁에서 강적 아테네를 격파했으며, 불과 몇 만 명으로 수십만의 농노를 장악했습니다. 그러나 주전 371년 테베라는 소도시의 군대 앞에 스파르타는 무참히도 무너지고 말았습니다. 반대로, 말씀 위주로 교육받은 유대인들은 계속 침략을 당하고 압정(壓政)에 시달렸고, 심지어는 600만 명이 나치스의 손에 학살되는 비극을 겪었습니다. 그런데도 이스라엘은 지금까지 이 역사 속에 뿌리내린 민족으로 생존하고 있습니다. 무엇이 이런 차이를 가져왔을까요? 역사관의 차이가 이런 결과를 가져온 것입니다. 스파르타인은 '힘'만 가지면 역사를 좌우할 수 있다고 본 반면, 유대인은 하나님을 역사의 주관자로 믿은 것입니다.

 오늘날도 여전히 힘에 의한 역사관이 모든 나라 모든 사람 속에 자리 잡고 있습니다. 이것은 인간이 역사를 창조하고 이끄는 주체라고 생각하는 역사관입니다. 인간이 역사를 이끌기 위해서는 힘이 필요하고 이 힘을 얻기 위해 사람들은 강력한 무기에 의존했습니다. 그러나 미국보다 더 많은 핵무기를 가졌던 소련이 와해된 것은 무기만으로는 진정한 힘을 갖지 못한다는 것을 보여 주었습니다. 요즘은 무력 대신 경제력이 진정한 힘이라고들 말합니다. 그래서 독일과 일본이 급속하게 강대한 나라로 부상했습니다. 물론 이런 경제력을 구축해 주는 바탕에는 과학의 힘이 있습니다. 사실상 과학의 힘이 무기도 만들어 내고 돈도 벌어다 주는 것이라고 한다면 과학기술이야말로 진정한 힘의 근원이라고 할 수 있을 것입니다. 실제로 오늘날 고도의 과학기술을 가진 나라들이 선진국으로, 그렇지 못한 나라들이 개발국으로 분류됩니다. 선진국들은 기술을 독점하면서 개발국들의 기술 개발을 막고 있습니다. 그러면 과연 이런 과학기술에 의해서 인류의 미래 역사가 좌우될까요?

19세기부터 시작된 과학기술에 토대한 근대화가 세계를 살기 좋은 곳으로 만들어 주리라고 기대했는데, 결과는 정반대로 많은 문제점을 드러냈습니다. 무엇보다도 자연 생태계를 파괴하고 환경을 오염시켜 심각한 위기에 봉착하게 됐습니다. 나아가 근대화는 국가 간 빈부 차이를 더욱 심화시켰고, 더 나아가 약한 나라들은 가진 나라들의 제국주의적 횡포에 시달리게 되었습니다. 그뿐 아니라 극도의 개인주의와 반종교적 세속주의가 확산되어 악마적 문화가 활개를 치고 기존의 윤리와 도덕은 모두 사라지게 되었습니다. 한마디로 과학기술은 자연과 인간을 모두 황폐화시켰습니다. 결국 역사를 힘으로 이끌어 보겠다는 생각은 잘못된 것이라는 사실이 이제 분명히 드러났습니다.

힘에 의한 역사관이 잘못되었다면, 이제 세계는 역사를 하나님이 주관하신다는 기독교의 역사관으로 다시 돌아가야 할 것입니다. 기독교의 역사관은 하나님이 사랑으로 역사를 새롭게 하신다는 것입니다. 따라서 우리가 역사를 하나님의 구원의 역사로 본다면 그분이 우리에게 주신 계명을 따라 서로 사랑함으로써 역사를 새롭게 해야 할 것입니다. 오늘 본문 요한일서를 보면, "우리는 형제를 사랑함으로 사망에서 옮겨 생명으로 들어간 줄을 알거니와 사랑하지 아니하는 자는 사망에 머물러 있느니라"고 했습니다(3:14). 오늘날 죽음의 문화를 생명의 문화로 변화시킬 수 있는 힘이 사랑에 있음을 말해 줍니다. 사랑이란 말이 아닌 행동을 뜻합니다. 그리스도께서 자신을 내어 주신 것처럼 형제를 위하여 목숨을 버리는 것이 바로 사랑의 본질임을 일깨워 줍니다. 오늘날 죽어 가는 세계를 살리는 길은 사랑을 통해 서로 나누는 길밖에 없습니다. 종교 간 분쟁을 그치고 서로 협력하며 함께 멸망해 가는 세계를 구하기 위해 손을 맞잡아야 합니다. 이것이 자기를 희생하는 사랑의 정신 아니겠습니까? 기독교는 이제까지 말만의 사랑을 내세웠고 독선에 빠져 남을 멸시하고 진정으로 사랑하지 못했습니다. 기독교 정신으로 세워진 미국이 이번 환경회의에서 가장 이기적인 나라, '환경 공적 1호'로 지목되었다는 것은 기독교 사랑의 현주소를 말해 줍니다.

사랑하는 여러분, 힘에 의한 역사관이 가져온 죽음의 결과들을 보면서, 우리는 하나님의 사랑으로 이룩되는 구원의 역사에 대하여 다시 한 번 확신을 가져야겠습니다. 인간의 지혜나 힘으로는 결코 세계의 역사를 올바로 이룩할 수 없음을 분명히 깨닫고, 약한 것 같지만 가장 강한 사랑을 통해 역사를 변화시켜 가는 여러분이 되시기 바랍니다. 사랑으로 자신을 희생하는 자들과 하나님의 역사의 섭리를 믿고 그분을 경외하는 자들을 하나님은 결코 잊지 않으십니다. 그런 연약한 자들을 통해 하나님의 나라를 건설하시고 또 완성하실 것입니다. 심령이 가난한 자, 애통하는 자, 평화를 위해 일하는 자들을 복 있는 자라고 하신 그리스도께서 오늘도 우리와 함께 계셔서, 우리로 낙심치 말고 사랑의 삶을 이룩해 가도록 인도하고 계십니다. 이 믿음 가지고 하나님을 경외하고 사랑을 따라 봉사하며 헌신하는 여러분이 되시기를 바랍니다.

1992년 6월 21일.

시인 윤동주 50주기

1995년 2월 16일은 시인 윤동주의 50주기였다. 50주기 행사는 그의 모교인 연세대학교에서 조촐하게 치러졌다.

시인 윤동주는 북간도 용정 출신이지만, 1942년 서울에서 연희전문학교를 졸업하고 일본 교토에 건너가 도시샤 대학 영문과에 다니면서 시작에 정진해 좋은 시를 남겼다. 그는 친우 송몽규와 함께 독립운동에 참여했다가 일본 경찰에 체포되어 후쿠오카 형무소에서 2년 형을 선고받았다. 복역 중이던 1945년에 해방의 기쁨을 맛보지 못한 채 옥중에서 별이 빛나는 하늘로 떠났다. 최근에야 영화 〈동주〉가 제작되어 많은 사람의 사랑 속에 상영되기도 했지만 50주기 때만 해도 신문에조차 잘 보도되지 않았다.

신앙 시인이며 민족 시인인 윤동주의 50주기를 맞으면서 그에 대해 좀 더 알고 싶어 책방에 나가 그의 시집 한 권과 몇 권의 해설서를 구입해 읽었다. 마침 졸업 시즌이어서 각급 학교를 졸업하는 젊은이들에게 윤동주의 삶과 신앙을 소개하면 좋겠다고 생각했다. 특히 '서시'를 보면서 달려갈 길을 다 달렸다는 사도 바울이 떠올랐다. 바울이 디모데에게 "부끄러울 것 없는 일꾼이 되라"고 한 권고와 "건전한 지혜와 분별력"을 지니라는 잠언의 말씀을 가지고 설교를 준비했다.

그 후 가수 조영남의 노래 '서시'를 따라 부를 수 있을 만큼 많이 들으면서, 부끄러움 없이 살기를 기도해 왔지만 지금 돌아보면 부끄러운 일 뿐이다.

별을 노래하는 마음으로

잠언 3:21-24, 디모데후서 2:15, 22

지금으로부터 50년 전인 1945년 2월 16일 일본 후쿠오카 형무소에서 28세의 젊은 나이로 숨을 거둔 시인 윤동주의 '서시'(序詩)를 먼저 소개하겠습니다.

> 죽는 날까지 하늘을 우러러
> 한 점 부끄러움 없기를,
> 잎새에 이는 바람에도
> 나는 괴로워했다.
> 별을 노래하는 마음으로
> 모든 죽어 가는 것을 사랑해야지
> 그리고 나한테 주어진 길을
> 걸어가야겠다.
> 오늘밤에도 별이 바람에 스치운다.

'서시'는 그의 유일한 유고시집 『하늘과 바람과 별과 시』의 서문 격인 시입니다. 아마도 '서시'에서 시집 제목의 네 단어가 나온 것 같습니다. 하늘은 그의 신앙을, 바람은 시련을, 별은 희망 혹은 양심을, 그리고 노래, 즉 시는 그가 지향하고자 하는 삶의 길을 표현하는 수단이라고 하겠습니다. 이 시에는 어려운 시대를 살면서도 꿈을 포기하지 않은 한 젊은이의 신앙과 사랑, 고뇌가 배어 있습니다. 이 시를 대할 때마다 사도 바울이 연상되곤 합니다. 사도 바울은 "부끄러울 것이 없는 일꾼"으로 그의 길을 끝까지 달려갔습니다. 윤동주는 사도 바울처럼 살기를 원했는데 그 길을 달려가기도 전에 생을 끝내야만 했습니다. 아마도 그가 주어진 삶을 끝까지 살았더라면 바울처럼 살지 않았을까 생각해 봅니다. 이런 관점에서 볼 때 이 시는 신앙을 바탕으로 썼다고 할 수 있을 것입니다.

부끄러울 것 없는 삶

사도 바울은 젊은 제자 디모데에게 "너는 진리의 말씀을 옳게 분별하여 부끄러울 것이 없는 일꾼으로 인정된 자로 자신을 하나님 앞에 드리기를 힘쓰라"고 권면했습니다(딤후 2:15). 한평생을 살면서 한 점 부끄럼 없는 삶을 산다는 것은 그렇게 쉬운 일이 아닙니다. 우리가 살고 있는 이 시대가 악하고 사회가 병들었기 때문에 유혹과 더러움에서 자신을 깨끗하게 지키기가 대단히 어렵습니다. 다윗은 젊었을 때부터 하나님만 의지하는 철저한 신앙 가운데서 자라고 행동했습니다. 정말 하나님의 마음에 든 훌륭한 인물이었지만, 그의 생애에는 씻을 수 없는 오점이 찍혀 있습니다. 예수님의 제자 베드로는 참으로 훌륭한 사도였습니다. 하지만 그가 평생 잊어버릴 수 없었던 일은, 붙잡혀 가시는 예수님을 보면서 그를 모른다고 부인했던 일입니다. 신앙 때문에 박해를 받을 때 끝까지 참고 견딘다는 것은 쉬운 일이 아닙니다. 그래서 많은 사람이 변절자가 되고 자기 삶에 씻을 수 없는 오점을 남기게 됩니다.

이스라엘의 예언자요 스승이었던 사무엘은 자기의 임무를 마치면서 그 백성에게 물었습니다.

> 내가 여기 있나니 여호와 앞과 그의 기름 부음을 받은 자 앞에서 내게 대하여 증언하라 내가 누구의 소를 빼앗았느냐 누구의 나귀를 빼앗았느냐 누구를 속였느냐 누구를 압제하였느냐 내 눈을 흐리게 하는 뇌물을 누구의 손에서 받았느냐 그리하였으면 내가 그것을 너희에게 갚으리라. (삼상 12:3)

그때 백성은 그런 일이 아무것도 없다고 했습니다. 사무엘은 백성의 지도자로 한 점 부끄럼 없는 삶을 살았던 것입니다. 그런 점에서 사도 바울도 마찬가지였습니다.

> 나는 선한 싸움을 싸우고 나의 달려갈 길을 마치고 믿음을 지켰으니 이제 후로는 나를 위하여 의의 면류관이 예비되었으므로 주 곧 의로우신 재판장이 그 날에 내게 주실 것이며 내게만 아니라 주의 나타나심을 사모하는 모든 자에게도니라. (딤후 4:7-8)

사실 바울처럼 마지막 길에서 자신 있게 말할 수 있는 사람은 그리 흔치 않습니다.

윤동주는 이런 훌륭한 신앙의 선배들을 보면서 자기도 그런 삶을 살기 원했던 것 아닐까요? "죽는 날까지 하늘을 우러러 한 점 부끄럼이 없기를." 이 말에서 더할 수 없는 해맑음, 천사와 같이 티 없는 영혼의 숨결 소리가 들려옵니다. 여기서 말하는 '하늘'은 'sky'가 아니라 'heaven'입니다. 다시 말해 하나님 앞에서 부끄럼 없기를 바랄 만큼 높은 영성을 지향한 이상주의자였던 것 같습니다. 시인이 "한 점 부끄럼이 없기를" 원했던 것은 "한 점 부끄럼"이 없을 수 없는 자신을 봤기 때문일 것입니다. 더 이상 부끄럼 없이 살 수 있기를 바랐기에 "한 점 부끄럼 없기를" "하늘을 우러르며" 희구하고 그렇게 살기로 굳게 결심한 것이 아닐까요?* 심지어 그는 '쉽게 씌어진 시'라는 시에서 시가 너무 쉽게 쓰이는 것을 부끄럽다고 하였습니다.

> 인생은 살기 어렵다는데
> 시가 이렇게 쉽게 씌어지는 것은
> 부끄러운 일이다.

그는 어쩌면 부끄럼 없는 삶을 위해 오래 살지 않고 일찍 갔는지도 모릅니다.
 이 세상에 속한 욕망을 버릴 때 우리의 부끄럼이 하나둘 벗겨질 텐데 우리는 그 욕망에서 자유롭지 못합니다. 마음이 가난할 때 비로소 우리는 한 점 부끄럼이 없는 삶을 이룰 수 있을 텐데 우리의 마음은 결코 가난하지 않습니다. 마음이 깨끗할 때 비로소 하나님을 뵐 수 있을 텐데, 우리의 마음은 더러운 거울처럼 세상의 욕망으로 얼룩져 있습니다. 해맑은 영혼의 소유자였던 윤동주가 더욱 그리워지는 까닭입니다. 우리도 그가 노래한 것처럼 "하늘을 우러러 한 점 부끄럼 없기를" 기도해야겠습니다.

---

* 다카도 가나메, 『영원한 목표를 향하여』(연세대학교회 편, 전망사), 337.

예민한 영적 감각을 지니라

잠언을 보면 "아이들아, 건전한 지혜와 분별력을 모두 잘 간직하여 너의 시야에서 떠나지 않게 하여라"(3:21, 표준새번역)고 합니다. 부끄러움 없는 삶을 살려면 지혜와 분별력이 필요합니다. 이 시대를 분별하지 못하면 유혹에 넘어가기 쉽고, 시대의 조류에 생각 없이 휩쓸리기 쉽습니다. 정신을 차리고 예민한 통찰력으로 이 시대를 꿰뚫어 보지 않으면, 악의 실체를 보기 어렵고 그들의 음모를 알아채지 못한 채 그 물결에 휩쓸리기 쉽습니다. 예언자 예레미야가 활동한 당시 유대에 많은 거짓 예언자들이 있었는데, 그들에게는 예민한 통찰력이 없었습니다. 그래서 무서운 전쟁의 폭풍이 곧 불어올 것을 알지 못한 채 평화를 예언하였습니다. 우리가 살고 있는 시대는 변화가 심하고 굴곡이 많은 때이기에 정신을 차리고 똑바로 보지 못하면 속기 쉽고, 잘못 판단하기 쉽습니다. 특히 새로운 미디어들이 수없이 쏟아 내는 온갖 거짓 이념들을 올바로 분별할 능력이 없으면, 이 시대 이념의 노예가 되어 잘못된 역사를 기록하게 될 것입니다.

윤동주는 "잎새에 이는 바람에도 나는 괴로워했다"고 노래했습니다. 그는 자기가 어떤 사람인지 분명하게 알고 있었으며, 동시에 그가 살고 있는 시대에 대한 예언자적 통찰력을 지녔습니다. 그래서 나라를 잃은 현실을 괴로워했고, 북간도로 쫓겨 온 이민자들의 슬픔을 아파했습니다. 일본 유학을 위해 창씨개명을 할 수밖에 없었던 그는 괴로워하며 '참회록'이라는 시를 썼습니다.

"잎새에 이는 바람"이란 폭풍이 아닌 살랑살랑 불어오는 미풍(微風)이지만 예민한 감각을 지녔던 시인은 그것을 괴로워하고 아파했습니다. 마음이 가난하고 청결한 사람에게는 다른 사람들이 보지 못하고 느끼지 못하는 역사의 변화와 진행을 미리 느끼고 볼 수 있는 예민함이 있게 마련입니다. 오늘 우리에게 필요한 것은 바로 이런 영적 예민성입니다. 시대의 변화 속에서 하나님의 역사와 그 음성을 보고 들을 수 있는 영적 예민성을 가질 때 우리는 이 시대의 풍조에 휩쓸려 가는 어리석은 자가 되지 않고, 하나님의 나라를 향하여 행진하는 의의 일꾼들이 될 것입니다.

별을 노래하는 마음으로

사도 바울은 디모데에게 "그대는 젊음의 정욕을 피하고, 깨끗한 마음으로, 주님을 찾는 사람들과 함께 의와 믿음과 사랑과 평화를 좇으십시오"라고 권면했습니다(딤후 2:22, 표준새번역). 잠언에서는 "너의 손에 선을 행할 힘이 있거든 도움을 청하는 사람에게 주저하지 말고 선을 행하여라"고 하였습니다(3:27, 표준새번역). 바울은, 우리 그리스도인이 이 시대를 예민한 감성으로 분별하여 진리의 길을 걸어갈 뿐 아니라, 한 걸음 더 나아가 나그네로 머무는 이 땅에서 서로 사랑으로 봉사하고 섬길 것을 명하였습니다. 우리 그리스도인들은 이 땅에 하나님의 나라를 미리 보여 주는 자들입니다. 하지만 혁명을 통해 그 나라를 세우고자 하지 않고 "의와 믿음과 사랑과 평화"로 세워 가는 사람들입니다. 그리스도께서 자신을 십자가에 내어 주시므로 이 땅에 하나님의 나라를 선포하셨기 때문입니다. 예수 그리스도는 이 땅의 죽어 가는 모든 사람을 살리시려고 십자가에 자신을 내어 주셨습니다. 바울은 디모데에게 "반대하는 사람을 온화하게 바로잡아 주어야" 한다고 권면했습니다. 적대자들을 사랑으로 대할 때 하나님께서 저들을 변화시키실 것이며, 악마의 올무에서 저들을 건져내실 것이라고 했습니다(딤후 2:25-26, 표준새번역).

윤동주는 "별을 노래하는 마음으로 모든 죽어 가는 것을 사랑해야"겠다고 노래했습니다. "별을 노래하는 마음"이란 결코 낙심하지 않고 희망을 갖고 사랑하는 마음이라고 할 수 있습니다. 별은 밤하늘에서만 빛납니다. 시인이 살던 시대는 억압과 고통이 있는 역사의 밤이었습니다. 많은 조선인이 죽어 갔고, 말과 옷, 생활 풍습, 이름 등 민족문화의 모든 것이 죽어 가는 시대였습니다. 그러나 시인은 바로 그 역사의 밤에 별을 노래하는 마음으로 모든 죽어 가는 것을 사랑하겠다고 합니다. 죽어 가는 사람들, 말살되는 민족문화를 보면서 포기하고 생각을 바꾸어 변절할 수도 있었지만, 그는 끝까지 "모든 죽어 가는 것"을 사랑하겠다고 다짐합니다. 그 길이 자기가 가야 할 길이며, 하늘을 우러러 부끄러움 없는 삶이라고 믿었기 때문 아닐까요? 그는 그 고난의 밤을 절망하지 않고 모든 죽어 가는 것을 사랑하겠다고 다짐함으로써 새벽을 기다렸던 것입니다. 윤동주를 회상하고 추억담을 쓰는 것만으로도 넋이 맑아진다고 고백한 문익환 목사는 다음과 같이 회고했습니다.

> 그에게 와서는 모든 대립은 해소되었다. 그의 미소에서 풍기는 따뜻함에 녹지 않을 얼음이 없었다. 그에게는 다들 골육의 형제였다. 나는 확언할 수 있다. 그는 후꾸오까 형무소에서 마지막 숨을 몰아쉬면서도 일본 사람을 생각하고는 눈물을 지었을 것이라고. 그는 인간성의 깊이를 파헤치고 그 비밀을 알 수 있었기에 아무도 미워할 수 없었으리라. 그는 민족의 새 아침을 바라고 그리워하는 점에서 아무에게도 뒤지지 않았다. 그것을 그의 저항 정신이라 부르는 것이리라. 그러나 그것은 결코 원수

를 미워하는 것일 수는 없었다.*

단국대 김수복 교수도 "윤동주는 주위의 모든 것을 소중하게 생각하고 그러한 평범한 사물들까지도 그의 내면으로 끌어들여 새로운 가치를 발견하려 하였다. 그만큼 그는 가난한 이웃, 이름 없는 풀꽃, 사슴, 노루, 아낙네 등의 약하고 가난한 이웃을 향한 인간적 사랑을 실현하려 하였다"**고 했습니다.

윤동주는 확실히 요즘 말하는 운동권에 속한 학생은 아니었습니다. 그는 누구보다 그 시대의 고통을 아파하면서도 사랑으로 그것을 참고 견디며 극복하려고 한 시인입니다. 십자가를 지신 예수님처럼 되기는 어려워도 그를 닮으려고 애쓴 시인이었습니다. '십자가'라는 시가 그런 그의 의지를 잘 나타내 줍니다.

쫓아오던 햇빛인데
지금 교회당 꼭대기
십자가에 걸리었습니다.

첨탑이 저렇게도 높은데
어떻게 올라갈 수 있을까요.

종소리도 들려오지 않는데
휘파람이나 불며 서성거리다가,

---

* 윤동주, 『잎새에 이는 바람에도 나는 괴로워했다』(열음사), 78.
** 윤동주, 『별하나에 사랑과』(예전사), 147.

괴로웠던 사나이,

행복한 예수 그리스도에게

처럼

십자가가 허락된다면

모가지를 드리우고

꽃처럼 피어나는 피를

어두워가는 하늘 밑에

조용히 흘리겠습니다.

 햇빛을 따라 십자가가 있는 곳까지 올라갈 수 있는 인간은 아무도 없습니다. 그러나 예수님이 지셨던 그 십자가가 자기에게 허락된다면 꽃처럼 피어나는 피를 조용히 흘리겠노라고 다짐했습니다. 그는 조용히 민족의 제단에 자신을 바칠 수 있기를 기도한 것입니다. 우리가 윤동주를 사랑하는 이유는 그가 바로 이런 조용하고 겸손한, 그러면서도 확고부동한 신앙을 가지고 살았기 때문입니다.

 놀라운 것은, 바로 이런 윤동주의 시가 일본 교과서에 실려 있다는 사실입니다. 치쿠마출판사가 편찬한 문부성 검정 교과서 『현대문』에 이바라기 노리코(茨木のり子)라는 여류 시인이 쓴 '하늘과 바람과 별과 시'라는 한 편의 글이 들어 있습니다. 윤동주를 소개한 글 속에 '서시'를 비롯한 네 편의 시가 실려 있다고 합니다. 이바라기 노리코는 사랑하는 남편의 죽음을 잊으려고 나이 쉰에 한글을 배우기 시작해 윤동주의 시를 알게 되고 그를 좋아한 여류 시인입니다. 그는 윤동주의 시를 가리켜 "20대가 아니면 절대로 쓸 수 없는 청렬한 시풍" "젊음과 순결을 그대로 동결한 듯한 청신함은 독자를 빨아들

일 만하다"고 하면서 "오래 살수록 수치 많은 인생이 되어 이런 풍으로 절대로 쓰이지 않게 된다. 시인에게는 요절의 특권 같은 것이 있어서 젊음과 순결을 그대로 동결시킨 듯한 맑음이 항상 수선화 같은 좋은 향내를 풍긴다"고 하였습니다.* 그렇습니다. 그의 시에서 풍기는 수선화 같은 향내는 "모든 죽어 가는 것을 사랑"하고자 한 그의 삶에서 우러난 것이며, 괴로웠던 사나이 예수처럼 되기를 원하였던 그의 신앙에서 풍겨 나오는 것이 아니겠습니까?

사랑하는 여러분, 하늘을 우러러 한 점 부끄럼 없는 삶을 위해 자신을 깊이 성찰하고, 이 시대를 꿰뚫어 볼 수 있는 영적 통찰력으로 하나님의 역사를 바라보시기 바랍니다. 지금은 모든 것이 혼란스러운 역사의 밤입니다. 새벽이 올 때까지 별을 노래하면서 모든 죽어 가는 것을 사랑하시기 바랍니다. 바울의 권면대로 "의와 믿음과 사랑과 평화"를 추구하는 여러분이 되시기를 바랍니다. 흑백논리에 따른 끊임없는 갈등과 증오만이 판을 치는 세계 속에서, 모든 것을 자기 안에 끌어안고 십자가를 지신 예수 그리스도의 사랑을 본받아 원수까지도 사랑할 수 있는 자리까지 나아가시기 바랍니다.

역사의 밤하늘에 떠 있는 별들이 바람에 스치고 있지만, 결코 희망을 포기하고 노래를 멈추어서는 안 됩니다. 새 하늘과 새 땅의 역사가 동터 올 때까지 노래를 부르면서 새 역사를 준비하며 기다리는 여러분이 되시기를 바랍니다.

1995년 2월 19일.

---

* 〈한국일보〉, 김성우 칼럼 "윤동주의 달에", 1992. 12. 28.

한국통신 노조 연행 사건

한국통신 노조는 1994년 5월 최초로 치른 5만여 조합원의 직선제 선거에서 어용 노조를 물리치고 민주 집행부를 만들어 냈다. 한편 정부는 1995년 들어 대규모 노동쟁의에 대한 사전 개입을 강화했다. 한국통신 노조가 회사 측의 노조 간부 대상 고소·고발·중징계 등에 항의하며 집회를 개최하고 탄압 중단을 요구하자 5월 19일 김영삼 대통령이 직접 나서서 한국통신 노조를 국가 전복 세력이라고 규정했다. 검찰은 곧바로 노조 간부들에 대한 구속영장을 발부받아 대대적인 검거령을 내렸다. 노조 사무실은 폐쇄되고 회사와 경찰이 노조의 회의 장소를 봉쇄하는가 하면, 전자게시판을 검열하고 일시 폐쇄하는 등 탈법적인 탄압이 거듭되었다.

이에 노조 측은 명동성당과 조계사에 임시 상황실을 설치하고 대화 재개를 요구하며 정부의 탄압에 맞섰다. 그리고 종교계에 중재를 요청했다. 가톨릭, 불교계를 중심으로 중재를 시도했으나 정부가 이를 거부하고 6월 6일 명동성당과 조계사에 공권력을 투입, 노조 간부들을 연행했다. 이에 격분한 종교계가 시국 미사, 시국 법회, 시국 기도회를 대규모로 개최하며 정부를 규탄했다.

문민정부는 명동성당과 조계사에 경찰을 투입한 일에 대하여 "법 앞에는 어떤 성역도 있을 수 없다"라고 했다. 교회보다 국가가 우위에 있고, 성역보다 법이 우위에 있다는 말이다. 이 말을 좀 더 확대하여 말한다면 "하나님보다 국가권력이 우선한다"라고 할 수 있다. 이런 주장에 문제가 있다고 보고 다음 설교를 준비했다.

법과 성역

시편 86:14-17, 마태복음 12:1-8

교회와 국가의 관계

최근 명동성당과 조계사에서 농성을 하던 한국통신 노조를 경찰이 강제 연행하면서 대부분의 언론이, 정부가 내세운 "법 앞에는 어떤 성역(聖域)도 있을 수 없다"는 구호를 열심히 지지했습니다. 어떤 사설은 "종교의 자유, 더 구체적으로는 신앙 실행의 자유 역시 실정법이 보호하고 있다는 점에서 종교도 사회 공동체의 질서 유지를 어기지 않아야 한다는 내재적 한계를 안고 있으며 법 앞에 평등일 수밖에 없는 것이다"*라고 했습니다. 법과 성역의 문제는 국가와 종교의 문제로, 역사적으로도 오랜 논쟁을 거쳐 왔으며, 아직도 명확하게 해결되지 못했습니다.

1982년 4월에 부산 미국문화원 방화 사건이 일어났을 때 정부는 이 사건에 교회가 관련되었다고 주장하면서 "국가가 없이는 교회

---

* 〈동아일보〉, 사설 "법과 종교", 1995. 6. 7.

도 존재할 수 없다"는 논리를 전개한 적이 있습니다. "법 앞에는 어떤 성역도 있을 수 없다"는 말과 같은 의미라고 하겠습니다. 교회보다 국가가 우위에 있고, 성역보다 법이 우위에 있다는 말입니다. 그러나 이것은 성서적 관점에서 볼 때 쉽게 용납할 수 없는 말입니다. 이 말을 좀 더 확대하면 "하나님보다 국가권력이 우선한다"고 할 수 있습니다. 하나님까지 비약시키지 않는다고 하여도 "법이 도덕적 힘보다 우선한다"는 논리입니다. 김수환 추기경은 강론에서 "명동성당이 '성역'이 된 것은 교회의 오랜 전통과, 우리나라 현대사에서 사회정의를 추구한 사람들의 양심과 도덕적 힘 때문이었다. 정부의 공권력 투입은 공간적인 의미에서 명동성당을 침범한 게 아니라 시련과 고통을 감내하며 지켜 온 도덕적 힘을 짓밟은 것"이라고 했습니다. 도덕적 힘을 무시하고 법을 집행하는 것은, 칼을 가졌다고 함부로 휘두르는 격이라고 할 수 있습니다. 법이 도덕적 힘에 바탕을 두지 않을 때 그 법은 사람을 마구 난도질하는 무서운 흉기로 변할 수 있습니다. 법이 중요하면 중요할수록 그 법을 집행하는 사람에게 더욱 높은 도덕성이 요구됩니다.

이 점에 있어서 지금은 군사정권 때와 다른 문민정부이기 때문에 이번 법 집행이 도덕성을 결여하지 않았다고 주장합니다. 그러나 한국통신 노조 문제를 풀어 가는 정부의 방식이 과연 민주적이었는가 하는 의문을 제기하지 않을 수 없습니다. 어느 날 김 대통령이 한국통신 노조의 쟁의를 "국가 전복의 저의가 있다"는 초강경 발언을 하면서 법의 칼을 빼어 들었습니다. 우리는 김 대통령이 민주화 투쟁에 앞장섰던 사람이요, 교회의 장로이기에 양심과 도덕성을 가졌다고 믿지만, 요즘 그의 발언이나 결정을 보면 양심과 도덕성이 점차 약화되어 간다는 느낌을 지울 수 없습니다. 영국 주간지 〈이코노

미스트〉 최근 호는 한국 특집을 마련하여 김영삼 대통령을 "문민 황제"라고 불렀다고 합니다.*

얼마든지 법의 칼을 빼지 않고도 해결할 수 있는 문제를 정부가 악화했습니다. 그러면서 "법 앞에 성역 없다"는 말을 마구 휘둘러 이 정권에 관계된 사람들이 민주화 투쟁이 한창일 때 이용하던 성역을 짓밟아 버렸습니다. 김 추기경은 "명동성당은 오늘의 문민정부를 낳게 한 모태라 할 수 있는데, 현 정권은 모태와 같은 존엄한 양심을 짓밟았다"고 말했습니다. 자기가 필요할 때는 성역이라며 보호받고, 권력을 잡자 그 성역이 거추장스러워 법이라는 이름으로 짓밟아 버린 것입니다.

법보다 더 중요한 요소

본문인 마태복음 12장을 보면, 안식일에 예수님의 제자들이 밀밭 사이로 지나면서 배가 고파 밀 이삭을 잘라 먹었습니다. 그러자 바리새파 사람들이 이를 보고 예수님을 비난했습니다. 안식일에 하지 못할 일을 했다는 것입니다. 안식일 법을 어겼다는 것입니다. 그러자 예수님께서 두 가지 근거를 가지고 이를 반박하셨습니다.

첫째는 다윗이 사울 왕을 피해 도망 다닐 때 제사장 아히멜렉을 찾아가 제사장 이외에는 먹지 못하는 거룩한 빵을 얻어먹은 예를 드셨습니다. 하나님께 드리는 거룩한 빵은 제사장 외에는 먹을 수 없다는 엄격한 법이 있었지만 배고픈 사람들에게 그 빵을 먹이는 게 법보다 앞서는 일임을 알려 주신 것입니다. 법이 중요하지만, 제사

---

* 〈한겨레〉, 편집국에서 "'특수지위' 유린 유감이라니", 1995. 6. 17.

장이 판단하기에 배고픈 사람에게 그 빵을 주는 행동은 결코 그 법 정신에 어긋나지 않는다고 본 것입니다. 안식일 법이 중요하지만, 배고픈 사람이 밀 이삭을 좀 먹었다고 해서 그 법의 존엄성이 파괴된다고 예수님은 보시지 않았습니다.

둘째로, 안식일에 제사장들이 제사를 드리기 위해 안식일을 범하여도 그것은 죄가 되지 않는다는 점을 지적하셨습니다. 안식일 법은 바로 하나님을 기쁘시게 하려고 있는 것이기에 그 안식일에 제사를 드리는 것이 죄가 될 수는 없습니다. 법이 담고 있는 정신을 더 차원 높게 실행할 때 그것은 법에 저촉되지 않는다는 것입니다. 그러면서 예수님은 "성전보다 더 큰 이가 여기 있[다]"고 하셨습니다(6절). 이것은 대단히 의미심장한 말씀입니다. 하나님의 아들 예수 그리스도 안에서 새로운 생명의 역사가 시작되었고, 그 생명의 역사는 이제까지 모든 율법이 바라고 기다리던 역사이기에 그 안에서는 사실상 율법이 필요가 없다는 말씀이기도 합니다.

그러면서 예수님은 "나는 자비를 원하고, 제사를 원하지 아니하노라"라며 구약 말씀의 뜻을 바르게 해석하기를 요청하셨습니다(7절). 그 말씀은 결국 법보다 그 법이 지향하는 정신, 즉 자비를 원하신다는 것입니다. 법보다는 그 법이 지향하는 양심 또는 도덕성을 하나님은 더 원하신다는 것입니다.

바리새파 사람들은 율법 조항을 아주 세밀하게 규정하면서 그것을 열심히 지켰지만, 사실상 그 율법이 요구하는 근본적인 의와 믿음과 사랑을 지키지는 못했습니다. 예수님께서 통렬히 바리새파 사람들이나 율법학자들을 비난하신 이유가 무엇입니까? 법을 정확하게 지킨다고 자부하는 저들이 실상은 그 법의 더 중요한 도덕성을 상실했기 때문 아니겠습니까?

> 너희가 박하와 회향과 근채의 십일조는 드리되 율법의 더 중한 바 정의와 긍휼과 믿음은 버렸도다 (마 23:23)

오늘날도 마찬가지입니다. 우리는 법을 무시하겠다는 것이 아니라 그 법이 지향하는 높은 도덕성을 더 중요하게 생각한다는 말입니다. 법 조항이 결코 이런 도덕성을 이끌어 내지 못합니다. 교회는 결코 사회법을 무시하거나 치외법권적 요구를 하지 않습니다. 교회는 사실상 그 법이 추구하는 더 높은 정신세계, 영적인 세계를 추구하기 때문에 오히려 법이 더 잘 지켜지기를 원하고 그것을 뒷받침합니다. 예수님은 산상설교에서 분명히 말씀하셨습니다.

> 내가 율법이나 선지자를 폐하러 온 줄로 생각하지 말라 폐하러 온 것이 아니요 완전하게 하려 함이라…누구든지 이를 행하며 가르치는 자는 천국에서 크다 일컬음을 받으리라. (마 5:17-19)

예수님은 법을 정확하게 지킬 것을 제자들에게 요청하셨습니다. 그렇습니다. 올바로 만들어진 법은 하나님께로부터 온 것이며, 정확하게 지켜져야 합니다. 그러나 동시에 예수님은 율법의 더 깊은 뜻을 따르라고 요청하셨습니다. "살인하지 말라"는 계명의 깊은 뜻은 성내지 말라는 것이고, "간음하지 말라"는 계명의 깊은 뜻은 근본적으로 음욕을 품지 말라는 것이라고 하셨습니다. 그리고 "눈은 눈으로, 이는 이로 갚으라"는 옛 계명 대신에 오른쪽 뺨을 치거든 왼쪽도 돌려 대라고 하셨습니다. 이것은 계명을 지키지 말라는 뜻이 아니고, 그 계명이 본래 의도했던 사랑을 지키라는 뜻입니다.

하나님의 주권 아래 있는 교회와 국가

사도 바울은 로마서 13장에서 "사람은 누구나 위에 있는 권세에 복종해야 합니다. 모든 권세는 하나님께로부터 온 것이며, 이미 있는 권세들도 하나님께서 세워주신 것이기 때문입니다"라고 했습니다 (1절, 표준새번역). 국가권력을 인정한 말씀이지만, 더 중요한 것은 그 권력이 하나님께로부터 왔다는 사실입니다. 국가권력이란 하나님의 뜻을 따르는 한에서 존재할 수 있다는 깊은 뜻을 가진 말씀입니다. 국가라는 조직이나 교회라는 조직 가운데 어느 것이 더 우위에 있는가 따질 수는 없습니다. 왜냐하면 둘 다 하나님의 주권 아래 있기 때문입니다. 그러므로 국가와 교회는 서로 협력하여 하나님의 뜻을 이루어 가는 데 그 목적을 두어야 합니다. 따라서 국가가 법을 제정하고 법을 집행할 때도 하나님의 뜻에 맞게 해야 함은 말할 것도 없습니다.

사도 바울은 국가권력의 법 집행에 대하여 다음과 같이 말하고 있습니다.

> 그는(통치자) 공연히 칼을 차고 있는 것이 아닙니다. 그는 하나님의 일꾼으로서, 나쁜 일을 하는 자에게 하나님의 진노를 집행하는 사람입니다.
> (롬 13:4, 표준새번역)

법을 집행하는 사람은 하나님의 일꾼으로서 하나님의 진노를 집행하는 자여야 한다는 것입니다. 다시 말해서 법을 집행하는 공권력은 항상 하나님의 뜻을 따라야 합니다. 그렇다면 이번 한국통신 노조 사태에서도 교회의 결정과 중재를 존중했어야 합니다. 교회가 덮어 놓고 공권력을 반대하는 것이 아니라, 법 집행에 무리가 있고, 하나님의 뜻이 결여되어 있다고 판단했다면 그 판단을 존중했어야 합니다. 우리가 대한민국 법을 존중하지만, 그 법을 집행하는 김 대통령을 법처럼 존중할 수는 없습니다. 김 대통령이 곧 법은 아니기 때문입니다. 이번 사태는 김 대통령이 마치 법 그 자체인 것처럼 "법 앞에 성역 없다"는 명제를 마구 휘둘러 댄 것이 문제입니다. 다른 말로 하면 "김 대통령 앞에는 어떤 성역도 없다"고 해석될 여지가 있다는 말입니다. 우리는 법 집행자들이 하나님 앞에서 좀 더 겸허하여 그 뜻이 무엇인지를 신중하게 생각하고 행동해 주기를 바랄 뿐입니다.

성역으로서 교회의 역할

교회는 차제에 국가와의 관계에서 감당할 역할에 대하여 좀 더 깊이 생각해야겠습니다. 첫째로, 교회는 국가권력이 하나님의 주권 아래 머물도록 예언자적 역할을 끊임없이 감당해야 합니다. 앞서 지적한 대로 교회나 국가는 다 같이 하나님의 주권 아래 있는 기관입니다. 그러나 교회는 그리스도의 몸으로 하나님의 뜻을 더 직접적으로 전달받고 가르치는 기관입니다. 즉 교회는 예언자처럼 하나님의 말씀을 받은 기관이며, 그 말씀을 따라 행동하는 기관입니다. 교회가 세속적 집단과 구별되는 것은, 바로 하나님의 뜻을 따라 세워지고 성령의 인도하심을 따라 그 말씀을 선포하고 하나님이 이루시는 역사의 미래를 제시하는 기관이기 때문입니다. 교회가 이 사회에서 바로 이런 예언자적 사명을 제대로 하지 못할 때 사회는 타락하고, 국가권력은 부패하게 됩니다. 한국교회는 사회를 향한 예언자적 역할을 소홀히 여기고, 오직 교회 성장에만 몰두해 왔습니다. 그 결과 사회가 교회를 하나님의 정의를 따르는 기관이라기보다 한낱 이익집단으로 인식하기에 이르렀습니다. 이것이 오늘날 교회의 약점이며 불행이 아닐 수 없습니다. 오늘날 정권이 교회를 존중하지 않는 까닭도 사실은 교회가 예언자적 역할을 제대로 하지 못했기 때문입니다.

둘째로, 교회는 부당한 힘에 눌리며 쫓기는 사람들의 피난처가 되어야 하며, 그들의 대변자가 되어야 합니다. 본문 시편 말씀을 봅시다.

> 하나님, 오만한 자들이 나를 치려고 일어나며, 난폭한 무리가 나의 목숨을 노립니다. 그들은 주님을 안중에도 두지 않습니다. 그러나 주님, 주님은 자비롭고 은혜로우신 하나님이시요, 노하기를 더디 하시며, 사랑과 진실이 그지없으신 분이십니다. (시 86:14, 표준새번역)

하나님을 안중에도 두지 않는 "오만한 자" 또는 "난폭한 무리"에 쫓기는 이 시인은 "자비롭고 은혜로우[시며]" "노하기를 더디 하시[고]" "사랑과 진실이 그지없으신" 하나님의 도움을 바라고 있습니다. 오늘날 우리 사회는, "오만한 자"와 "난폭한 무리"에 쫓기는 많은 가난한 자와 약한 자들이 피신할 도피성을 갖고 있지 못합니다. 지난 30년간 군사정권하에서 억울하게 쫓긴 사람들의 유일한 도피성은 명동성당이었습니다. 영락교회나 새문안교회나 안동교회가 저들의 도피성이 되지 못한 까닭은 무엇일까요? 자비롭고 은혜로우시며 사랑과 진실이 그지없으신 하나님의 품성을 교회가 갖고 있지 못했기 때문입니다. 개신교는 오직 교회 성장에만 매달려 고난당하는 사람을 맞아들일 여유가 없었던 것입니다.

일전에 어떤 대화 모임에서 원로 언론인 한 사람이 "교회는 지금 다른 일을 하기보다 땅을 좀 사시오"라고 했습니다. 그 말은 명동성당처럼 위급한 사람들이 찾아 들어올 마당을 마련할 땅을 사라는 말입니다. 영락교회의 마당이 좁아서 그 사람들이 영락교회를 찾지 않은 것일까요? 그보다는 그 교회가 그런 사람들을 맞아들일 마음을 전혀 갖고 있지 않기 때문입니다. 다시 말해서 하나님의 자비와 은혜와 사랑과 진실을 교회는 지니고 있지 않습니다. 쫓기는 자들을 우선 맞아들이고 저들의 형편을 돌봐 줄 마음이 개신교에는 전혀 없었던 것 아닐까요? 그래서 사회인들이 판단하기에 개신교보다는 천주교가 그리고 불교가 더 자기들의 문제에 관심을 갖는다고 판단하는 것 아니겠습니까? 이번 한국통신 노조 사태로 말미암아 천주교와 불교의 위상은 높아진 반면 개신교의 위상은 더 하락했습니다. 자연히 천주교와 불교는 점점 성장하고 개신교는 점점 줄어들고 있습니다.

시편 시인이 "내게로 얼굴을 돌려 주시고, 내게 은혜를 베풀어 주십시오"라고 간구했을 때 하나님께서 그의 기도를 응답하셨습니다. 그래서 그는 마지막 절에서 "주님, 주께서 친히 나를 돕고 위로하셨습니다"라고 감사의 기도를 드렸습니다(86:16-17, 표준새번역). 오늘날 "내게로 얼굴을 돌려주시고, 내게 은혜를 베풀어 주십시오"라고 간구하는 사람들의 기도에 이제 교회가 응답해야 할 것입니다. 그리스도의 몸인 교회가 그리스도께서 하신 것처럼 자신을 가난한 자들을 위하여 내어 주어야 하지 않겠습니까? 교회에 대한 사람들의 인식을 바꾸어 놓아야 합니다. 자신만의 성장을 추구하는 이기 집단이라는 인식에서 벗어나 난폭한 무리에 쫓기는 자들과 약한 자들을 돕는 하나님의 교회라는 인식을 갖도록 교회가 더욱 노력해야 할 것입니다.

❖

사랑하는 여러분, 정신을 똑바로 차리고 이 시대를 바라봅시다. "법 앞에 성역은 없다"는 말은 참으로 위험한 생각이 아닐 수 없습니다. 엄밀하게 말하면 법은 존재하지 않고, 그 법을 집행하는 사람만 존재합니다. 따라서 법이 문제가 아니라 사람이 문제입니다. 이번 사태도 법이 문제가 아니라 그것을 집행하도록 명령을 내린 김 대통령의 문제입니다. 그가 진정으로 하나님을 두려워하는 자였다면 그런 결정을 내리지 않았을 것입니다.

하나님은 우리에게 법을 주셨지만, 그 법 조항보다는 그것이 지시하는 자비와 사랑이 무엇인지를 그분의 아들 예수 그리스도를 통해 우리에게 보여 주셨습니다. 교회는 하나님의 이런 사랑을 바탕으로 법이 없는 새로운 세계를 꿈꾸며, 그 세계의 건설을 위해 노력합니다. 법은 하나의 도구일 뿐입니다. 중요한 것은 그 도구를 사용하는 사람의 마음입니다. 그 마음에 사랑이 깃들지 않으면 그 도구는 흉기로 변할 것입니다. 사랑을 가진 아버지의 손에 들린 회초리는 그 자녀에게 참으로 교훈이 되고 그 인격을 바로잡아 주지만, 사랑이 없는 악한 자의 손에 들린 채찍은 사람을 억압하고 괴롭히는 도구가 되고 말 것입니다.

이제 다시 한 번 우리가 하나님의 사랑과 자비를 바탕으로 한 구원의 역사에 동참한 일꾼임을 자각합시다. 법에 의한 통치가 아닌 사랑에 의한 통치가 이루어지는 하나님의 나라를 건설하는 일에 더욱 헌신적으로 참여하시는 여러분이 되시기를 바랍니다.

1995년 6월 18일.

삼풍백화점 붕괴와 생존자들

1995년 6월 29일 서울특별시 서초구 서초동 소재 삼풍백화점 건물이 무너지면서 1,445명의 종업원과 고객이 다치거나 죽었다. 그 후 119 구조대·경찰·서울특별시·대한민국 국군·정부·국회까지 나서 범국민적인 구호 및 사후 처리가 이어졌다. 사망자는 502명, 부상자는 937명이었으며 6명은 실종되었다.

피해자 중 최명석(당시 나이 20세)은 11일, 유지환(당시 나이 18세)은 13일, 박승현(당시 나이 19세)은 17일 동안 갇혀 있다가 극적으로 구조되었다. 사고 자체를 설교 주제로 다루지 않고, 11일-17일 만에 구조된 이 사람들을 보면서 생명의 강인함에 대한 설교를 준비했다.

이들의 구출은 대단히 상징적인 사건이다. 철저하게 무너져 내린 건물더미가 이제까지 우리가 욕망으로 쌓아 올린 모든 삶의 총체적인 붕괴를 상징한다면, 이 젊은이들의 생존은 그 폐허에서 돋아난 새로운 희망이며, 총체적인 붕괴 가운데서도 사그라지지 않는 끈질긴 생명력을 상징한다.

생명의 찬란한 승리

예레미야 17:5-8, 마태복음 13:1-9

하나님이 창조하신 것 가운데 가장 중요한 것은 아마도 '생명'일 것입니다. 생명보다 더 귀한 것은 없고, 이 생명을 구원하여 건강하고 풍요롭게 하시려고 하나님은 자기 아들까지도 아끼지 않으셨습니다. 하나님이 창조하신 생명은 하나님 자신의 생명의 연장이라고 할 수 있습니다. 따라서 이 생명은 신비하고 강하고 아름답습니다. 과학이 아무리 발달해도 아직은 생명의 신비를 풀지 못하고 있습니다. 그만큼 생명은 신비로운 것입니다. 생명은 스스로 움직이고 번성하며 놀라운 힘으로 자신을 지켜 나갑니다.

그런데 이 생명을 파괴하고 시들게 만드는 존재가 바로 사탄입니다. 그는 철저하게 하나님께 대항하여 그분이 만드신 가장 아름다운 창조물인 생명을 파괴함으로 하나님의 창조 질서를 혼란에 빠트리려 합니다. 특히 인간을 유혹하여 탐욕을 자극합니다. 그리하여 자연을 파괴하고 스스로 죽음을 향해 달려가게 만들었습니다. 인간은 전쟁을 일으켜 수많은 생명을 살상(殺傷)하고, 탐욕적으로 아무것이나 먹어 스스로를 병들게 만들며 생명을 시들게 하고 있습니다.

하나님은 이렇게 본질을 잃어버리고 죽어 가는 생명들을 구원하시려고 성자 예수 그리스도를 보내셨습니다. 그분이 오셔서 생명의 세계를 파괴하고 어지럽히는 사탄을 굴복시키시고 다시금 생명이 활짝 피어나게 하셨습니다. 생명의 원천인 하나님과 다시 연결되게 함으로 그 생명을 풍성하게 하셨습니다.

팽팽한 대결

오늘도 끊임없이 생명을 파괴하려는 악의 준동(蠢動)과 이들로부터 생명을 구원하시려는 하나님의 역사가 팽팽한 긴장 관계를 이어 가고 있습니다. 우리가 살고 있는 세계에서 전쟁이 멈추지 않음으로 많은 생명이 희생되고 있습니다. 그뿐 아니라 인간 위주의 산업 발전은 필요 이상으로 자원을 낭비하여 자연을 파괴하고 오염을 확산시키며 생태계 전체를 혼란에 빠트리고 있습니다. 이것은 결국 모든 생명을 위협하는 무서운 독소가 되고 있습니다. 이런 죽음의 세력들을 몰아내고자 사람들은 힘들고 어려운 싸움을 전개하고 있습니다.

최근 프랑스가 남태평양 무루로아 산호초에서 핵실험을 하려고 하자 이를 저지하기 위해 국제 환경단체인 그린피스가 활동을 시작했습니다. 2주 전 프랑스 정부는 오는 1996년 5월 31일까지 무루로아 전관수역 내 항해를 금지한다는 명령을 내렸습니다. 그런데도 그린피스의 선박 '레인보우 워리어' 2호가 그곳을 향해 항해하자 프랑스는 해병대 특공대를 동원해 최루탄을 터뜨리는 거친 나포 작전을 펼쳤습니다. '레인보우 워리어' 2호 나포 작전의 일부가 프랑스 텔레비전에 생생하게 방영되자 프랑스는 물론 전 세계에서 핵실험 재개(再開)에 대한 반감이 고조되었습니다.

그런 가운데 호주, 뉴질랜드 그리고 유럽 여러 국가에서 프랑스

산 제품 불매 운동이 확산되고 있습니다. 유럽에서는 독일, 덴마크, 스웨덴, 네덜란드 등에서 불매 운동이 벌어지고 있습니다. 스웨덴에서는 농업 장관이 직접 나서 "국제적으로 프랑스 포도주 불매 운동을 벌여 프랑스 포도주 생산자들이 정부에 항의하도록 하자"고 촉구하기도 했습니다.

프랑스 국내에서도 저명한 과학자 400명이 대통령에게 핵실험 재개 결정을 재고하라는 청원을 내기 위해 서명을 하는 등 핵실험에 대한 반대 물결이 확산되고 있습니다. 게다가 스트라스부르에 위치한 유럽의회까지 프랑스의 핵실험 재개와 '레인보우 워리어' 2호 나포 작전을 비난하는 결의문을 채택함으로써 프랑스 정부를 궁지로 모는 대열에 동참했습니다.* 이런 국제적인 압력에도 프랑스 대통령은 핵실험을 포기하지 않겠다고 했습니다. 생명을 파괴하려는 프랑스의 무서운 핵실험과 이를 저지하여 생명을 지키려는 그린피스의 '태평양 전쟁'이 시작된 것입니다.

풍성한 생명의 승리

본문인 마태복음에 나오는 씨 뿌리는 자의 비유는, 바로 이런 생명의 역사와 이를 파괴하려는 세력 간의 싸움에서 결국은 생명의 역사가 승리할 것임을 보여 줍니다. 씨를 뿌리는 사람이 밭에 나가 씨를 뿌리는데, 더러는 길가에 떨어져 새들이 와서 쪼아 먹었고, 또 더러는 흙이 많지 않은 돌작밭에 떨어져 싹이 났으나 곧 말라 버렸으며 또 더러는 가시덤불에 떨어져 숨이 막혀 자라지 못했습니다. 그러나

---

* 〈동아일보〉, "핵(核)실험 반발 불(佛)상품 불매(不買)운동", 1995. 7. 13.

좋은 땅에 떨어진 씨들은 자라서 100배의 열매를 맺습니다. 이 비유는 주로 밭을 중심으로 해석되지만, 실상은 밭이 아니라 여러 악조건 속에서도 풍성하게 열매 맺는 생명의 승리에 있습니다. 이 생명의 승리로 이루어진 나라가 바로 하나님의 나라임을 가르쳐 주는 비유입니다.

씨앗은 생명입니다. 씨앗을 뿌린다는 것은 곧 생명을 가꾼다는 뜻입니다. 생명을 널리 퍼져 나가게 함을 뜻합니다. 하나님은 생명의 창조자이시며 계속 생명을 퍼져 나가게 하시는 분임을 알 수 있습니다. 그런데 이 뿌려진 씨앗을 훼방하는 세력이 바로 새들이요, 돌들이며, 가시나무들입니다. 요즘 농사짓는 일에 가장 큰 걸림돌은 해충입니다. 병충해를 막기 위해 독한 농약을 사용함으로 땅과 물이 심각하게 오염되어 가고, 농산물을 먹는 사람들을 병들게 만들고 있습니다. 이런 모든 것이 바로 생명의 씨앗을 자라지 못하게 하거나 시들게 만드는 악의 요소들입니다. 그러나 이런 악의 요소들이 아무리 발악을 하여도 결국 씨앗은 100배, 60배, 30배 열매를 거두는 풍성한 수확의 계절을 맞게 됩니다. 이것은 아무리 사탄이 준동하여 생명을 파괴하려 해도 생명은 결코 사라지거나 시들지 않고, 마침내 풍성한 계절을 맞이하게 됨을 뜻합니다.

죽음의 위협을 극복한 생명

이번에 우리가 겪은 삼풍백화점 붕괴 참사는 악의 역사입니다. 인간의 탐욕이 빚어낸 악의 총체적 작품입니다. 탐욕으로 눈이 어두워진 사람들의 어리석음이 빚어낸 생명 파괴의 사건입니다. 이 사건은 너무도 큰 절망감을 우리에게 안겼습니다. 악의 세력이 너무도 커서 우리가 도저히 그 속박에서 탈출할 길이 없는 것처럼 보입니다.

그런데 이런 우리의 절망감과 부끄러움을 씻어 주고 희망과 기쁨을 안겨 준 것은 10여 일이 지난 후 구출된 세 젊은이들*이었습니다. 몸 하나 자유롭게 움직일 수 없는 최소 공간 속에서, 빛이라고는 모두 차단된 흑암 속에서, 구조될 것이라는 희망이 전혀 없는 가운데서, 마실 물조차 마땅치 않은 열악한 조건 속에서, 그들은 어떻게 절망하지 않고 살아날 수 있었을까요? 어떻게 그렇게 낙관적이며 느긋하게 기다릴 수 있었을까요? 그들 속에 깃들인 생명의 강인함과 순수함 속에서 하나님이 원래 우리에게 주신 원초적인 생명의 모습을 보는 것 같아 경탄을 금할 길이 없습니다.

그들은 특별한 사람들이 아니었습니다. 공부를 특별히 잘하는 청년들도 아니고, 가정환경이 남달리 유복하고 여유 있는 것도 아니었습니다. 특별히 생존을 위한 훈련을 받은 것도 아니었습니다. 정말 평범한 젊은이들이었습니다. 그런데 그들은 누구보다도 위대하게 삶을 위한 투쟁을 승리로 이끌었습니다. 고독과 싸워 이겼고, 어둠에 좌절하지 않았으며, 결코 절망하지 않았고, 굶주림과 갈증을 견뎌 냈습니다. 쓸데없는 불안과 근심으로 생명을 소모하지 않고 지혜롭게 200-300시간을 견디다 건강하고 밝은 모습으로 우리 앞에 나타나 우리를 놀라게 했으며, 생명의 찬란함을 온 누리에 전했습니다. 그들은 치열한 전투를 승리로 이끈 백전노장 못지않은 위대한 승리자요 영웅임에 틀림없습니다.

이들의 구출은 대단히 상징적인 사건입니다. 철저하게 무너져 내

---

* 삼풍백화점 붕괴 사건 후 10일이 지난 7월 9일 아침 최명석 군(20, 사고발생 11일째)이, 12일 오후에 유지환 양(18, 사고발생 13일 째)이, 그리고 15일 오전 11시 반 박승현 양(19, 사고발생 17일째)이 극적으로 구조되었다.

린 건물더미가 이제까지 우리가 욕망으로 쌓아 올린 모든 삶의 총체적 붕괴를 상징한다면, 이 젊은이들의 생존은 그 폐허에서 돋아난 새로운 희망이며 총체적 붕괴에도 사라지지 않는 끈질긴 생명력을 상징합니다. 그들은 삶을 옥죄어 오는 모든 악의 요소들 즉 배고픔·목마름·고독·불안·어두움·공포·절망 등과 싸워 자신의 생명을 지켰습니다. 하루 이틀이 아닌 무려 17일이라는 긴 시간을 견디며 생명을 지켰습니다. 이들의 생존은 우리 삶에 큰 희망과 용기를 주었습니다. 어떤 역경, 어떤 시련이 와도 능히 이를 극복해 낼 수 있는 생명의 힘이 우리 속에 있음을 생생하게 증언해 준 것입니다.

그들이 살아날 수 있었던 중요한 요인 가운데 하나는 그들이 낙천적이며 쾌활한 성격을 지녔다는 점입니다. 구출된 뒤에 그들이 한 말들을 종합해 보면 아직 때 묻지 않은 순수한 젊은이들임을 알 수 있습니다. 약삭빠르고 자기 욕심을 챙기는 어른들과 달리 타고난 그대로 순수하고 아름다운 생명을 지닌 젊은이들이었습니다. 얼굴에서 천사의 모습을 보는 것 같은 느낌을 받을 만큼 때 묻지 않은 젊은이들이었습니다.

생명력의 회복

이런 강인한 생명이 약화된 것은 우리의 탐욕으로 생명력을 소진시켰기 때문이라고 할 수 있습니다. 우리의 죄가 생명력을 좀먹고 있기 때문에 쉽게 포기하고, 절망에 빠지며, 체념하여 결국 죽음에게 자신을 내주고 맙니다. 탐욕이 우리의 생명력을 소진시키는 까닭은 생명의 근원이신 하나님으로부터 우리를 멀리 떠나게 만들기 때문입니다. 생명의 원천이신 하나님께 연결되지 않을 때 우리의 생명은 시들 수밖에 없습니다. 오늘 읽어 드린 예레미야서 17장을 봅시다.

> 여호와께서 이와 같이 말씀하시니라 무릇 사람을 믿으며 육신으로 그의 힘을 삼고 마음이 여호와에게서 떠난 그 사람은 저주를 받을 것이라. 그는 사막의 떨기나무 같아서 좋은 일이 오는 것을 보지 못하고 광야 간조한 곳, 건건한 땅, 사람이 살지 않는 땅에 살리라. (렘 17:5-6)

결국 탐욕으로 하나님을 멀리 떠날 때 우리의 생명은 황야에서 자라는 가시덤불 같아서 생명력이 시들고 말 것이라는 말씀입니다. 그러나 탐욕을 버리고 깨끗한 마음으로 우리가 하나님을 향하여 나아갈 때 우리의 생명은 물오른 나무처럼 싱싱하고 푸르게 번성할 수 있게 됩니다.

> 그러나 무릇 여호와를 의지하며 여호와를 의뢰하는 그 사람은 복을 받을 것이라. 그는 물가에 심어진 나무가 그 뿌리를 강변에 뻗치고 더위가 올지라도 두려워하지 아니하며 그 잎이 청청하며 가무는 해에도 걱정이 없고 결실이 그치지 아니함 같으리라. (렘 17:7-8)

물이 마르지 않는 시냇가에 심긴 나무처럼 우리가 하나님과 연결된 삶을 누릴 때, 무더위나 가뭄이 닥쳐와도 전혀 걱정할 필요가 없다는 말씀입니다. 무더위나 가뭄은 사실상 모든 생명을 시들게 만드는 악의 요소입니다. 그러나 하나님이 함께하신다면 그런 악의 요소들을 능히 극복하고, 생명의 풍성한 힘으로 새로운 역사를 이루어 갈 수 있게 됩니다. 우리의 생명을 파괴하려는 악마의 음모는 하나님의 아들 예수 그리스도의 십자가로 이미 깨졌습니다. 악마는 결코 하나님의 아들이 주도해 가시는 생명의 역사를 중단시킬 수 없으며, 풍성한 수확의 계절이 오는 것을 막을 수 없습니다. 그가 아무리 훼방을 하고 그 훼방으로 비록 생명이 손상된다고 하더라도, 마침내 생명의 풍성한 가을은 실현되고야 마는 것입니다.

처참한 붕괴 사고 속에서 생환한 세 젊은이는 우리에게 기쁨과 희망을 주었을 뿐 아니라 우리 속에 뿌리내린 욕망을 떨쳐 내고 순수하고 아름다운 생명력을 회복하라는 교훈을 주었습니다. 우리의 정치가 깨끗해지고, 경제계가 맑아지며, 사회 문화의 풍토가 정화될 때 비로소 새로운 역사가 탄생하며, 아름다운 문화가 창조되고, 참다운 신앙생활이 이루어지게 될 것입니다.

사랑하는 여러분, 우리는 생명을 파괴하는 악의 독버섯들이 우리의 마음과 가정과 사회 속 여기저기서 돋아나고 있음을 봅니다. 이제 하나님이 주신 생명력을 더욱 강화시키고 이에 대항하여 생명 문화를 꽃피워 가야겠습니다. 여러분의 가슴 속에 피어난 탐욕의 독버섯들을 모두 뽑아내십시오. 그리고 그리스도께서 가져오신 새로운 생명의 씨앗들을 여러분의 마음에 받아 열심히 가꾸어 생명의 풍성한 열매들을 맺으시기 바랍니다. 그러면 여러분의 삶이 바뀌고, 가정이 변화되며, 우리 사회가 달라질 것입니다.

더 나아가 콘크리트 더미처럼 우리를 짓누르는 죽음의 잔해들을 걷어 내고 그 안에 갇힌 생명들을 구출해 내야 합니다. 자기 욕망 때문에 죽음에 갇힌 많은 생명을 구원하고, 이 땅에 생명의 역사를 창조해 가야겠습니다. 그뿐 아니라 이제는 적극적으로 우리의 생명을 위협하는 모든 악한 세력에 맞서 저들을 물리치고 우리의 생명을 지켜 나가야겠습니다. 돈을 받고 불의를 눈감아 주는 공무원이 다시는 없도록, 부실한 건축을 하는 건축업자들이 다시는 이 땅에 발붙일 수 없도록, 거짓말하는 정치가가 결코 국회의원이 되고 대통령이 되는 일이 없도록, 돈만 알고 생명을 귀중히 여길 줄 모르는 기업가가 결코 성공할 수 없도록 건강한 생명의 역사를 활발하게 전개해 가야겠습니다.

세 젊은이의 생명이 거둔 찬란한 승리를 보면서 우리 사회 모든 어둠의 세력은 물러가고 반드시 생명의 아름다운 역사가 이루어질 것을 믿습니다. 이제 이 찬란한 생명의 역사를 힘 있게 발전시켜 이 땅에 하나님의 나라를 이루어 가시는 여러분이 되시기를 바랍니다.

1995년 7월 16일.

노태우 전 대통령 비자금 사건과 구속

1995년 10월 19일 박계동 의원이 노태우 전 대통령이 비자금 5,000억 원가량을 어느 사업가의 계좌에 보유하고 있었음을 폭로한다. 계좌의 명목상 주인인 그 사업가가 자신의 실제 소유가 아닌 자금 때문에 엄청난 재산세를 납부해야 하는 등 관련 문제들로 고민하다가 박계동 의원에게 사실을 알렸고, 박계동 의원이 결국 이것을 폭로했다.

결국, 1995년 10월 노 전 대통령은 서울특별시 서대문구 연희동 사저에서 기자회견을 열고 재임 시절 거대 비자금을 소유하고 거래했다는 사실을 실토한다. 그리고 11월 16일 대한민국 전직 대통령으로는 최초로 대검찰청에 직접 출두하여 검찰 조사를 받았으며, 결국 구속 수감되었다.

이 사건을 통해 권력의 끝없는 추락은 탐욕에서 비롯되었고, 이 탐욕은 권력자뿐만 아니라 우리 사회 전체를 추락시키고 있다고 보았다. 이런 탐욕은 바로 하나님을 대적하는 일이며, 에덴동산의 선악과를 따 먹는 일이어서 그 결과는 죽음일 수밖에 없다. 이렇게 추락하는 삶에서 구원받는 길은 하나님께로 돌아가는 것뿐이다. 우리가 하나님을 만날 때 하나님은 우리에게 믿음과 소망의 날개를 달아 주시고 균형 있는 삶, 절제할 줄 아는 삶을 이루게 하신다는 점을 역설했다.

추락하는 것은 날개가 없다

하박국 2:4-11, 야고보서 1:12-15

하박국서 2장 5절 이하를 다른 번역으로 보겠습니다.

도둑에게, 무엄한 폭군에게 '저주 있으라.' 그는 결코 취하지 않는 자로다! 그는 자기 목구멍을 저승처럼 크게 벌리고 죽은 자처럼 먹어도 먹어도 성에 차지 않는도다! (합 2:5)

제 이익을 위해 남을 등쳐 먹는 자에게 저주 있으라. 그는 재앙의 손길을 피하기 위해 자기 집에 악을 뿌리는도다. 자기 둥지를 높은 곳에 트는도다! 너는 네 집에 수치를 불러왔다. 네가 뭇 민족들을 멸망시켰고 네 영혼이 죄를 받게 되었도다. (합 2:10, 국제성서주석)

또 오바댜서 1장 3절 이하에 보면 다음과 같은 말씀이 있습니다.

너의 마음의 교만이 너를 속였도다 바위 틈에 거주하며 높은 곳에 사는 자여 네가 마음에 이르기를 누가 능히 나를 땅에 끌어내리겠느냐 하니, 네가 독수리처럼 높이 오르며 별 사이에 깃들일지라도 내가 거기에서

너를 끌어내리리라 여호와의 말씀이니라. (옵 1:3-4)

이 말씀들은 끝없는 욕망으로 남을 등쳐 먹는 자에게 저주를 선포하며, 별들 사이에 둥지를 틀어 교만하게 거하는 자를 거기서 끌어내리고야 말겠다는 하나님의 의지를 예언하고 있습니다. 욕망으로 자신의 배를 불리면서, 하나님의 질서를 파괴하는 교만한 자를 하나님께서는 끌어내려 추락하게 하십니다. 하나님은, 독수리처럼 높은 곳에 둥지를 틀고 교만하게 행하는 자를 결국 깊은 나락으로 추락하게 하셔서 그분의 공의로운 심판을 이루십니다.

『추락하는 것은 날개가 있다』(자유문학사)는 이문열의 소설 제목입니다. 저는 아직 이 소설을 읽지 못했지만, 두 남녀 주인공의 무절제한 사랑과 파멸의 과정을 그린 통속적인 소설이라고 합니다. 이 제목에는 사람이 날개가 있음에도 추락하는 것은 타락했기 때문이라는 뜻이 담겨 있다고 봅니다.

오늘 설교 제목을 이 소설 제목을 조금 바꾸어 "추락하는 것은 날개가 없다"로 정했습니다. '무절제'와 '추락'은 필연적인 관계임을 나타내기 위해서입니다. '날개가 없다'는 것은 절제할 줄 모른다는 뜻입니다. 이것이 바로 오늘의 본문 말씀의 뜻이라고 봅니다.

날개를 잃어버린 사회

우리는 지난주에 전직 대통령이 특정범죄가중처벌법 중 뇌물을 받았다는 죄목으로 구속, 수감되는 장면을 지켜봤습니다. "추락하는 것은 날개가 없다"는 제목이 여기에 꼭 맞는 격언 같다는 생각이 듭니다. "아무런 제동장치도 없이 끝없이 추락하는 한 인간의 초라한

말로를 보면서 무절제한 탐욕의 결과를 새삼 실감케 됩니다."*

우리는 우리나라의 최근세사 속에서 많은 사람이 무절제함으로 추락하는 모습을 봤습니다. 군국주의 일본이 "모든 나라를 정복하고 모든 민족을 사로잡으려고" 끝없는 침략전을 펼쳤지만, 결국 원폭 세례를 받으면서 추락하는 것을 봤고, 이승만 정권과 박정희 정권이 끝없는 정권욕으로 추락하는 것을 봤습니다. 수많은 사람의 피를 흘리며 세워진 전두환 정권 역시 볼품없게 추락하는 것을 우리는 지켜봤습니다. 이제 추락한 노태우 씨를 지켜보며 무절제한 욕망이 어떤 것인지를 실감하고 있습니다.

그러나 이번에 추락하는 것은, 노태우 씨만이 아니라 정치권 전체입니다. 그에게 대선 자금을 한 푼도 안 받았다는 김영삼 대통령이나 20억을 받았다는 김대중 씨, 그리고 그 판에서 서로 치고받는 정당들 모두 추락하고 있습니다. 저들의 균형을 잡아 줄 '날개'가 없기에 끝없이 추락하고 있습니다.

어찌 정치권뿐이겠습니까? 균형 감각을 잃기는 우리도 마찬가지 아닙니까? 도대체 절제할 줄 모른 채 먹어 대고, 마구 사들였다 쓰고 버리며, 흥청망청 놀아 대는 우리 사회 전체가 날개를 떨어뜨린 것 아니겠습니까? 날개가 없으면 균형 감각을 잃고 떨어지게 마련입니다. 비행기가 떨어지고,** 기차가 전복되고,*** 배가 뒤집어지며,**** 다리가 무너져 내리고,***** 화려한 백화점 건물이 폭삭 주저앉으며,****** 난

---

* 〈한겨레〉, 아침햇발 "추락하는 것은…"(이원섭), 1995.11.17.
** 1993년 7월 26일 아시아나 항공기 추락 사고.
*** 1993년 3월 28일 무궁화호 열차 탈선 전복.
**** 1993년 10월 10일 서해훼리호 침몰 사고.
***** 1994년 10월 21일 성수대교 붕괴.
****** 1995년 6월 29일 삼풍백화점 붕괴.

데없이 가스가 폭발하는 일* 모두 날개가 없어 추락하는 우리의 모습이 아니던가요?

한국은행이 발표한 '최근의 민간소비행태 변화 분석'에 따르면, 지난 1971년부터 1988년까지 연평균 민간 소비 증가율은 6.9퍼센트로 연평균 국민총생산 성장률 8.6퍼센트를 밑돌았는데, 1989년부터 1995년(2/4분기)까지는 민간 소비 증가율이 8.5퍼센트로 국민총생산 증가율 7.7퍼센트를 크게 웃돌았다고 합니다. 이에 따라 1980년대 들어 계속 하락세를 보인 민간 소비율(국민총생산 대비 민간 소비)도 1989년부터 상승세로 돌아서 1988년 51.7퍼센트에서 1994년에는 54.6퍼센트로 높아졌다는 것입니다.** 가계의 소비 행태에도 '고급화'의 바람이 불어, 소득 수준이 낮았을 때는 쉽게 접근하지 못했던 육류, 침구, 수도광열(水道光熱), 보건·의료 용품 등 선택적 소비 품목들이 소득 수준 향상과 함께 필수 소비 품목으로 바뀌었다고 합니다. 이 보고서는 도시 근로자의 주요 소비 품목 44개 가운데 필수 소비 품목이 1980년대 초반에 20개에 불과했으나 1990년대 들어 31개로 늘어났다고 분석했습니다. 특히 식생활 수준 향상과 함께 외식비가 식료품비에서 차지하는 비중이 1980년 4.1퍼센트에서 1994년에는 30.5퍼센트로 크게 높아졌다고 합니다.

한국은행에 따르면, 유흥 오락 서비스 가운데 경마장 매출액은 올 상반기에 1조 661억 원으로 작년 동기보다 25.9퍼센트(2,192억 원)가 늘어났고, 골프장 입장객수는 327만 2,000명으로 12.7퍼센트(36만 8,000명)가 증가했다고 합니다. 사치성 소비재의 수입은 승용차의 경우 올 상반기 중에 1억 1,900만 달러로 작년 동기보다 196퍼센

---

* 1995년 4월 28일 대구 지하철 공사장 가스 폭발 사고.
** 〈한겨레〉, "민간 소비 GNP 증가율 추월", 1995. 11. 18.

트(7,900만 달러), 음료 및 주류는 7,500만 달러로 81.3퍼센트(3,400만 달러)가 각각 늘어나 증가세가 두드러졌습니다. 모피 의류도 1,100만 달러어치가 수입돼 작년 동기보다 76.6퍼센트(500만 달러), 화장품은 1억 900만 달러로 68.0퍼센트(4,400만 달러), 의류는 3억 9,000만 달러로 67.1퍼센트(1억 5,700만 달러)가 각각 증가했다고 합니다.

이런 통계 수치는 우리 사회가 지금 정신을 못 차리고 무절제하게 소비하고 사치스러운 향락에 몰입하고 있음을 보여 줍니다. 날개를 잃어버리고 추락하고 있는 모습입니다.

끝없는 인간의 욕망

야고보서는 일찍이 인간의 욕심에 대해 경고했습니다.

> 욕심이 잉태한즉 죄를 낳고, 죄가 장성한즉 사망을 낳느니라. (약 1:15)

절제할 줄 모르는 인간의 끝없는 욕망으로 죄가 시작됐고, 그것으로 말미암아 죽음에 이르게 된 것입니다. 이 한 구절은 인간 타락의 역사를 집약해서 말하고 있습니다. 인간 죄악의 역사는 탐욕으로부터 시작된다고 성경은 우리에게 가르쳐 줍니다. 에덴동산에서 부족함 없이 살던 아담과 하와가 왜 하필 금단의 열매를 따 먹었을까요? 인간이 스스로의 자유만으로 만족하지 않고 하나님의 자유를 탐낸 것입니다. 그들은 인간을 뛰어넘어 하나님과 같이 되고자 했던 것입니다. 탐욕은 하나님을 거스르는 일이요, 하나님을 적대하는 행위입니다. 탐욕이란 하나님께서 정해 주신 한계를 넘어서는 일입니다. 결국 인간은 탐욕의 노예가 되어, 그것을 충족시키고자 하나님을 떠날 수밖에 없었습니다. 왜냐하면 하나님은 인간이 탐욕을 추구하는 데 방해가 되기 때문입니다.

  인간의 욕망은 한계가 없습니다. 이미 하나님을 떠남으로 그 제한을 넘어섰습니다. 가져도 가져도 끝이 없는 것이 인간의 욕망입니다. 스스로 감당할 수 없을 만큼 가지고도 만족할 줄 모르는 것이 욕망의 속성입니다. 그것은 필연적으로 파멸을 자초합니다. 인간이 제한적인 존재임을 잊어버리고 무제한적으로 욕망을 채우는 것은 고무풍선에 끝없이 바람을 불어넣는 것과 같습니다. 마침내는 터지고야 맙니다. 하나님께서 금단의 열매를 따 먹으면 죽으리라고 경고하신 말씀은, 벌(罰)로 죽게 하신다는 것이 아니라, 스스로 죽음을 자초할 것임을 의미합니다. 실제로 금단의 열매를 따 먹은 인간은 끝없이 욕망을 추구하다 스스로 파멸의 길로 들어가고 있습니다. 하나님은 그것을 아시고 경고하신 것입니다.

하나님이 달아 주시는 날개

하나님은 이렇게 욕망의 노예가 되어 버린 인간을 구원하시고자 스스로를 나타내 보이셨습니다. 하나님과의 만남 속에서 새로운 인간의 삶을 시작하도록 아브라함을 부르시고, 그의 후손인 이스라엘과 시내 산에서 계약을 맺으시며 그들에게 율법을 주셨습니다. 율법이란 인간의 탐욕이 지닌 정체를 밝히면서 거기에 제동을 거는 장치입니다. 인간이 탐욕에서 벗어나려면 먼저 하나님을 사랑하는 데서 시작해야 한다고 율법은 규정하고 있습니다. 인간이 하나님을 만날 때 비로소 자기 한계를 깨닫고, 욕망의 추구를 멈출 것이기 때문입니다. 인간은 하나님을 만나야 비로소 자신이 진정으로 추구해야 할 것이 하나님 안에만 있다는 사실을 발견하게 되기 때문입니다. 우리가 하나님을 만날 때 하나님은 우리에게 날개를 달아 주십니다. 믿음과 소망의 날개를 달아 주시어 균형 있는 삶, 절제할 줄 아는 삶을 이루어 가게 하십니다.

교회는 정신없이 추락하고 있는 우리 사회를 향하여 경고해야 합니다. 지금은 무절제하게 탐욕을 좇아 생활할 때가 아니라, 정신을 차리고 절제·절약하며 검소하게 살면서 하나님의 나라를 추구해야 할 때임을 알려줘야 할 것입니다. 그러려면 우리 먼저 절제하는 생활의 본을 보여야 합니다. 이제 우리 주변을 돌아보고 이제부터라도 모든 일에서 절제를 실천해야겠습니다. 사회의 탐욕은 바로 우리들에게서 비롯됨을 알아야 합니다. 유행에 민감할 것이 아니라 어떻게 해야 하나님의 나라를 이 땅에 더욱 확장할 것인지 생각해 나갈 때 우리의 삶은 달라질 것입니다. 자녀들에게도 검소한 생활과 바른 신앙의 자세를 심어 줘야 합니다. 젊은이들이 절제할 줄 모르고 본능대로 행동하며, 유행을 좇아 범죄를 저지르는 것도 결국 이 사회가 그들을 그렇게 교육했기 때문입니다. 우리가 자녀들을 무절제하게 키웠기 때문입니다. 우리 자녀들에게 균형 있는 삶을 살도록 절제의 날개를 달아 줘야 합니다.

사회의 필수 덕목, 절제

절제하는 신앙이 막연한 관념에 머물러서는 안 됩니다. 구체적으로 우리의 삶에 반영해야 합니다. 우리는 청교도와 같은 경건과 절제의 생활로 다시 돌아가야 합니다. 그러지 않고서는 교회가 사회의 무절제한 행진을 저지할 수 없을 것입니다. 절제하는 생활은 생명과 직결된 문제입니다. 자동차에 비유하면 브레이크와 같습니다. 브레이크 없는 자동차를 탄다는 것은 곧 죽음을 의미합니다. 마찬가지로 절제는 우리 사회의 필수 덕목입니다. 절제가 없을 때 사회는 죽음으로 치닫고 맙니다. 그러므로 우리 믿는 이들에게 절제하는 생활은 절대적인 명령입니다. 해도 좋고 안 해도 좋은 것이 아니라 반드시 따라야 하는 명령입니다. 우리가 절제 생활을 할 수 없다면 어떻게 그리스도를 따를 수 있겠습니까? 그리스도께서는 모든 것을 버리고 자기를 따라오라고 하셨습니다. 그런데 우리가 이 땅의 것에 얽매어 절제할 수 없다면 어떻게 그리스도를 따를 수 있겠습니까?

사도 바울은 우리에게 모든 정과 욕심을 십자가에 못 박아 버리라고 했습니다. 이 세상에 대해서 죽으라고 했습니다. 디모데전서 6장에서 사도 바울은 돈을 사랑하는 것이 일만 악의 뿌리라고 경고했습니다. 그리고 "하나님의 사람이여, 그대는 이 악한 것들을 피하십시오. 의와 경건과 믿음과 사랑과 인내와 온유를 좇으십시오. 믿음의 선한 싸움을 싸우십시오"라고 권면했습니다(11-12절, 표준새번역). 그렇습니다. 우리는 세상일에 대해서는 절제하며 믿음의 싸움을 싸워야 할 사람들입니다. 의와 경건과 절제와 인내로 무장을 하고, 오늘날 탐욕으로 끝 간 데 없이 치닫고 있는 이 사회를 바로잡고 여기에 하나님의 나라를 실현시켜 가야겠습니다.

사랑하는 여러분, 하나님은 지금 우리에게 역사를 통해 교훈하고 경고하십니다. 하늘 꼭대기에 오른 것으로 착각했던 전직 대통령을 차디찬 감방까지 추락하게 하신 하나님은, 우리에게 절제의 삶이야말로 생명에 이르는 길이며, 하나님이 기뻐하시는 삶이라고 교훈하고 계십니다. 이것은 우리 사회를 향한 하나님의 사랑의 채찍이요, 경고입니다. 우리는 정신을 차리고 잃어버린 날개를 다시 찾아야 합니다. 그래서 균형을 잡고 날아올라야겠습니다. 지저분한 이 땅의 삶에서 벗어나 진실과 사랑이 있는 하나님의 나라를 향해 올라가야 합니다.

절제하는 생활을 통해 우리의 믿음을 실현시켜 나갑시다. 경건한 삶을 통해 이 사회에 본을 보입시다. 거창한 구호를 외치는 대신에 지극히 작은 일에서부터 검소하고 절제하는 생활을 보임으로 우리 신앙의 열매를 거두어야겠습니다. 절제하는 생활을 통해 하나님의 은총이 여러분의 생활 속에 더욱 넘치게 되기를 바랍니다.

1995년 11월 19일.

외환 위기와 IMF 관리 체제

1997년 일어난 아시아 외환 위기의 여파로 대한민국은 국제통화기금(International Monetary Fund, IMF)에 구제금융을 요청, 그해 12월 IMF 관리 체제가 시작됐다. 당시 대한민국 대통령이던 김영삼은 그해 11월 10일까지도 외환 위기의 심각성조차 제대로 파악하지 못했다고 한다. 그로 인해 대한민국 경제는 큰 위기를 겪었고 이를 극복하기 위해 국제통화기금이 요구하는 조건들을 수행해야 했다. 이 과정에서 많은 회사가 부도 및 경영 위기를 맞았고, 대량 해고와 경기 악화 등으로 온 국민이 큰 어려움을 겪었다. 이후 여당이던 신한국당은 대선에서 패배하여 정권이 교체되었다.

이 사태를 보면서 문제가 경제 세계화에 있다고 보고 이를 비판하는 설교를 준비했다. 경제 세계화가 거대한 맘몬의 세력으로 하여금 세계의 빈부 격차를 심화시킨다고 보고, 교회가 이런 거대 세력과 맞서 하나님의 의와 평화를 실현시켜야 하며, 하나님의 경제 원리를 따라 더불어 살아가는 세계를 이루어야 한다고 강조했다.

경제 세계화와 하나님의 경제

이사야 55:1-5, 누가복음 12:22-34

요즘 경제가 하도 어려우니까 모두가 경제문제에 관심을 갖지 않을 수 없게 되었습니다. 비록 경제를 전혀 모르는 문외한들이라고 해도 우리는 하루도 빼지 않고 경제활동을 하고 살아갑니다. 경제문제는 대단히 중요한 문제입니다. 하지만 우리는 그것을 가볍게 여기는 경향이 있습니다. 아마도 유교 문화의 영향이 아닌가 싶습니다. 돈을 가지고 따지는 것을 점잖지 못한 일로 여겨 정확한 셈을 하지 않고 적당히 어물어물 넘어가는 문화가 우리에게 있습니다.

교회도 이런 영향을 받아 교회 안에서 돈을 가지고 따지는 일은 금기로 여기다시피 했습니다. 초기 교회는 모두가 무보수로 봉사하는 것이 원칙이었습니다. 심지어는 교역자들도 생계를 유지할 수 있을 정도로만 보수를 받았습니다. 그래서 초기 교회 교역자들의 생활이 대단히 가난하고 어려웠지만, 교회는 그것을 미덕으로 여겼습니다. 교역자들은 선비처럼 돈에 대해 일체 관심을 두지 않고 오로지 영적인 일에 몰두해야만 신령한 목사로 인정받았습니다. 아직 교회가 세금을 내지 않는 까닭은 바로 이런 분위기에 연유한다고 봅니다.

교회뿐 아니라 정치 영역에서도 마찬가지로 돈 이야기를 금기시하여 청렴결백하게 산 옛날 정치인을 청백리(淸白吏)라고 부르며 그것을 이상으로 삼았습니다. 그러나 막상 정치를 하려면 막대한 돈이 필요합니다. 그런데 그것을 공식적으로 내세울 수 없으니까 결국 뒷거래로 얻을 수밖에 없습니다. 그것이 바로 정경유착의 형태로 나타났습니다. 기업은 정치자금을 대기 위해 비자금을 마련합니다. 이는 기업의 경쟁력을 약화시키고 기업을 빚더미 위에 앉혔습니다. 기업이 부도를 내면 정부는 국민의 세금으로 이것을 떠맡았습니다. 결국 국민이 낸 세금은 정권 유지를 위한 정치자금으로 상당 부분 유용된 셈입니다. 기업이 그동안 버틴 것은 나라가 여러 특혜와 보호 장치를 제공해 주었기 때문입니다. 이제 IMF 관리 체제를 맞이하면서 이 모든 보호막이 다 없어지게 되었습니다. 그러자 우리 기업들은 도산하기 시작했습니다. 우리는 지금 경제문제가 삶 전체를 흔드는 것을 경험하고 있습니다. 그러나 IMF 철퇴는 우리에게 몇 가지 중요한 전환을 이루는 계기가 될 것입니다.

돈의 흐름을 명확하게

첫째, 우리는 위에서 지적한 대로 체면 문화 때문에 경제문제를 정의롭게 다루지 못했던 점을 반성하면서 더 명백한 돈거래 습관을 배우는 계기로 삼아야 합니다. 겉으로 분명하게 거래하지 않고 뒤로 우물쭈물 적당히 거래하면 부정과 부패가 따르게 마련입니다. 경제정의를 실현하려면 돈의 흐름을 명확하게 밝혀야 합니다. 우리나라 경제에는 공적 금융기관을 통해서 유통되는 돈과 별도로 지하 자금이 돌고 있습니다. 실명제로 이것을 다 드러내려 했지만 성공하지 못했습니다. 처음부터 공정하고 명확하게 이 모든 돈의 흐름을 다스리도록 제도화하지 못한 데서 오늘의 불행이 초래됐다고 할 수 있습니다. 체면 문화에서 경제문제를 떼어 내 정확한 거래를 할 필요가 있습니다. 그래야 경제 정의가 실현될 수 있을 것입니다.

김영삼 정권의 공로가 있다면 과거 정경유착의 비리들을 들추어 내 그 고리를 끊었다는 사실입니다. 자신이 그런 정치자금에 힘입어 대통령이 되었기에 발목이 잡히기는 했지만, 전두환, 노태우 두 전직 대통령을 심판하여 정경유착의 실태를 드러낸 일과 그로 말미암아 결과적으로 정권 교체가 이루어진 일 등은 그가 원하지 않았으나 이루어 낸 업적이라고 하겠습니다. 또 IMF 시대를 야기해 새로운 정권이 근본적으로 정경유착을 할 수 없도록 만들어 준 것도 잘된 일입니다. 이런 계기를 통해 이제 우리는 모든 생활에서 돈 문제를 명확히 하여 거기에 부정과 불의가 깃들이지 못하게 해야 합니다. 사탄의 음모는 어두운 곳에서 이루어집니다. 경제는 사탄이 끼어들 여지가 많은 분야이기에 명명백백하게 드러내는 것이 대단히 중요합니다. 겉으로는 돈에 무관심한 척하면서 속으로는 온갖 더러운 탐욕을 따라 행동하는 것은 하나님이 가장 싫어하시는 위선입니다. 오늘 우리 사회가 이렇게 강타를 당한 이유가 바로 이런 위선 때문임을 깨달아야 합니다.

경제 세계화의 회오리

둘째, 오늘 우리 사회가 외환 위기로 강타당한 것은, 우리의 잘못만이 아닙니다. 이번에 우리가 겪고 있는 경제 위기는 생산이 잘못되었거나 수출이 부진해서가 아니라 국제금융의 회오리 때문이라고 합니다. 지금 세계는 경제 재편 과정이 진행되고 있습니다. 지구화 또는 경제 세계화라고 하는 새로운 지각 변동이 이루어지고 있습니다. 이것은 세계를 하나의 시장으로 재편하는 움직임입니다. 이 지구화는 ①국제 간 무역을 무한정으로 증가시키고, ②금융자본이 국경 없이 국제적으로 자유롭게 움직이고, ③언론을 통해 사람들에게 소비가 미덕임을 계속 심어 주면서 이루어져 갑니다. 한마디로 지구화는 '시장의 완전 자유화'를 말합니다. 자본과 힘이 있는 사람은 세계 어디에서나 자기 마음대로 장사할 수 있다는 뜻입니다.

이런 세계시장을 주도하는 것이 초국적(超國籍) 기업들입니다. 거대한 석유 기업, 곡물 기업을 비롯하여 맥도날드나 코카콜라 같은 기업들, 나이키·푸마·아디다스·아식스·리복 등 고급 운동화나 운동 기구를 만드는 기업, 샤넬·피에르가르뎅·캘빈클라인 같은 화장품이나 의류 기업들, IBM·애플·마이크로소프트 같은 컴퓨터 관련 기업들, 로이터·UPI·AFP 등 통신사를 가진 언론 기업들이 전 세계를 석권하고 있습니다. 세계무역의 30퍼센트는 초국적 기업끼리 하고 있으며, 제3세계 일용품 무역의 대부분은 15개 정도의 초국적 기업이 장악하고 있습니다.

그러나 이보다 더 큰 경제 세계화의 특징은 금융자본에 의한 투기 경제입니다. 이것은 물건을 팔아서 돈을 버는 것이 아니라 돈으로 돈을 법니다. 채권, 외환, 증권, 주식 등은 이 돈놀이를 위해 만들어 낸 것들입니다. 지금 세계 외환시장에서는 하루에 1조 5,000억 달러가 거래되고, 공사채, 선물환(先物換), 금융 파생 상품 등을 합하면 약 3조 달러가 거래되고 있는데, 이 중에서 상품과 서비스 교역에 필요한 자금은 고작 5퍼센트고, 95퍼센트가 투기성 자본이라고 합니다. 아시아 금융 위기는 국제 외환시장의 큰손인 조지 소로스

(George Soros) 같은 사람들이 갑자기 돈을 빼 가면서 생겨났다고들 합니다.

우리는 이런 경제 세계화에 대해 미처 대비하지 못한 채 IMF를 통해 문을 활짝 열 수밖에 없게 되었습니다. IMF는 우리에게 급전을 빌려주는 대신 구조조정이라는 프로그램을 가동해 우리나라 경제 구조를 자기들이 빌려준 빚을 갚을 수 있는 구조로 바꾸어 가고 있습니다. 돈을 갚을 때까지는 돈 갚는 일 외에 다른 일을 할 수 없도록 만들었습니다. 우리가 뼈 빠지게 일해도 빚을 갚고 나면 아무것도 남는 것이 없게 됩니다. 그뿐 아니라 이제는 세계시장에 문을 활짝 열어서 누구나 우리 땅에 들어와서 돈을 벌 수 있게 만들어 놓았습니다. 그동안 대원군처럼 쇄국(鎖國)에 가까운 정책을 유지해 오던 우리나라가 이제 IMF를 계기로 문을 활짝 열어 놓게 되었습니다.

세계의 양심적인 사람들은 경제 세계화가 고용을 증대하고 빈곤을 퇴치하며 모두를 잘살게 해 주는 그런 건강한 경제체제가 결코 아니라고 말합니다. 이것은 지극히 소수의 사람들만 부유하게 하고 세계인 대부분은 그들의 돈을 벌어 주는 도구로 전락시키고 그들의 경제에 예속되게 만드는 것입니다. 빈익빈 부익부 현상이 더욱 깊어지게 됩니다. 지구화는 많은 문제를 만들어 낼 뿐 아니라 맘몬, 즉 돈이 지배하는 세계를 만들 것입니다.

이런 현상에 대하여 세계 교회들은 관심을 가지고 대처하기 시작했습니다. 작년(1997년) 8월 헝가리에서 열린 세계개혁교회연맹 제23차 총회에서는 경제문제와 환경문제에 대해 신앙고백의 과정을 선언하고 앞으로 교회가 국가 경제, 세계경제에 대해 면밀히 검토하고 그 대안을 모색하며, 경제와 환경에 대한 신앙고백서를 교회가 작성하는 대규모 운동을 전개하기로 했다고 합니다. 또한 세계교회협의회와 루터교세계연맹이 함께 외채탕감운동을 적극적으로 추진하기로 했다고 합니다.

이렇게 엄청나게 변화하는 세계를 보면서, 그동안 우물 안 개구리처럼 개교회주의에만 몰두해 온 한국교회는 정신을 차려야 합니다. 거대한 맘몬과 맞서기 위한 대책을 강구해야 합니다. 맘몬의 세력은 세계화되었는데, 교회들은 일찍이 세계적인 조직과 하나의 신앙고백을 가지고 있었음에도 맘몬의 세력에 적절하게 대응하지 못했습니다. 이제 교회일치운동을 통해 정의와 평화와 생명을 위한 운동을 전개하는 것이 우리의 과제입니다. 인류 공동체가 평화 공동체, 생명 공동체가 되도록 운동을 전개하는 것이 바로 하나님 나라 운동이며, 우리의 선교 과제입니다.

어떻게 경제를 회복하느냐에 관심을 두는 것은 우리가 할 일이 아닙니다. 그것은 정치인들과 경제인들에게 맡기고, 우리는 어떻게 거대한 악의 세력들에 맞서 이 땅에 하나님의 의와 평화를 실현하며, 하나님이 주신 생명을 어떻게 지켜 나갈지 관심을 가져야 할 것입니다.

누가복음 말씀에 "적은 무리여 무서워 말라 너희 아버지께서 그 나라를 너희에게 주시기를 기뻐하시느니라"고 했습니다(12:32). 그렇습니다. 아무리 거대한 맘몬의 세력이 우리를 위협한다 할지라도 하나님은 그들에게 그 나라를 허락하시는 것이 아니라, 바로 그들에게 착취당한 "적은 무리"에게 그 나라를 주신다는 말씀입니다. 그러므로 우리는 무엇을 먹을까, 무엇을 입을까 염려하는 대신 하나님의 나라와 그분의 의, 곧 정의, 평화, 생명을 추구해 가는 데 우리의 힘을 쏟아야겠습니다.

하나님의 경제 원리로

셋째로, 우리는 이번에 당한 경제 위기를 통해서 자본주의의 자유 시장 논리가 얼마나 무서운 것인지 철저하게 깨닫고, 하나님이 제시하신 경제 원리로 돌아가야 합니다. 하나님의 경제 원리는 '값없이, 돈 없이' 모든 것을 거래하는 것입니다. 하나님께서 모든 것을 우리에게 거저 주셨기 때문에, 하나님의 것을 가지고 장사를 하는 것은 원칙적으로 잘못된 것입니다. 그래서 구약에서는 땅을 거래하지 못하게 금하고 있습니다. 땅은 우리가 생명을 유지할 수 있는 가장 근본적인 터전이기 때문에 사고팔 수 없도록 했습니다. 또한 돈을 꾸어 주고 이자를 받지 못하도록 했습니다.

이런 원칙을 깨면서 자본주의가 탄생했습니다. 이 땅에서 생산되는 모든 것은 하나님이 주신 것입니다. 그러므로 그것을 어떤 특정한 사람들이 독점하는 것은 불의이며, 죄악입니다. 주인이신 하나님께서 그것을 원치 않으십니다. 골고루 나누어 가져 다 함께 먹고, 다 함께 살기를 바라서서 우리에게 거저 주신 것들입니다.

초국적 기업이나 큰손들은 이런 하나님의 경제 원리를 깨트린 자들입니다. 하나님께서 저들을 그대로 두시지 않을 것입니다. 예수님이 누가복음 12장에서 말씀하신 어리석은 부자의 비유를 보면, 풍성한 소출을 혼자 독점한 부자가 배를 두드리며 평안히 누운 그 밤에 하나님께서 그의 영혼을 도로 찾아가신다고 했습니다. 그러면서 결론으로 하신 말씀이 "자기를 위하여 재물을 쌓아 두고 하나님께 대하여 부요하지 못한 자가 이와 같으니라"입니다(12:21). 이 비유에 이어 예수님께서 제시하신 경제 원리는 이렇습니다.

> 너희 소유를 팔아 구제하여 낡아지지 아니하는 배낭을 만들라 곧 하늘

에 둔 바 다함이 없는 보물이니 거기는 도둑도 가까이 하는 일이 없고 좀도 먹는 일이 없느니라. (눅 12:33)

이는 구약성경에 제시된 경제 원리와 같은 것입니다. 소유를 모으고 이 땅에 쌓아 둘 것이 아니라 나누어 쓰라는 것입니다. "돈을 사랑함이 일만 악의 뿌리"이지만, 돈을 적절하게 나눔은 일만 선의 뿌리가 될 것입니다. 경제는 모든 인간과 자연의 생명을 유지하고 보존하는 데만 기여해야 합니다. 그러려면 이 땅에서 생산된 모든 것들이 적절하게 나누어져야 할 것입니다.

한 나라의 경제 수준을 측정하는 데 국민총생산(GNP)이라는 경제지표를 사용합니다. 그런데 세계의 양심적인 세력들은 GNP가 경제지표가 될 수 없다고 주장합니다. 그 대신에 인간의 생명이 얼마나 잘 보장되는지, 가장 가난한 사람들의 생활을 얼마나 돌보고 있는지, 환경이 얼마나 잘 보호되는지, 그리고 경제성장의 혜택이 골고루 분배되고 있는지 등 GNP에 나타나지 않는 사항을 기준으로 경제를 평가하기를 권합니다. 우리나라는 그동안 경제적으로 세계 11위라고 자랑을 했습니다만, 실제로 사회복지나 환경문제에 있어서 상당히 뒤떨어져 있습니다. 중농정책을 펴 농업 기반을 튼튼히 하고, 중소기업을 바르게 육성했다면 오늘의 경제 위기를 겪지 않았을 것입니다. 부익부 빈익빈의 심화가 결국 오늘의 위기를 몰고 왔습니다.

사랑하는 여러분, 그동안 우리는 예언자 이사야가 지적한 것처럼 "양식이 아닌 것을 위하여 은을 달아 주며 배부르게 하지 못할 것을 위하여" 수고했습니다(사 55:2). 이제는 정신을 차리고 하나님의 경제 원리로 돌아가야 합니다. 하나님께서 주신 부를 적절하게 나누어 쓰는 경제정의를 이루며, 약자들끼리 힘을 모아 거대한 맘몬에 대항하여 이 땅에 평화를 이루는 생명운동에 나서야 합니다. 오늘의 경제 위기는 우리가 경제 세계화라는 거대한 물결 속에 휩싸이게 되었음을 깨닫게 해 줍니다. 그것이 하나님의 나라를 거스르는 악의 세력임을 직시하면서 정신을 차립시다. 개인 구원에 만족하지 말고 하나님의 나라라는 큰 생명 공동체를 위해서 기도하고 봉사하는 그리스도인이 되어야 합니다. 오늘의 경제 위기를 우리가 새롭게 하나님의 역사에 눈뜨게 만들어 준 계기로 삼고 세계 교회와 더불어 이 땅의 불의에 대항하여 하나님의 나라를 이루는 일에 우리의 힘을 쏟아야겠습니다. "적은 무리여, 무서워 말라"는 주님의 약속을 의지하여 굳게 서면서 오늘 이 땅에 하나님의 의를 실현하는 여러분이 되시기를 바랍니다.

1998년 3월 8일.

새 천 년을 맞으며

남북 정상회담

미국 9·11 테러 사건

경의선, 동해선 연결

미국의 이라크 침공

영화 '밀양'을 보고

이명박 댓글 놀이

제3부 2000년대

새 천 년을 맞으며

사람들은 햇수를 헤아리는 숫자에 특별한 의미를 부여한다. 백일, 돌, 회갑, 칠순은 우리 나라 사람들에게 중요한 기념일이다. 개인은 물론 각종 단체들, 정부까지도 10주년, 20주년, 30주년 등 10단위의 햇수를 그냥 지나치는 법 없이 그 성장의 마디마디에 의미를 새겨 왔다.

이런 관점에서 볼 때 새로운 천 년을 우리 시대에 맞는다는 것은 사람들을 흥분하게 만들기에 충분했다. 언론이 앞장서서 새 천 년과 관련된 여러 가지 기사를 요란하게 쏟아 냈고, 정부 차원에서도 '새 천 년 준비위원회'라는 기구까지 발족시켰다. 그러면서 여러 가지 희망에 가득 찬 포부와 계획들이 발표되고 새 천 년에 이룰 목표치를 제시하곤 했다.

그러나 이제까지 이루어 온 역사의 흔적을 되돌아볼 때 새 천 년을 희망적이라고만 말하기 어렵다는 생각이 들었다. 특히 한국교회를 생각할 때 희망적인 천 년이라고 보기 어려울 것 같았다. 오히려 한국교회가 생각 없이 따라온 인류 문명에 대해 재고하고 회개하며, 다시 말씀으로 돌아가는 것이 우리에게 주어진 과제라고 생각했다.

말씀 따라 이루는 새 천 년

신명기 8:1-6, 마태복음 7:24-27

2000년 새해 첫 번째 주일 아침 우리 앞에 새 역사의 길을 마련하신 하나님께서 여러분과 여러분 가정의 앞날에 은총과 평화를 부어 주셔서 그 길을 평탄하게 해 주시기를 기원합니다.

21세기 문명의 흐름

2000년을 맞이하면서 온 세계가 지난날 인류가 저지른 죄악과 잘못을 반복하지 않고 더 나은 새로운 세계를 만들어 갈 포부와 꿈을 펼치고 있습니다. 중국의 경우 2020년경에 일본을 앞지르고, 2050년에는 미국을 앞지르겠다는 큰 포부를 가지고 출발하고 있습니다. 그런가 하면 미국은 초강국으로서 쥐고 있는 세계의 패권을 계속 유지·발전시키겠다는 자신에 찬 꿈을 피력하고 있습니다. 유럽은 유럽연합을 더 확고히 해 미국에 맞서겠다는 포부로 출발하고 있습니다. 결국 21세기는 미국과 유럽연합, 동아시아 이 세 개의 커다란 세력이 주도하는 세기가 될 것으로 보입니다. 이런 세력들이 부딪히면 결국 끝없는 경쟁으로 치달을 것이며, 그러면 세계는 점점 더 생명이 위협받는 위기를 맞이할 것입니다. 신문을 보니 새로운 세기에 중요한 세 단어로 '정보' '생명' '환경'을 꼽았습니다. 21세기는 생명과 환경을 지키기 위한 노력이 계속되겠지만, 그보다 몇 배 더 강력한 경제 발전이 세계를 압도하면서 결국 우리의 생명과 환경을 파괴하게 될 것입니다.

그렇다면 종교적인 면에서 볼 때 21세기는 어떠할까요? 지난 천 년간 기독교의 대약진이 이루어졌다면, 새로운 천 년에는 반대로 기독교 세력이 점점 약화되는 시기가 될 것이라는 징후가 짙습니다. 우선 기독교 역사가 오랜 유럽에서 기독교는 점점 더 쇠퇴해 가고 있습니다. 내리막길로 접어든 기독교의 흐름은 21세기에 들어서도 계속될 것입니다. 독일교회는 종교세를 내는 사람들이 점차 줄어들어서 교회의 여러 활동이 위축되고 있다고 합니다. 영국의 경우 많은 교회당이 폐쇄되어 다른 용도로 쓰이고 있다는 소식이 오랜 전부터 들렸습니다. 미국도 몇몇 교회는 성장한다고 하지만 대세는 하향세임에 틀림이 없습니다. 지금 세계교회협의회와 같은 기독교 연합체의 운영과 활동이 서구교회의 쇠락으로 인해 위축되고 있습니다.

이렇게 볼 때 21세기는 종교적인 영향력이 약화될 뿐 아니라 그에 비례하여 도덕성도 약해질 것이며, 기독교 가치관이 별로 그 빛을 보지 못할 것 같습니다. 그 대신 동양 사상이 빛을 발하면서 세계에 영향을 미칠 것이라고 보는 학자들도 있습니다. 요즘 도올 김용옥의 노자 강의가 인기를 얻고 있습니다. 그런데 과연 노자의 사상이 21세기를 주도할 이념 내지는 신앙이 될 수 있을까요? 노자의 사상이 인간의 삶과 우주를 꿰뚫는 놀라운 진리를 많이 담고 있는 것은 사실이지만, 그것은 어디까지나 사상일 뿐 신앙이 될 수 없기에 인류를 구원할 힘이 거기에는 없습니다.

이런 전망 속에서 우리가 할 수 있는 일은 무엇일까요? 어쩔 수 없는 대세에 밀려서 우리의 신앙을 포기하거나, 현실과 타협한 신앙의 삶을 살아가야 할까요? 결코 그럴 수는 없습니다. 우리가 하나님의 말씀을 기준으로 이런 세계의 흐름을 판단하자면, 결국 그것은 생명을 파괴하고 하나님의 세계를 혼돈에 몰아넣게 되리라는 결론을 얻게 됩니다. 그러므로 우리는 이런 미래의 흐름을 거슬러 다시 하나님의 말씀으로 돌아갈 수밖에 없습니다.

문명의 흐름을 거슬러 하나님의 말씀으로
오늘 본문 신명기 8장에 다음과 같은 말씀이 있습니다.

> 내가 오늘 명하는 모든 명령을 너희는 지켜 행하라 그리하면 너희가 살고 번성하고 여호와께서 너희의 조상들에게 맹세하신 땅에 들어가서 그것을 차지하리라. (1절)

이 말씀은 약속의 땅을 향하여 가는 이스라엘 백성에게 주신 말씀입니다. 하나님께서는 이스라엘 백성이 약속의 땅에 들어가 바른 삶을 이루는 길은 바로 자신의 모든 명령을 그대로 지켜 행하는 데 있다고 알려 주셨습니다. 그런데 하나님이 그들에게 주신 율법은 가나안 땅의 기존 질서나 문화와는 전혀 다른 것이었습니다. 그 말씀은 너무 이상적이었고, 현실과 몹시 거리가 있는 말씀들이었습니다. 그럼에도 하나님께서는 예언자들과 지도자들을 통해 계속 율법을 그대로 지켜 행하라고 명령하셨습니다.

이스라엘 자손들은 가나안 땅에 들어가 농사를 지으면서 자연스럽게 그곳의 생활 풍습과 그 문화를 접하게 되었습니다. 그리고 그것이 더 현실적이며 흥미롭다고 느꼈습니다. 그런데 하나님의 율법은 그 모든 것을 부정하고 하나님이 제시하신 삶의 기준을 따르라는 것이었습니다. 하지만 그들은 이런 양자택일의 갈등에서 하나님의 말씀을 택하지 않고 더 가까이에 있는 가나안의 문화를 그대로 받아들였습니다. 그래서 그들은 농사가 잘 되기를 바라며 바알 우상을 함께 숭배했고, 율법이 정한 도덕적인 삶보다는 향락적인 가나안 사람들의 삶을 따라 살았습니다. 그 결과 그들은 하나님의 징계를 받아서 고난을 당하곤 했습니다.

오늘날에도 하나님의 말씀은 우리의 현실적인 삶과는 항상 대치되고 있습니다. 우리가 이런 사실을 예수님의 말씀을 통해서도 쉽게 깨달을 수 있습니다. 현대인들은 누구나 넓고 편한 길로 가려 하는데 예수님은 좁은 길로 가라고 말씀하십니다. 우리는 무엇을 먹을까를 염려하는데, 주님은 먼저 하나님의 나라를 구하라고 하셨습니다. 우리는 누구나 자기중심적인 삶을 살려고 하는데, 주님은 이웃을 내 몸처럼 사랑하고 때로는 이웃을 위해 희생을 아끼지 말아야 한다고 가르치셨습니다. 우리는 누구나 자기 목숨을 위해 사는데, 예수님은 오히려 자기 목숨을 버리면 얻을 것이라고 하셨습니다. 우리는 다 섬김을 받기 원하는데 주님은 섬기는 자가 되라고 하셨습니다. 우리 누구도 십자가 지기를 원하지 않는데, 예수님은 자기 십자가를 지고 따르라고 하셨습니다.

이와 같은 하나님의 말씀을 가지고 우리의 삶을 비판한다면 그 말씀대로 이루어지는 삶은 별로 없음을 깨닫게 됩니다. 우리의 삶은 물질문명에 기초를 두었습니다. 물질문명이란 결국 낭비하는 삶이며, 무절제한 삶입니다. 하나님이 창조하신 세계의 원칙을 따르기보다는 그것을 거슬러 세계를 개발하고 파괴하며 사는 것이 물질문명의 특징입니다. 이 문명의 산물로 나타난 것이 도시입니다. 도시의 삶은 자연을 떠나 자연을 거스르고 파괴하는 삶이기에 결국 심판의 날에 제일 먼저 망할 수밖에 없습니다. 도시의 삶은 결국 환경 파괴적인 삶이요, 하나님을 떠날 수밖에 없으며, 따라서 바른 인간관계를 이루기 어려운 삶입니다. 도시에 살면서 경쟁하지 않으면 망하기에 겸손할 수가 없습니다. 남을 위한 희생은 생각할 수도 없습니다.

이런 도시 속에 교회가 세워졌고 도시로 몰려드는 사람들 때문에 도시 교회가 성장은 했습니다. 그러나 도시 문명의 세뇌를 받아 개 교회 중심으로 머물면서 본래적 사명을 올바로 감당하지 못하고 있습니다. 도시 속에서 피곤해진 영혼들을 위로할 수는 있어도 그들을 도시에서 떠나게 하지는 못합니다. 이것이 도시 교회의 모순이며 한계입니다. 오늘 교회의 쇠락은 바로 이런 모순에서 비롯된 것이 아니겠습니까? 광야의 전통을 이어 가야 할 교회가 도시 속에 있으므로 결국 그 역할을 올바로 감당할 수 없는 것입니다. 도시 교회는 광야 전통을 설교하기 어렵습니다. 십자가를 지라고 설교하는 것은 금기가 되어 있습니다. 그렇게 하면 위로를 받고자 온 교인들이 모두 다른 교회로 옮겨 가 버리기 때문입니다.

그러면 어떻게 해야 할까요? 모든 도시 교회가 문을 닫고 시골로 내려가야 할까요? 그럴 수 없을 것이고, 그렇게 하지도 않을 것입니다. 그러면 어떻게 할까요? 우리는 세례자 요한에게 배워야 합니다. 그는 광야에서 자랐지만, 사람들이 많이 모여드는 요단강에 나와서 회개를 선포하고 세례를 주었습니다. 오늘날 도시 교회도 비록 도시 속에 있지만, 물질문명을 따르지 않는 광야 전통에 서고, 하나님의 말씀에 담긴 진정한 뜻을 선포해야 합니다. 십자가에 달리신 그리스도를 올바르게 전하고, 좁은 길을 강조하며 교인들이 희생과 봉사를 실천하도록 훈련시켜야 합니다. 무절제와 향락을 비판하면서 절제와 검약의 삶을 실천하도록 촉구해야 합니다. 교회 일치와 연합을 힘쓰면서 세계 교회와 연대하는 에큐메니칼 운동에 관심을 기울여야 합니다. 목회자 중심의 교회에서 평신도 중심의 교회로 바꿔야 하며, 내 교회만 생각하던 데서 벗어나 하나님의 교회 전체를 생각하는 마음을 가져야 합니다. 자기 이익만 챙기는 약삭빠른 그리스도인이 되기보다는 남에게 양보하고 자기희생을 감수하는 약간은 어수룩한 그리스도인이 되도록 훈련시켜야 합니다.

말씀을 따라 살아야 할 이유

이와 같이 말씀을 따라 사는 길은 결코 쉽지 않습니다. 그것은 결국 십자가를 지는 일이 됩니다. 그럼에도 우리가 말씀을 따라 살아야 할 이유는 무엇일까요?

첫째, 그 말씀은 천지를 창조하신 하나님이 주신 말씀이기 때문입니다. 천지를 창조하신 하나님이 명령하셨다는 것은 그것이 곧 진리임을 뜻합니다. 진리란 인간의 삶, 더 나아가 우주적인 삶을 꿰뚫는 원칙을 뜻합니다. 만물을 창조하신 하나님이 그 세계를 가장 잘 아시는 분이며, 그 세계는 그분이 만드신 원리를 따라 움직일 때 무리 없이 돌아갈 수 있다는 것은 너무도 분명한 사실입니다. 따라서 그분의 말씀은 진리이며, 우리가 그 진리를 따를 때 깨어진 세계와 하나님의 질서가 회복되어 조화로운 삶을 이루게 되는 것입니다.

둘째, 하나님의 말씀대로 살지 않으면 우리 모두가 하나님의 심판을 받아 멸망할 수밖에 없다는 사실을 알기에 그 말씀을 따라 살아야 합니다. 세계가 크게 잘못되어 간다 할지라도 그것이 잘못되었음을 아는 사람들이 거기에 제동을 걸고 세계를 비판하며 올바른 방향을 계속 제시할 때 이 세계는 구원받을 수 있습니다. 따라서 우리가 말씀을 따라 사는 것은 나 자신을 구원할 뿐 아니라 세계를 구원하는 일이기도 합니다.

20대 80의 법칙에 따르면, 20퍼센트의 사람이 하나님의 말씀을 따라 바르게 살면 나머지 80퍼센트의 사람을 구원할 수 있습니다. 하나님의 질서를 회복하고 그 나라를 이루는 일은 모든 사람이 예수를 믿어야 실현되는 것이 아닙니다. 적은 수의 사람들이 그 말씀대로 살면 하나님께서 나머지 사람들을 모두 변화시키면서 그분의 질서를 회복하실 것입니다. 하나님은 지금 열 사람의 의인을 찾고 계십니다. 80퍼센트를 변화시킬 20퍼센트의 사람들을 부르고 계십니다. 이 부르심에 우리가 응답해야 합니다. 21세기를 변화시켜 구원할 사람은 하나님의 말씀을 따라 물질문명을 거슬러 사는 소수의 사람들입니다.

셋째, 우리가 하나님의 말씀을 따라 살아야 할 이유는 바로 우리가 그 말씀으로 구원을 받았기 때문입니다. 이스라엘 자손들이 하나님의 율법을 지켜야 할 이유는 바로 하나님께서 그들을 이집트에서 구원하시고 시내 산에서 그들과 계약을 맺어 하나님의 백성으로 삼으셨기 때문입니다. 하나님의 백성으로 계약을 맺은 이스라엘이 율법을 지키는 것은 그들에게 주어진 의무였습니다. 우리 그리스도인은 하나님의 외아들 예수 그리스도의 피로 구원받은 사람들입니다. 다시 말해서 그 피는 언약의 피로써 하나님과 우리 사이에 새로운 언약이 이루진 것입니다. 그러므로 무조건 하나님의 말씀대로 살아야 할 책임과 의무가 우리에게 있는 것입니다.

또한 우리 예수 믿는 사람들의 궁극적인 목적은 하나님을 영화롭게 하며 그분을 기쁘시게 하는 데 있습니다. 그분을 영화롭게 하고 기쁘시게 하기 위해서는 무엇보다도 그분의 말씀을 순종하고 그대로 행하는 게 중요합니다. 그러므로 우리가 말씀을 따라 살아야 할 이유는 아주 분명합니다. 우리가 하나님의 백성이요, 독생자를 통해 구원하신 그분의 자녀이기 때문입니다.

그러면 구체적으로 우리는 무엇을 해야 할까요? 우선 하나님의 말씀인 성경을 날마다 읽고 외우며 공부해야 할 것입니다. 뜻밖에도 믿는 사람들이 성경을 별로 읽지 않습니다. 날마다 읽고 명상함 없이 어떻게 그 말씀을 순종할 수 있겠습니까? 새해에는 기본적으로 말씀을 읽고 명상하는 생활을 시작하시기 바랍니다. 교회에서 나누어 드리는 성경 읽기표를 따라 하루에 두 장씩 읽어 나가시기 바랍니다. 읽는다고 다 되는 것은 아니지만, 읽지 않고서 그 말씀대로 살 수는 없습니다.

그리고 한 걸음 더 나아가 그 말씀 속에 담긴 뜻이 무엇인가를 찾고, 그 속에 담긴 신학이 무엇이며, 그 말씀이 오늘 내게 무엇을 하라고 하는지를 공부하시기 바랍니다. 이것이 성경 공부인데, 교회가 마련하는 성경 공부에 열심히 참여하시기 바랍니다. 그리고 말씀을 배운 대로 구체적으로 한 가지씩 자기 삶을 변화시켜 가도록 노력하시기 바랍니다. 절약하는 생활부터 시작하셔도 좋고 웃으며 인사하는 일부터 시작하셔도 좋습니다. 봉사하는 데 시간을 내어 어려운 이웃을 돕는 일을 거드는 것부터 하셔도 좋습니다. 금년에 무엇인가 과거와 다른 남을 위한 일, 하나님의 말씀을 따르는 일을 한 가지씩 실천하시기 바랍니다.

❖

사랑하는 여러분, 세계는 지금 한쪽으로 기울어진 배와 같습니다. 그대로 놔두면 결국 전복되고 말 것입니다. 따라서 이 배의 균형을 잡으려면 반대편에 무게를 실어 주어야 합니다. 바로 그 역할을 하는 것이 오늘날 그리스도인에게 주어진 책임입니다. 우리가 하나님의 말씀을 따라 이 문명에 제동을 걸고 하나님의 뜻을 이 땅에 전할 때 이 세계가 멸망하지 않고 구원을 받을 것입니다.

도도하게 흘러가는 21세기 물질문명의 물결을 거슬러 하나님의 말씀을 따라 사는 일은 결코 쉽지 않습니다. 그러나 아무리 어렵다 할지라도 우리가 마땅히 지켜야 할 말씀이기에, 또 그래야 이 세상을 구원할 수 있기에 새 천 년에는 더욱 열심히 말씀을 읽고 공부하며 그 말씀을 생활화하는 여러분이 되시기를 바랍니다.

2000년 1월 2일.

남북 정상회담

2000년 6월 13일부터 6월 15일까지 2박 3일 동안 대한민국 제15대 대통령 김대중과 조선민주주의인민공화국 국방위원회 위원장 김정일이 평양에서 정상회담을 가졌다. 회담 마지막 날 6·15 남북공동선언이 발표됐다.

정상회담 이후 이산가족 상봉, 금강산 관광, 북한의 남한 주최 스포츠 경기 참가 등 민간 교류 사업이 본격적으로 진행됐다. 남북 당국 간 회담이 지속됐으며, 북한은 일본, 미국과도 화해 분위기를 유지하며 국교 정상화 교섭에 나섰다. 김정일의 조기 서울 방문도 예견됐으나 국제 정세의 급변 등으로 실현되지 않았다.

나는 남북 정상회담을 텔레비전으로 지켜보면서 감격했다. 그렇게 막혀 있던 남북관계가 두 정상의 만남을 통해 극복될 수 있다는 희망을 보았기 때문이다. 남북의 적대와 대립은 바로 우리 사회의 좌우 이념 갈등의 원인이었는데, 두 정상의 만남과 대화를 통해 화해의 물꼬가 트일 것 같았다. 구약성경에서 이런 화해의 본이 된 에서와 야곱의 만남을 통해서 남북 정상회담의 의미를 조명했다.

하나님이 준비하신 역사

창세기 33:1-11, 에베소서 2:14-22

지난 13일 남북한의 정상이 서로 만나 악수하는 광경을 지켜보면서, 그리고 기대하지 않았던 '6·15 공동선언'이 나온 것을 보고 하나님께 감사를 드렸습니다. 하나님께서 우리의 기도를 들어주셔서 이런 감격적인 역사를 목격한다고 생각하니 얼마나 감사한지요. 오늘 예배는 하나님께서 우리에게 베푸신 큰 은혜의 역사를 감사드리는 예배일 수밖에 없습니다. 우리가 문제를 놓고 기도할 때는 열심이었다가도 막상 하나님께서 그 기도를 들어주셨을 때 감사의 표현을 별로 하지 않는 경우가 많습니다.

우리는 8·15광복을 하나님의 큰 구원의 은혜라고 생각합니다. 이번 남북 정상의 만남은 거기에 버금가는 큰 구원 사건입니다. 어떤 면에서는 8·15광복보다 이번 사건이 전 세계 사람들에게 큰 충격을 안겨 주었다고 봅니다. 왜냐하면, 그 당시에는 텔레비전도 없었고, 언론 매체가 오늘날처럼 발전하지 않았기 때문에 세계가 우리에게 관심을 별로 기울이지 않았습니다. 그런데 이번에는 분단 55년 만에 전 세계인이 지켜보는 가운데 그토록 만나지 못할 것 같던 두 정상이 만나 악수하고 포옹까지 하는 기적이 일어났습니다. 이것은 하나님의 은혜로운 역사가 아니고서는 불가능한 일입니다. 이 세계에 남아 있는 마지막 분단국가이면서 극단적인 대립 중에 있는 나라의 두 정상이 그렇게 극적으로 만날 줄 어떻게 알았겠습니까?

하나님이 준비하신 사람과 때

저는 텔레비전을 보면서 '하나님이 두 정상을 이끌어서 서로 만나게 하시는구나'라고 생각했습니다. 김정일 위원장의 공항 영접은 우리가 예상하지 못했던 일입니다. 그런데 그가 순안공항에 직접 나와서 김 대통령을 영접했고, 파격적으로 같은 차에 동승하여 50분간 이야기를 나누었다는 사실은 하나님이 시키시지 않고서는 있을 수 없는 일이었습니다. 보도된 대로 김정일 위원장이 텔레비전으로 생중계된 일은 한 번도 없었습니다. 그런데 이번 정상회담에서 생중계하는 카메라 앞에 극적으로 자신을 드러냈습니다. 이것은 북조선 사람들이 정교하게 만든 각본이 아니라 하나님께서 만드신 각본입니다. 둘째 날 오후에 이루어진 두 정상의 단독 회담도 성사가 불확실해 우리 쪽 수행원들이 애를 태웠는데, 김정일 위원장 쪽에서 만나겠다고 통보하여 회담이 성사되었고, 장시간에 걸쳐 대화를 나누었습니다. 이것은 하나님의 역사라고 볼 수 밖에 없습니다.

그간 우리는 김 위원장이 그렇게 호탕하고 합리적인 사고를 할 수 있는 사람이라고는 전혀 생각하지 못했습니다. 우리 언론은 단독 회담에서 김 대통령이 설득했다는 표현을 썼습니다. 김 대통령이 아무리 능숙한 언변으로 상대방을 설득했다고 하더라도 경직된 체제 속에 있는 사람들은 쉽게 설득되기는 어려운 일입니다. 그런데 김 대통령이 설득한 내용의 상당 부분을 김 위원장이 받아들였다고 합니다. 이것은 정말 놀라운 일입니다. 놀랍다는 것은 그것이 바로 하나님의 역사임을 뜻합니다. 성령이 그 자리에 역사하시지 않고서는 있을 수 없는 일들이었습니다.

저는 이번 정상회담을 보며 하나님께서 여러 면에서 미리 준비하셨다는 믿음을 가졌습니다. 1994년 7월 25일 김영삼 대통령과 김일성 주석이 정상회담을 갖기로 하고 추진하던 중에 7월 8일 김일성 주석이 갑자기 세상을 떠나게 되어 회담이 무산됐습니다. 지금 와서 보면 이 일 역시 하나님이 하신 일로 보입니다. 김영삼 대통령과 김일성 주석이 만났을 경우에 이번에 이루어진 정상회담과 같은 분위기와 결과가 나왔을까 의심이 됩니다. 우선 김일성 주석은 6·25전쟁을 일으킨 당사자로 그 책임을 면하려야 면할 수 없는 전범자(戰犯者)입니다. 그 사람과 우리가 만나 어떤 합의를 이루었다 하더라도 우리 국민은 정서적으로 받아들이기 어려웠을 것입니다. 그것은 곧 그가 사망했을 때 드러났습니다. 그가 사망하자 우리 사회는 일제히 그를 전쟁을 일으킨 장본인이었다며 욕을 퍼부었습니다. 그로써 남북관계는 급속하게 냉각되고 말았습니다. 그뿐 아니라 김영삼 대통령은 통일을 별로 준비하지 못한 분이었습니다. 김대중 대통령처럼 김일성 주석을 설득하지는 못했을 것입니다. 더구나 김일성 주석이 노련한 통치자임을 감안할 때 대단히 어려운 만남이었을 것이라고 예측해 볼 수 있습니다. 하나님께서 이런 일을 먼저 아셔서 김일성 주석을 데려가시고 정상회담이 무산되게 하신 것 아닐까 싶습니다.

그런데 이번 정상회담을 보면, 미리 준비된 사람들이 만났다는 느낌을 받습니다. 김정일 위원장의 경우 일단 6·25전쟁을 일으킨 당사자가 아니라는 점에서 훨씬 우리의 정서에 덜 부담이 됩니다. 그리고 그가 김일성 주석 별세 후 6년 간 근신하며 자기 정권의 기반을 다지고 세계정세를 살피다가 이번 정상회담에 이르러 비로소 자신을 세계 앞에 드러냈다는 점에 의미가 있습니다. 그리고 이번에 우리가 들은 대로 그가 내세운 정치 스타일은 광폭(廣幅) 정치와 인덕(仁德) 정치입니다. 통 큰 정치와 도덕적인 정치를 표방하고 나선 것은 놀라운 일입니다. 이번 정상회담에서 그는 자기보다 연장자인 김대중 대통령을 깍듯이 어른 대접했습니다. 이것이 어떻게 우연이라고 할 수 있겠습니까? 하나님이 참으로 절묘하게 준비시켜 주셨다는 느낌을 버릴 수 없습니다. 이번에 세계 앞에 자기의 통치 스타일을 드러낸 김정일 위원장은 앞으로 계속 통 큰 정치와 인덕 정치를 하지 않을 수 없을 것입니다. 그렇다면 앞으로 통일 문제를 풀어나가는 데 희망을 걸 수 있을 것입니다.

김대중 대통령이 선거운동을 할 때 자신을 준비된 대통령이라고 했습니다. 우리 기대에 미치지 못하는 부분들이 많이 있지만, 저는 두 가지 점에서 김 대통령이 준비된 대통령이라고 인정하게 되었습니다. 하나는 그가 대통령이 되자마자 부닥친 경제 위기를 극복하는 데 준비된 대통령이었습니다. 그가 경제에 대해서 상당히 많은 공부를 했다는 사실은 이미 알려진 일입니다. 그리고 이번 정상회담을 보면서 바로 이 일을 위해 준비된 대통령이라는 생각을 했습니다. 그는 일찍이 통일에 대해 연구를 했고 분명한 통일 방안을 가지고 있었습니다. 그뿐 아니라 대통령이 된 후 북쪽에 '햇볕 정책'을 꾸준히 펴 왔습니다. 북쪽의 도발이 여러 번 있었음에도 그 정책을 바꾸지 않았습니다. 많은 사람이 그를 붉은 색으로 물든 사람이라고 비방하고 모함했어도 신념을 가지고 통일을 위해 꾸준히 준비한 것이 오늘의 열매를 맺게 되었습니다.

1971년 '4·27 대통령 선거'를 며칠 앞둔 어느 날, 김대중 후보는 기자에게 이런 말을 했다고 합니다. "나는 언젠가 통일을 논할 때 남쪽을 대표하는 지도자가 되고 싶습니다. 그러기 위해서도 훌륭한 대통령이 돼야 합니다."* 그는 29년 전 대통령 선거를 치르면서 이미 통일을 위한 대통령이 되겠다는 생각으로 준비한 사람이었습니다. 저는 이 사실에서도 하나님의 섭리를 봅니다. 그는 여러 차례 대통령 선거에 나왔다가 고배를 마셨습니다. 그런데 뒤늦게 정계 은퇴를 번복하고 나와 대통령이 되더니 그가 원했던 대로 통일을 논하는 대표자로 북쪽의 정상을 만났습니다. 그리고 30년 동안 준비한 것을 "젖 먹던 힘을 다해" 쏟아 내면서 마침내 공동선언을 이끌어 냈습니다. 하나님께서 그를 준비시키셨고, 그렇게 준비된 것을 시간에 맞추어 써먹게 하셨습니다. 카이로스, 즉 때를 절묘하게 운영하시는 하나님의 경륜에 탄복하며 감사를 드릴 뿐입니다. 우리는 하나님이 연출하시는 절묘한 구원의 역사극을 본 것입니다. 상황을 반전시켜 자신의 뜻을 이루어 가시는 하나님의 놀라운 역사 방법을 이번에 우리는 똑똑히 배우게 되었습니다.

또 한 가지 감사한 것은, 이번 남북 정상회담이 남북 간 화해와 협력을 이끌어 내는 데 머물지 않고 우리 사회 전반에 중대한 영향을 미쳐 지역 간 대립과 갈등을 극복하고 대화를 통한 화해의 역사를 이루어 가게 될 것이라는 점입니다. 그렇게 불가능하게 보였던 일들이 이번에 성취되었는데, 하물며 우리 사회 안에 깃들인 갈등을 극복하지 못할 이유가 없습니다. 하나님이 우리에게 주신 큰 선물이 아닐 수 없습니다. 이런 일은 저절로 이루어지는 것이 아닙니다. 오랜 준비와 노력 끝에 이루어졌다는 사실을 인식하면서 우리 모두가

---

* 〈조선일보〉, 김대중 칼럼, 2000. 6. 17.

하나님의 역사를 위해 준비하는 그리스도인이 되어야겠습니다.

하나님의 얼굴

오늘 본문 구약성경 말씀은 야곱이 자기 형 에서를 만나 화해하는 장면입니다. 20년 전 형이 받을 장자의 축복을 가로챈 야곱은 형을 피하고자 하란으로 도망을 갔습니다. 거기서 20년 동안 객지 생활을 하다가 고향으로 돌아오는 그에게 제일 큰 걸림돌은 형과 만나 화해하는 것이었습니다. 야곱은 20년 동안 가끔씩 형의 꿈을 꾸면서 가위에 눌리곤 했을 것입니다. 멀리 도망가기는 했지만, 형과의 화해 없이 자신에게 진정한 평화는 없다는 사실을 알았을 것입니다. 그러다 하나님께서 야곱을 하란에서 떠날 수밖에 없도록 하셔서 마침내 고향으로 향했습니다.

　야곱은 20년 전 당한 일에 앙심을 품고 자기를 죽이려고 하는 형 에서를 생각하면 오금이 저려서 견딜 수 없었던 것 같습니다. 자기는 물론 자기의 가족 모두 몰살당할지도 모른다는 중압감에 견딜 수 없었던 야곱은 가족들을 앞서 보내고 얍복강가에 엎드려 밤새 기도를 했습니다. 그리고 그 강가에서 어떤 사람을 만나 씨름했다고 했습니다. 어떤 사람은 인간의 모습을 입고 내려오신 하나님이셨습니다. 하나님이 야곱으로 하여금 씨름하게 하신 것입니다. 씨름했다는 것은 삶의 의미를 새롭게 정립해 보려는 그의 몸부림을 뜻하는 것 아니겠습니까? 20년간 야망을 좇아 살아 왔지만 벧엘에서 하나님을 만난 이후 한 번도 그분을 만나지 못한 공허한 인간의 삶이었음을 자성(自省)하고 몸부림치며 다시 하나님을 뵈옵기를 간구한 것이 아닐까요? 하나님께서 야곱으로 하여금 벧엘의 꿈을 생각하게 하시면서 그 꿈에서 빗나간 지난 생애를 돌아보게 하시고, 이제 야곱의 생애는 끝내고 이스라엘의 삶이 시작되게 하신 밤이었습니다. 처음에 그가 얍복강가에서 홀로 무릎을 꿇은 것은 형 에서와의 문제 때문이었지만, 그 사람을 만나 씨름하는 동안 형과의 문제뿐 아니라 하나님과의 문제, 자기 삶의 문제를 발견한 것입니다. 환도뼈가 부러져 절뚝발이가 되었지만, 오히려 그것은 그가 새로운 인간으로 태어났다는 하나의 표징이 되었습니다.

야곱은 그곳의 이름을 브니엘이라고 지었습니다. 하나님의 얼굴이라는 뜻입니다. 그의 마음속에 자리 잡았던 과거의 모든 욕망과 교만이 벗겨지면서 하나님을 대면할 수 있었습니다. 인간이 하나님을 대면하면 살아남을 수 없는데 그가 살아남게 된 것은, 하나님의 은총을 입었다는 뜻입니다. 모든 죄를 용서받았다고 확신했기에 그곳 이름을 하나님의 얼굴을 뜻하는 브니엘로 바꾸었습니다. 브니엘을 지날 때 해가 돋았다고 했습니다. 고뇌와 투쟁의 밤은 지나고 이제 은총의 새날이 밝아온 것입니다. 그의 마음속에 자리 잡았던 모든 두려움이 사라지고 용기와 희망이 솟아난 것입니다.

이스라엘이 된 야곱은 400명의 종을 거느리고 나온 형 에서와 만나 그 앞에 일곱 번 꿇어 절을 했습니다. 그것은 존경의 표시입니다. 그리고 형님을 깍듯이 "나의 주"라고 불렀습니다. 이것은 아부라기보다는 변화된 야곱의 겸손으로 봐야 할 것입니다. 그리고 그가 기쁨으로 자신을 맞아준 에서의 웃는 얼굴을 봤을 때 거기서 하나님의 얼굴을 연상한 것입니다. 그래서 야곱은 에서에게 말했습니다.

내가 형님의 얼굴을 뵈온즉 하나님의 얼굴을 본 것 같사오며 형님도 나를 기뻐하심이나이다. (창 33:10)

이 역시 아첨이 아닌 진정으로 우러나온 말이라고 볼 때, 깊은 의미를 지닙니다. 야곱은 20년 동안 에서의 얼굴을 복수에 불타는 무서운 악마의 얼굴로 기억하고 있었을 것입니다. 그런데 이제 그 얼굴이 하나님의 얼굴로 보이게 된 것은 놀라운 변화가 아닐 수 없습니다. 이것은 얍복강가인 브니엘과 무관하지 않습니다. 거기서 그가 하나님을 대면하며 크게 은총을 입는 순간 이제까지 그가 했던 모든 생각이 바뀌었고, 동시에 하나님께서 에서의 마음도 바꾸신 것입니다. 하나님과 대면하여 화해한 사람은 모든 인간과 더불어 화해할 수 있게 되는 것입니다. 야곱은 형과 화해한 후 세겜에 이르러 땅을 사고 장막을 치고 제단을 쌓은 다음 그 이름을 '엘엘로헤 이스라엘'이라고 했는데, 그 뜻은 "하나님, 이스라엘의 하나님"입니다. 이스라엘이 바로 야곱의 새 이름이라면 '하나님은 나의 하나님'이시라는 뜻이 여기에 있습니다. 야곱이 에서와 화해한 후 평화를 누릴 수 있었음을 보여 주는 말씀입니다.

이번에 우리 사회가 큰 충격을 받은 것은 바로 김정일 위원장에 대한 인식 때문입니다. '김정일 쇼크'라고 할 정도로 그는 이제까지 우리가 생각했던 것과는 전혀 다른 모습이었습니다. 괴물처럼 여겼던 그가 합리적이고 통이 크며 유머 감각이 뛰어난 지도자로 우리에게 비쳐진 것은 하나님의 역사라는 생각이 듭니다. 야곱은 에서의 얼굴을 떠올릴 때마다 마귀의 얼굴이 떠올랐을지도 모릅니다. 그런데 얍복강가에서 변화된 후 만난 에서의 얼굴은 마귀의 얼굴이 아닌 하나님의 얼굴이었습니다. 야곱은 에서의 얼굴을 본 순간 거기에 하나님이 함께하신다는 사실을 깨달았던 것 아닐까요? 이번에 우리가 본 김정일 위원장의 얼굴은 하나님의 얼굴이었습니다. 그가 잘 생겼다는 뜻이 아니라 바로 거기에 하나님이 함께하셨다는 뜻입니다.

이제는 우리가 야곱처럼 우리 속에 쌓았던 미움을 쏟아 내고 편견과 오해를 벗어 던질 때입니다. 우리 모두가 얍복강가에 나가 지난날을 돌이켜 회개해야 합니다. 그래야 이 역사적 사건이 기폭제가 되고 계속해서 새로운 변화의 역사가 일어날 수 있을 것입니다. 하나님께서 열어 주신 화해의 길이므로 거기에 응답하여 적극적으로 우리 안의 모든 증오심과 적개심을 버리고 순전한 마음으로 화해를 위한 노력을 기울여야 합니다. 남북이 즉각 비방 방송을 중단했다든지, 혹은 한계선을 넘어간 어선을 북에서 즉각 돌려보냈다든지 하는 소식을 들을 때 가슴이 뭉클하고 눈물이 솟았습니다. 이렇게 하면 되는 걸 왜 우리는 그동안 못했을까요? 통일에 이르기까지 넘어야 할 산들이 많지만, 인내심을 갖고 꾸준히 노력하면 반드시 이를 수 있을 것입니다. 우리 민족은 합리적이고 냉철하지는 못해도 뜨거운 정을 가지고 있어 감동을 받으면 안 되던 일도 쉽게 받아들이곤 합니다. 성령께서 우리 속에 역사하시면 불가능해 보이던 일도 뜻밖에 쉽게 풀어질 수 있을 것입니다.

사랑하는 여러분, 화해와 평화, 공존의 길이 열렸습니다. 생각 없이 그 길로 뛰어나갈 것이 아니라 자신을 돌아보고 과거에 가졌던 잘못된 생각들, 증오심과 적개심 같은 것을 모두 비우고 새로운 마음으로 이 길에 들어서야 합니다. 그렇지 않으면 이 평화의 길은 또 다시 중단되고 또 다시 대립과 갈등으로 돌아가게 될 것입니다. 야곱이 마음을 비우고 형 에서를 만났을 때 거기에서 하나님의 얼굴을 본 것처럼 우리도 마음을 비울 때 하나님을 볼 것입니다.

신약 본문의 에베소서 2장에 보면 "그리스도는 우리의 평화이십니다.…그는 유대 사람과 이방 사람 사이에 가르는 담을 자기 몸으로 허무셔서, 원수된 것을 없애서서,…이 둘을 자기 안에서 하나의 새 사람으로 만드셔서, 평화를 이루시고"라고 했습니다(14-15절, 표준새번역). 또 "이방 사람과 유대 사람 양쪽 모두, 그리스도로 말미암아 한 성령 안에서 아버지께로 나아가게 되었습니다"라고 했습니다(18절, 표준새번역). 이방 사람과 유대인 사이에 막힌 담은 오늘 남북 사이에 막혔던 담보다 더 두텁고 높았습니다. 그런데 예수께서 십자가로 그 담을 허시고 자기 안에서 둘이 하나 되게 하셨습니다.

이제 우리가 하나 되는 길은 우리의 평화이신 그리스도 안에서 가능합니다. "그리스도 안에서"라는 말은 우리가 그리스도처럼 자신을 희생함을 뜻합니다. 서로 이해하고 양보하고 희생하지 않고서는 원수 된 민족이 하나 될 수 없습니다. 김 대통령은 귀환 보고에서 남북이 서로 유익한 길을 걸어야 한다며 "윈-윈 게임"(win-win game)이라는 표현을 썼습니다. 서로 도움이 되는 포지티브섬 게임(positive-sum game)을 하자는 것입니다. 그러려면 우리가 먼저 이해하고 양보하고 희생해야 합니다. 그러면 희생한 것보다 더 큰 대가가 우리에게 돌아올 것입니다.

이제 우리 그리스도인들이 앞장서서 화해와 평화를 위해 헌신하며 노력해 감으로 하나님이 마련하신 이 구원의 역사에서 크게 일익을 감당해야겠습니다. 하나님이 베풀어 주신 구원의 은총에 감사하면서 적극적으로 자신을 변화시켜 이 역사에 응답하는 여러분이 되시기를 바랍니다.

2000년 6월 18일.

미국 9·11 테러 사건

2001년 9월 11일 오전, 아메리칸 에어라인 11편과 유나이티드 항공 175편 여객기가 110층 높이인 세계무역센터 쌍둥이 빌딩과 차례로 충돌했다. 여객기가 빌딩에 충돌하자 10만 리터 가량의 항공유가 타면서 격렬한 화재가 발생했다. 오전 9시 59분 세계무역센터 남쪽 건물이 먼저 무너졌다. 이어 10시 28분 북쪽 건물이 완전히 붕괴되고 이 잔해에 맞아 세계무역센터 부속 건물인 47층 높이 제7세계 무역센터 빌딩이 오후 5시 20분에 붕괴됐다. 이외에 주변의 다른 건물들도 심각한 피해를 입었다. 미 국방부 건물인 워싱턴 D.C.의 펜타곤에도 비행기가 충돌했다. 충돌했을 때 비행 속도는 시속 850km 이상이었고, 본체가 건물의 기둥을 부수어 대폭발을 일으켰다.

이 테러로 세계무역센터에서는 2,600명 이상이, 펜타곤에서는 125명이 죽었다. 4대의 항공기에 탑승한 승객 256명 전원이 사망했다. 뉴욕 소방관 343명, 뉴욕 경찰 84명, 뉴욕 항만국 직원 23명이 현장에서 사망했다. 이것은 미국 역사상 최악의 공격으로 꼽히며, 총 인명 피해자 수(3,130명)는 진주만 공습 당시 사망자 수(2,330명)보다 800명이 더 많다.

무서운 증오가 불러온 참혹한 결과를 보고, 극단적으로 대립하여 싸우는 세계를 진정한 평화의 세계로 이끄시기 위해 하나님의 아들 예수 그리스도께서 고난당하셨음을 다시 한 번 생각하면서 설교를 준비했다.

그리스도는 우리의 평화 (1)

이사야 19:23-25, 에베소서 2:14-22

지난 화요일(2001년 9월 11일) 미국 심장부에서 일어난 테러 참사로 미국은 물론 세계가 크게 놀랐습니다. 그 진동은 세계를 흔들고 있습니다. 우리는 어떻게 이런 비극이 일어날 수 있을까 하고 놀랐습니다. 또한 미국의 강력한 감정적인 대응으로 세계는 불안에 떨고 있습니다. 21세기 첫 번째 전쟁을 승리로 이끌겠다고 장담하는 부시 대통령을 보면서 우리는 왠지 공포에 사로잡히게 됩니다. 세계에서 제일 강대한 나라 미국이 어처구니없게 당한 테러로 그 자존심이 상했고, 그것을 회복하고자 강력한 힘을 과시하며 보복을 감행하겠다고 공언하는 것을 볼 때, 21세기의 미래가 암담하다는 생각을 떨쳐 버릴 수 없어 슬픕니다.

이 시점에서 우리는 에베소서 말씀에 기록된 "그리스도는 우리의 평화"라는 명제를 생각하지 않을 수 없습니다. 세계는 평화를 갈구(渴求)하면서도 그리스도를 따르지 않고 그분이 제시하신 평화의 길을 외면하고 있습니다. 아니 그리스도가 추구하신 평화의 길과는 정반대로 세계는 점점 더 힘에 의한 평화를 쫓고 있습니다. 신앙의 자유를 찾아 아메리카 대륙으로 건너간 청교도들이 세우고, 그 정신이 오늘날에도 이어지고 있는 미국이 기독교 정신을 저버리고 있다는 사실은 비극이 아닐 수 없습니다.

"그리스도는 우리의 평화"라는 세 마디 단어로 이루어진 이 짤막한 명제는 오늘 우리의 삶에 중요한 지표가 아닐 수 없습니다. 그러므로 이 말씀을 다시 한 번 곰곰이 생각해 봐야겠습니다. 우리가 예수 그리스도를 믿는다고 신앙을 고백하지만, 그 고백에 따른 삶이 뒤따르지 못하는 것이 문제입니다.

원수 관계에 있는 우리

먼저 여기서 '우리'라고 말하는 부분에 대해 생각해 보고자 합니다. 본문 14절에 보면 "그리스도는 우리의 평화이십니다. 그리스도께서는 유대 사람과 이방 사람이 양쪽으로 갈려 있는 것을 하나로 만드신 분"이라고 했습니다(표준새번역). 여기서 말하는 "우리"는 바로 유대 사람과 이방 사람임을 알 수 있습니다. 그런데 이들은 양쪽으로 갈려 있으며, 그 사이를 가르는 담이 있다고 했습니다. 그 담은 바로 율법입니다. 그리고 이들은 원수 관계라고 했습니다.

유대인과 이방인은 바울의 표현대로 하나 될 수 없는 기름과 물 같은 관계였습니다. 그런데 이런 관계는 전쟁 때문에 생긴 것이 아니라 바로 율법 때문에 생겼습니다. 율법을 가진 이스라엘이 스스로를 하나님의 선택된 민족이라고 자부하면서 다른 민족, 다른 사람들을 이방인으로 몰며 멸시한 데서부터 시작되었습니다. 유대인들은 오늘날까지도 이런 선민의식을 버리지 않아 따돌림을 당하고 있습니다.

유대인들은 이방인과 자리를 같이하지 않았고, 유대인의 이런 배타적 인간관계가 자연스럽게 그들이 이방인이라고 하는 다른 민족들로 하여금 유대인들을 싫어하게 만들었으며, 결국은 원수처럼 서로를 미워하기에 이르렀습니다. 이런 유대인의 배타성이 오늘날의 역사 속에도 그대로 이어져서 문제가 되고 있습니다.

오늘날 중동 지역에서 일어나고 있는 이스라엘과 팔레스타인의 갈등도 바로 이런 역사적 배경을 바탕으로 하고 있습니다. 오랫동안 떠나 있던 이스라엘이 팔레스타인 지역에 들어와 나라를 세우면서 분쟁이 격화되었고, 오늘날까지 끊임없는 테러와 보복이 반복되고 있습니다. 지난 화요일에 일어난 테러도 결국 이런 갈등의 연속선상에서 발생했다는 사실을 모두가 알고 있습니다. 한국외대 장병옥 교수의 시론에 보면 그 원인을 잘 설명하고 있습니다.

미국의 정치 중심지인 워싱턴과 경제 중심지인 뉴욕이 테러를 당한 데에는 여러 가지 요인이 있다. 걸프전을 시발점으로 미군의 무기한 중동 주둔은 반미 감정을 불러일으키는 가운데 급진적인 민족주의 세력과 이슬람 원리주의 세력의 공격의 표적이 되며 긴장을 계속 유발시켜 왔다. 미국은 중동 평화를 위해 이스라엘이 영향력을 행사할 수 있도록 물심양면으로 이스라엘을 지원해 주고 있다.

첫째, 미국은 이스라엘군이 팔레스타인 양민을 살상할 수 있는 주요 무기 공급국이라는 점이다. 둘째, 미국 내의 이스라엘 지지자들이 이스라엘의 아랍인에 대한 오랜 인권 침해와 군사적 양민 학살을 묵인하고 있다. 더 나아가 친미 학자들은 이스라엘의 아랍 침공을 '정당한 전쟁'이라고 옹호하며 이슬람 세력에 맞설 전략을 연구하고 있다. 셋째, 팔레스타인 독립 국가의 수도를 동 예루살렘으로 하는 데 미국이 반대하고 오히려 이스라엘의 수도를 텔아비브에서 동예루살렘으로 천도하는 것을 지지하는 것은 미국을 극도로 증오하게 한 요인이 된다.*

결국 중동의 분쟁을 조정하고 평화를 이끌어 내야 할 미국이 오히려 이스라엘을 편들어 분쟁을 격화시켰고, 그 결과 전대미문의 끔찍한 테러를 당한 것입니다.

이번에 저질러진 테러로 수천 명이 죽고 많은 사람이 다쳤습니다. 그렇게 든든하게 지어진 빌딩이 맥없이 무너져 내리는 것을 보면서 인간 문명의 허술함을 느끼지 않을 수 없었습니다. 문제는 이렇게 많은 인명이 희생당했으면 다시는 그런 비극이 일어나지 않도록 미국이 평화를 위한 새로운 정책을 내놓아야 할 텐데, 반대로 보복을 다짐하는 전쟁을 공포하면서 더 많은 생명이 희생될 것이라는 불안을 안겨 주고 있습니다.

이런 결정을 우려하는 목소리들이 나오고 있습니다. 〈뉴욕타임스〉는 지금 미국에 필요한 것은 복수가 아니라 반미 감정을 가진 세력들과 화해를 모색하는 것이라고 했고, 국제사면위원회는 미국이 보복 공격을 추구하기보다는 재판을 통해 범인들을 처벌해야 한다는 견해를 밝혔습니다. 미국의 유명한 언어학자이자 사회 비평가인 놈 촘스키(Noam Chomsky) 역시 앞으로 벌어질 일들에 대해 더욱 불길한 예감이 든다고 했습니다. 미국이 아프가니스탄에 보복 공격을 가할 경우 거기서는 또 얼마나 많은 사람이 죽고 다치며 고통을 당할까요? 그런다고 테러가 영영 이 땅에서 사라질까요? 그보다는 막강한 미국을 상대할 수 없는 약자들이 이를 갈면서 더 치밀하고 돈이 적게 드는 테러 방법을 연구할 것입니다. 그러면 미국은 언제나

---

* 〈경향신문〉, 시론 "테러와 미 패권주의 과제", 2001. 9. 12

불안할 수밖에 없는 테러 공격 대상에서 벗어날 수 없을 것입니다.

미국은 "아랍·이스라엘의 건설적인 세력 균형의 조정자뿐만 아니라 온건한 이미지의 중립적인 제3자로서 당근과 채찍을 적절히 혼합하는 새로운 전략을 구상하여 세력 불균형을 바로잡아 나가는"[*] 나라가 되어야 마땅합니다. 그런데 지금 미국은 정반대로 조정자가 아닌 분쟁 당사자가 되어 그 막강한 힘을 세계 앞에 과시하려 하고 있습니다.

그리스도의 화해

그리스도께서 이렇게 분쟁하는 양자 사이를 어떻게 중재하시는지 살펴보고자 합니다. 예수 그리스도가 누구십니까? 그분은 하나님의 아들이시지만 그 영광과 능력을 모두 비우고 이 땅에 연약한 육신을 입고 오신 분이며, 자신을 십자가에 내어 주시면서 하나님과 인간, 인간과 인간, 인간과 피조물 사이에 화해를 이끌어 내셨습니다.

그분이 하나님의 아들로서 만물을 창조하신 분이라면, 그 능력은 온 세계를 지배하고도 남습니다. 그런 그분이 세상을 구원하러 오실 때 강한 자의 모습으로 오시지 않고 연약한 자로 오신 것은 힘에 의지해 구원을 이루지 않겠다는 뜻입니다. 그리스도께서는 처음부터 연약한 자로 오셨고, 이 땅의 막강한 권력에 고난당할 수밖에 없는 처지에 놓인 무기력한 자였습니다. 그분은 자기의 뜻을 이룰 어떤 강력한 조직이 없었습니다. 그분을 따른 열두제자는 그분이 십자가를 지실 때 아무 것도 할 수 없었던 정말 보잘 것 없는 무리들이었

---

[*] 앞의 글.

습니다. 결국 그리스도는 십자가에 달리셨고, 무참하게 죽으셨지만, 놀랍게도 거기에서 화해와 구원의 길이 열렸습니다. 인간을 타락시킨 악의 존재인 마귀를 대적할 때 폭력으로 제압하신 것이 아니라 그의 손에 죽임을 당하심으로 오히려 그를 제압하셨습니다.

예수님께서는 밀알 하나처럼 땅에 떨어져 죽으면 많은 열매를 맺는다고 하셨는데, 스스로 한 알의 밀알이 되어 죽으셨고, 그래서 만유를 구원하셨습니다. 그리스도의 죽음을 통해 하나님과 피조 세계의 화해가 이루어졌습니다. 그것이 결국 이 땅에 평화를 오게 할 것이고, 만유가 하나님 안에서 하나로 통일된 새로운 생명의 세계를 이룩하면서 진정한 평화가 이루질 것입니다. 결국 그리스도는 폭력이 아니라 자신을 희생하는 사랑을 통해서 새로운 세계를 여셨습니다. 그에 따라 그리스도의 복음은 폭력을 거부하고 사랑으로 새로운 생명의 역사를 열어 가게 되었습니다.

세계교회협의회(WCC)는 제8차 총회에서 2001년부터 2010년까지를 '폭력 극복 10년'으로 정하고 '폭력 극복 프로그램'(Programme to Overcome Violence)을 만들어 시행하기로 했습니다. 이 프로그램을 만들기 전에는 다음과 같은 내용의 문서를 발표하기도 했습니다.

우리는 하나님의 평화의 온전한 의미를 받아들입니다. 우리는 평화를 이루고, 적극적인 비폭력으로 갈등을 해결하면서 정의를 세우기 위하여 모든 가능한 방법들을 모색하도록 부름을 받았습니다.…우리는 우리의 모든 개인적 관계에서 비폭력을 실천하고, 갈등을 해결하기 위한 방법으로서 합법적으로 수용되는 전쟁을 단연코 금지하고, 국제적이고 합법적인 중재 규칙을 제정하기 위하여 정부들에게 압력을 가하는 일에 헌신할 것을 다짐합니다.*

강남순 교수는 WCC가 '폭력 극복 10년'을 통해 육체적 폭력 뿐 아니라 감정적·지적·구조적 폭력 등 다양한 형태의 폭력이 극복되어야 함을 강조한다고 분석합니다. 국가들 간의 폭력, 한 국가 안에서의 폭력, 지역 공동체 안에서의 폭력, 가정과 가족 안에서의 폭력, 교회 안에서의 폭력, 성폭력, 사회-경제적 폭력, 경제적이고 정치적인 봉쇄의 결과로서 야기된 폭력, 청소년들 간의 폭력, 종교적·문화적 관례에서 생기는 폭력, 법적 구조 안의 폭력, 창조를 거스르는 폭력, 그리고 인종차별주의와 소수민족 혐오증에서 나온 폭력 등 13가지 형태의 폭력을 주요 이슈로 삼고 있기 때문입니다.**

미국이 진정으로 기독교 정신을 바탕으로 세워진 나라라면, 테러라는 폭력에 대응하여 더 큰 폭력인 전쟁이란 수단으로 응징할 것이 아니라 지금까지 지켜온 오만한 태도를 버리고 반미 감정을 가진 세계와 화해를 모색하기를 힘써야 할 것입니다. 미국의 보복 전쟁은 반미 감정을 더욱 부추길 뿐 아니라 반기독교 감정으로 발전해 갈 것입니다.

우리가 이번 테러로 죽은 수많은 사람들을 애도한다면, 이에는 이, 눈에는 눈으로 갚는다는 비이성적이고 비신앙적인 대응을 덩달아 좇을 것이 아니라 그 죽음을 헛되지 않게 하는 사랑으로 원수를 포용하는 길을 모색해 가야 할 것입니다. 그것이 그리스도께서 원하시는 평화가 아니겠습니까?

---

* Now is the Time: Final Document and Other Texts (Geneva: WCC Publications, 1990) 17, 27, 29.
** 강남순, "폭력 개념과 현상에 대한 비판적 고찰", NCCK '폭력 극복과 평화 실현을 위한 목요 신학 마당' 자료집 〈평화로이 살 수 있기를〉, 32.

하나님의 가족

사도 바울이 "그리스도는 우리의 평화"라고 한 것은 그 복음이 유대인과 이방인을 가로막았던 담인 율법을 허물 수 있었기 때문입니다. 바울은 과감하게 뛰어나가 이방인에게 복음을 전했고, 그들 모두가 그리스도 안에서 한 가족이 되었음을 선언했습니다.

> 이방 사람과 유대 사람 양쪽 모두, 그리스도로 말미암아 한 성령 안에서 아버지께로 나아가게 되었습니다. 그러므로 이제부터 여러분은 외국 사람이나 나그네가 아니요, 성도와 같은 시민이요, 하나님의 가족입니다.
> (엡 2:18-19, 표준새번역)

그리스도의 평화는 원수 된 양쪽을 화해하게 하여 다 같이 하나님의 가족이 되게 합니다. 다시 말해서 어느 한쪽을 심판하여 쫓아내고 어느 한쪽만을 구원하여 이루는 평화가 아닙니다. 사도 바울은 하나님께서 이스라엘만을 구원하시는 것이 아니라 이방인도 함께 구원하여 하나님의 가족으로 만드셨다고 말합니다.

당시에 예수를 믿는 이방인들 가운데 예수를 믿지 않는 유대인들은 구원을 받지 못할 것인가 라는 의문이 있었습니다. 그러나 바울은 로마서에서 하나님은 유대인들을 결코 버리시지 않고 다 구원하실 것이라고 확신 있게 말했습니다. 그리스도의 구원은 문제된 양쪽 모두를 구원하시는 것이지 어느 한쪽은 버리고 어느 한쪽만을 택하시는 것이 아니라는 것입니다.

오늘 본문인 이사야서에 보면, 이스라엘을 괴롭힌 원수의 나라들 이집트와 앗시리아가 다 함께 하나님의 가족이 되는 날이 올 것이라고 예언합니다.

> 만군의 주께서 이 세 나라에 복을 주며 이르시기를 "나의 백성 이집트야, 나의 손으로 지은 앗시리아야, 나의 소유 이스라엘아, 복을 받아라" 하실 것이다. (사 19:25, 표준새번역)

이스라엘 민족은 당연히 선민을 괴롭힌 이집트나 앗시리아가 하나님께 벌을 받아 쫓겨나 슬피 울며 이를 갈 것이라고 생각했는데, 예언자는 의외로 그 나라들이 이스라엘과 같이 하나님께 복을 받을 것이라고 했습니다. 놀라운 일입니다.

수천 명의 목숨을 앗아간 극악무도한 테러를 저지른 범인들을 생각할 때 그런 사람들을 길러낸 집단이나 나라를 하나님께서 심판하시고 큰 벌을 내리시기를 바라게 됩니다. 그러나 지금 지목되고 있는 아프가니스탄의 민중은 참으로 비참하고 어려운 삶을 살고 있습니다. 그들에게 무슨 죄가 있겠습니까? 강대국들은 그들에게 증오심을 불어넣기보다 더불어 살아가는 길을 모색했어야 합니다. 그러나 그들을 외면하고 자극했기에 그들은 자기 목숨까지 바쳐 가면서 테러에 뛰어 들고 있는 것이 아니겠습니까? 지금 많은 강대국이 이스라엘을 편들면서 은근히 아랍 사람들을 적대시하고 있습니다. 기독교인들도 그들이 주로 이슬람교를 따른다고 해서 별로 좋아하지 않습니다. 그러나 그리스도의 평화는 대립하고 있는 양쪽을 모두 부르셔서 화해하게 하시고 다 같이 하나님의 가족이 되게 하시는 것입니다.

지금 잘잘못을 따지자면, 테러를 감행한 쪽이나 이를 응징하겠다는 미국이나 다 같이 잘못을 범하고 있습니다. 그럼에도 하나님은 이들을 모두 함께 부르셔서 그 죄를 깨닫게 하시고 다 같이 하나님의 가족이 되게 하신다는 사실을 우리가 잊어서는 안 됩니다.

❖

　사랑하는 여러분, 우리는 결코 폭력을 용납할 수 없습니다. 어떤 종류의 폭력이든 결코 정당화 될 수 없습니다. 왜냐하면 그리스도께서 폭력을 철저하게 거부하셨기 때문입니다. 폭력은 폭력을 부를 뿐입니다. 하나님은 폭력으로 얼룩진 세계를 구하시기 위하여 독생자를 보내셨고, 그를 십자가에 내어 주시는 큰 사랑을 베푸셨습니다. 이 사랑으로 새로운 생명의 역사를 여셨습니다. 우리가 예수를 믿는다는 것은 바로 우리 속에 자리 잡은 모든 종류의 폭력을 몰아내는 일입니다. 그리고 그리스도의 사랑을 우리 안에 가득 담아 그 사랑으로 새로운 생명을 일구어 가는 일입니다.

　이제 여러분 안에 그리스도를 모심으로 그분이 주시는 사랑과 평화를 여러분의 가정과 이 사회와 민족 속에 그리고 끊임없이 폭력의 악순환을 거듭하는 세계 속에 실현해 가시는 여러분이 되시기를 바랍니다.

2001년 9월 16일.

경의선, 동해선 연결

대한민국과 조선민주주의인민공화국은 2000년 7월 31일 장관급 회담에서 경의선과 동해선 연결에 합의했다. 2002년 9월 18일 착공식을 기점으로 문산과 개성을 잇는 경의선과, 금강산과 제진역을 잇는 동해선 연결 공사가 시작됐다.

막혔던 장벽에 문이 열리고 길이 뚫린다는 것은 그 상징성이 대단히 크다. 하나님과 인간 사이가 죄의 장벽으로 막혀 죽음이 우리를 지배했는데, 예수 그리스도를 통하여 죄의 장벽이 헐리고 길이 놓임으로 인간을 비롯한 만물이 부활에 이를 수 있게 되었다.

이런 관점에서 남북 간에 막혔던 담이 헐리고 끊어진 철로가 이어진다는 것은 단순하게 철로만 이어지는 것이 아니라 남북 간 불신과 증오가 거두어지고 화해와 신뢰의 길이 조금씩 놓임을 뜻한다. 동시에 그것은 남북이 거대한 대륙과 연결됨을 뜻하며, 우리도 하나의 세계로 편입될 수 있게 됨을 뜻한다.

길이 끊어지면 고립되고, 고립되면 생명은 시들 수밖에 없다. 따라서 사랑의 길이 이어진다는 것은 곧 생명의 회복을 뜻한다. 해방 후 오랜 분단으로 막혔던 길이 뚫린다는 소식은 아주 좋은 설교의 소재라고 생각해 다음 설교를 작성했다.

평화와 생명의 길

이사야 40:3-5, 에베소서 2:14-18

지난 18일 남과 북에서 각각 경의선과 동해선 착공식이 열렸습니다. 정부는 이날 오전 경기 파주시 장단면 도라산역 인근 남방 한계선 제2통문 앞과 강원도 고성군 송현리 통일전망대에서 각각 경의선, 동해선 연결 착공식을 가졌습니다. 남북은 경의선 철도는 올해 말, 도로는 내년 봄까지 완공하고, 동해선은 1차로 철도의 경우 저진─온정리(27km), 도로는 송현리─고성(14.2km) 구간 공사를 1년 뒤인 내년 9월까지 완공하기로 합의했습니다.

　남북이 올 연말까지 경의선 철도를 연결하기로 합의함에 따라 이날 반세기 만에 분단의 상징인 철책 통문이 공식적으로 열렸습니다. 정부 관계자는 "통문이 열린다는 것은 단순히 철책선이 열리는 것 이상의 의미가 있다"면서 "통문 개방은 남북 간 긴장 해소와 평화 정착 뿐 아니라 분단을 물리적으로 극복한다는 의미를 담고 있다"고 말했습니다. 분단 이후 남한은 삼면이 바다로, 그리고 나머지 한 면은 휴전선으로 사방이 막히면서 사실상 지리적으로 섬나라와 마찬가지였습니다. 이런 연유로 이번 철도의 복원은 단순한 철도 연결이라기보다는 섬과 대륙을 잇는 연륙교(連陸橋)가 생기는 것을 의미하기도 합니다.

경의선이 연결되면 서울을 떠나 신의주에 도착하는 경의선 열차는 중국 국경도시 단동을 거쳐 중국 횡단철도(TCR)와 몽골 횡단철도(TMGR)를 만나게 됩니다. 중국 횡단철도는 단동-북경-서주-정주를 경유하여 카자흐스탄의 알마타-드루즈바-모스크바-베를린을 거쳐 프랑스 파리에까지 이르게 됩니다. 총연장 12,971km입니다. 이와는 달리 몽골 횡단철도는 단동-북경-올란바토르-울란우데를 거쳐 시베리아 철도와 만나 모스크바를 거쳐 파리로 이어지게 됩니다. 철의 실크로드가 이루어지게 되면, 한반도는 유라시아 대륙과 연결되는 동북아의 중심이라는 지리적 이점 때문에 물류 거점으로 떠오르게 될 것입니다. 우리나라는 분단으로 인해 섬나라 아닌 섬나라로 지내왔습니다. 그렇기 때문에 유럽과 아시아가 철도로 연결된다는 사실 자체가 우리에게는 유사 이래 처음 맞는 크나큰 기회와 도전이 될 것임에 틀림없습니다.

이 철로의 연결이 가져오는 긍정적 측면은 다음과 같습니다. ①물류비용의 획기적 개선(비용, 시간), ②수출 채산성 향상, ③자원(석유, 천연가스 등)의 안정적 확보, ④대미 의존도 개선(대유럽 교역량 증대), ⑤관광 수입의 증대, ⑥시베리아 자원 개발 투자 증대, ⑦동북·동남아 단일 시장 기대 등입니다.

그러나 이런 경제적 측면보다 더 중요한 것은 남북 간에 길이 점차 열린다는 사실입니다. 바닷길이 열려 오가기 시작하더니 하늘길이 열려 직항로를 통해 가끔 왕래가 이루어졌고, 마침내 육상에서 철도와 도로가 연결되어 사람과 물자가 오갈 수 있게 되었다는 사실은 통일을 향한 큰 진전이 아닐 수 없습니다. 평화와 생명의 길이 조금씩 열리고 있다고 볼 때 역사적 사건이 아닐 수 없습니다.

길을 만드시는 그리스도

오늘 본문 말씀을 보면, 길을 곧게 하라는 내용이 나옵니다.

> 한 소리가 외친다. "광야에 주께서 오실 길을 닦아라. 사막에 우리의 하나님께서 오실 큰길을 곧게 내어라. 모든 계곡은 메우고, 산과 언덕은 깎아 내리고, 거친 길은 평탄하게 하고, 험한 곳은 평지로 만들어라. 주의 영광이 나타날 것이니, 모든 사람이 그것을 함께 볼 것이다. 이것은 주께서 친히 약속하신 것이다." (사 40:3-5, 표준새번역)

바벨론에 포로가 되어 간 유대인들이 귀환할 때가 되었음을 선포하는 예언의 말씀에 이어진 이 말씀은 하나님께서 이루실 구원과 관계된 말씀입니다. 바벨론 포로 생활에서 돌아오는 것은 단순히 유대인만의 해방이 아니라 모든 인류의 구원을 위한 하나님의 역사와 관계됨을 나타내고 있습니다. 그래서 신약의 마태복음 기자는 이사야 예언자의 이 예언을 바로 세례자 요한을 두고 말씀한 것이라고 보았습니다. 세례자 요한은 그리스도께서 오실 길을 미리 예비하러 온 선구자라는 뜻입니다.

하나님이 오실 길을 닦으라는 말씀에는 대단히 중요한 뜻이 담겨 있습니다. 하나님과 인간 사이에 죄의 장벽이 가로막고 있어서 상호 소통이 이루어질 수 없었습니다. 생명의 창조주이신 하나님과 소통하지 못한다는 것은 곧 인간의 죽음을 뜻했습니다. 영원한 생명으로 완성되도록 지음받은 인간이 죽음 때문에 영생에 이르지 못하게 된 것입니다. 하나님과의 이런 단절은 인간에게 온갖 비극과 고통을 가져왔고, 불의와 악이 이 세상에 넘쳐나게 만들었습니다. 이런 단절은 창조주 하나님께도 큰 고통이 되었습니다. 하나님과 그분이 지으신 세계가 한 몸을 이루어야 할 텐데, 인간의 죄악 때문에 조각조각 나뉘져 하나님도 고통을 당하시고, 피조물도 모두 고통을 맛보지 않을 수 없게 되었습니다.

하나님께서는 이런 세계를 구원하시기로 작정하시고 그분의 아들을 보내셨습니다. 이사야서 말씀은 우리를 향하여 길을 곧게 하고, 모든 계곡은 메우고, 산과 언덕은 깎아 내리고, 거친 길은 평탄하게 하고, 험한 곳은 평지로 만들라고 하셨지만, 하나님 편에서 친히 그 길을 만드시고 그 길을 통해서 창조주 하나님과 피조물이 서로 소통함으로 생명을 얻게 하셨습니다. 세례자 요한이 그리스도께서 오실 길을 예비하러 왔다고 했지만, 실상은 그리스도 자신이 길을 만드셨습니다. 그가 친히 오셔서 십자가의 대속을 통하여 굽은 길을 곧게 하고 골짜기는 메우고, 산과 언덕은 깎아 내리셨습니다. 그래서 예수님은 스스로 길과 진리와 생명이라고 하셨습니다.

내가 곧 길이요 진리요 생명이다. 나로 말미암지 않고서는 아무도 아버지께로 올 사람이 없다. (요 14:6, 표준새번역)

예수 그리스도는 길이 없는 곳에 길을 만드시는 분입니다. 장벽으로 막혀 있는 길을 뚫어 그 길을 평탄하게 만드시는 분입니다. 길이 없어 나뉘었던 사람들을 하나 되게 하십니다. 길이 막혀 서로 원수가 된 사람들 사이에 길을 뚫으셔서 그들을 화해하게 하시고 그리스도 안에서 새로운 인간으로 다시 태어나게 하십니다. 에베소서 2장 말씀이 바로 이런 사실을 우리에게 증언하고 있습니다.

그리스도는 우리의 평화이십니다. 그리스도께서는 유대 사람과 이방 사람이 양쪽으로 갈려 있는 것을 하나로 만드신 분이십니다. 그는 유대 사람과 이방 사람 사이를 가르는 담을 자기 몸으로 허무셔서, 원수된 것을 없애시고, 여러 가지 조문으로 된 계명의 율법을 폐하셨습니다. 그것은 이 둘을 자기 안에서 하나의 새 사람으로 만드셔서, 평화를 이루시고, 원수된 것을 십자가로 소멸하시고 십자가로 이 둘을 한 몸으로 만드셔서 하나님과 화해시키려는 것입니다. (엡 2:14-16, 표준새번역)

이런 관점에서 다시 길을 곧게 하라는 이사야서의 말씀을 보면, 결국 우리 안에 예수 그리스도를 영접하여 그 죄를 씻고 그 안에 쌓여 있던 장애물 즉 증오심과 적개심을 모두 털어내야 합니다. 그럼으로써 나뉘었던 형제자매와 화해하여 하나 되고, 나라와 나라, 민족과 민족 사이에 막혔던 곳에 길을 내어 온 세계가 하나의 세계로 통일되게 하라는 뜻입니다. 하나님께서 그분의 아들을 통해 이루시려는 것은 죄 때문에 나뉘어 서로 원수가 되었던 세계를 하나로 만드시고 자신과 화해하는 것입니다. 이런 하나님의 뜻을 받들어 길이 없는 곳에 길을 만들고, 장벽으로 길이 막힌 곳에는 장벽을 허물어 길을 연결시키고, 구불구불한 길은 곧게 만들며, 울퉁불퉁한 길은 평탄하게 하며, 산은 깎아 내리고 골짜기는 메워서 곧고 넓은 길로 만들 책임이 우리에게 있습니다.

남북 간에 막혔던 담이 헐리고 끊어졌던 철로가 이어진다는 것은 단순하게 철로만 이어지는 것이 아니라 남북 간 불신과 증오가 거두어지고 화해와 신뢰의 길이 조금씩 놓임을 뜻합니다. 북쪽은 북쪽대로 폐쇄적인 사회로 섬처럼 떠 있었고, 남쪽은 북이 가로막고 있어 섬 아닌 섬이 될 수밖에 없었는데, 이제 막혔던 길이 뚫리고 남북이 거대한 대륙과 연결되면서 하나의 세계로 편입될 수 있게 되었습니다. 이것이 하나님의 역사가 아니고 무엇이겠습니까? 남북 간 화해는 물론 세계와 하나 됨으로써 하나님의 나라에 가까이 다가가고 있는 것입니다.

장애물 제거 작업

물론 철로 하나 연결된다고 해서 모든 문제가 해결되는 것은 아닙니다. 경의선을 연결하기로 한 합의에 이르기까지 수많은 난관을 헤쳐 온 것처럼 앞으로도 헤쳐야 할 수많은 장애가 있을 것입니다. 결코 간단한 일이 아닐 것입니다. 그럼에도 우리가 인내하며 하나하나 극복해 가면 마침내 장애들은 걷히고 평화의 길이 훤히 열리게 될 것입니다.

경의선과 동해선을 연결하기 위한 제일 첫 번째 작업이 묻혀 있는 지뢰를 제거하는 일입니다. 육군은 10월 말까지 남방 한계선에서 군사 분계선까지 구간에서 경의선은 6만 8,400평, 동해선은 7,820평 면적에 매설된 것으로 추정되는 지뢰 각각 1,500발과 400발을 제거할 계획이라고 합니다. 사람의 생명을 살상하기 위해 묻어 놓은 지뢰, 남과 북 사이에서 장벽을 이루고 있던 지뢰를 제거한다는 것은 상징적인 의미가 큽니다. 지구상에서 가장 위험한 곳으로 일컫는 비무장 지대에서 지뢰가 제거되고 철도·도로 연결 공사가 진행되는 것은 군사적 긴장 완화에 큰 획을 긋는 일입니다.

그러나 더 중요한 것은 남북 공히 마음속에 묻어 놓은 증오심과 적개심이란 지뢰를 제거하는 일입니다. 땅 속에 묻힌 지뢰는 좋은 장비로 제거할 수 있지만 우리 마음속에 묻힌 증오의 지뢰는 좀처럼 제거하기 어렵습니다. 남과 북 사이에 끊어졌던 길이 연결되어도 우리들 속에 묻힌 증오심과 적개심이 제거되지 않는 한 그 길은 언제라도 다시 차단되고 끊어질 수 있습니다. 우리 정부가 통일 정책으로 내세우던 햇볕 정책이 수없이 서다 가다를 반복한 것은 자주 증오와 불신의 지뢰가 터졌기 때문입니다.

예수님은 바로 이런 증오로 뒤덮인 세상에 오셔서 자신의 몸을 내던지심으로 그 증오의 장벽들을 허무시고 사랑과 평화와 생명의 길을 닦으셨습니다. 예수님은 우리에게 "서로 사랑하라"는 새 계명을 주시면서 사랑을 통해 새로운 길을 만들 것을 당부하셨습니다. 사도 바울은 이런 예수님의 뜻을 받들어 에베소서 4장에서 다음과 같이 권면하고 있습니다.

> 너희는 모든 악독과 노함과 분냄과 떠드는 것과 비방하는 것을 모든 악의와 함께 버리고, 서로 친절하게 하며 불쌍히 여기며 서로 용서하기를 하나님이 그리스도 안에서 너희를 용서하심과 같이 하라. (엡 4:31-32)

오늘날 이산가족 면회소 설치를 비롯한 경의선과 동해선 철로 연결 등 남북 간 화해와 협력 관계가 이루어지게 된 것은, 교회가 앞장서 햇볕 정책을 지지하면서 적극적으로 북쪽에 퍼 주기를 했기 때문입니다. "서로 친절하게 하며 불쌍히 여기며 서로 용서하라"는 권면대로 교회는 북한의 형제자매들을 도우려고 애를 썼습니다. 이런 사랑과 친절한 도움은 바로 서로의 마음에 묻어 둔 미움의 지뢰를 제거하고 화해와 평화의 길을 닦을 수 있게 합니다. 이제는 좀 더 적극적으로 교회가 평화와 생명의 길을 놓는 일에 참여하여야 할 때입니다. 그동안 의심의 눈길로 주저하며 머뭇거리고 있던 교회가 많았지만, 우리는 정치적 이해관계와 상관없이 예수님의 제자들로써 사랑을 실천하여 증오의 장벽들을 헐어 내고 생명의 길을 열어 가야 할 것입니다.

진정한 예배를 위한 화해

우리가 한 가지 더 깊이 생각할 것은, 가까이에 있는 형제자매나 이웃들과 화해하지 않고서는 하나님과 화해할 수 없다는 사실입니다. 예수 그리스도의 십자가는 유대인과 이방인 사이의 장벽을 헐어 저들을 하나가 되게 하신 후 하나님과 화해하게 하신다고 했습니다. 우리와 이웃 사이에 증오의 장벽을 쌓아 놓은 채 하나님과 화해할 수 없습니다. 눈에 보이는 형제자매를 사랑하지 못하면서 눈에 보이지 않는 하나님을 사랑할 수 없다고 했습니다. 우리가 하나님께 나아가 그의 영원한 생명을 이어받으려면 먼저 가까이에 있는 이웃들과 화해하고 하나가 되어야 합니다.

남한의 교회가 아무리 부흥하고 아무리 열심히 모여 예배해도 그것은 하나님이 받으실 만한 예배가 될 수 없습니다. 우리가 아직도 북쪽과 담을 허물지 못하고 저들과 하나 되지 못했기 때문입니다. 남과 북이 진정으로 화해하고 하나로 통일되는 날 비로소 우리는 하나님 앞에 진정한 예배를 드리게 될 것입니다. 교회가 통일을 원하는 진정한 이유가 바로 여기에 있습니다.

> 그러므로 네가 제단에 제물을 드리려고 하다가, 네 형제나 자매가 네게 어떤 원한을 품고 있다는 생각이 나거든, 너는 그 제물을 제단 앞에 놓아두고, 먼저 가서 네 형제나 자매와 화해하여라. 그런 다음에, 돌아와서 제물을 드려라. (마 5:23 24, 표준새번역)

북쪽의 형제자매들과 화해하지 못한 채 하나님 앞에 향내 나는 예배를 드릴 수 없습니다. 우리는 먼저 우리 속에 증오심과 적개심의 지뢰를 제거하고 사랑의 길을 닦아야 합니다. 그러면 그 사랑의 길이 이웃과 연결되고 마침내 남북 사이에 길이 연결이 되면서 평화와 사랑과 생명의 길이 활짝 열리게 될 것입니다.

　사랑하는 여러분, 진정한 평화와 생명은 하나님 안에서 모든 피조물이 하나로 통일될 때 이루어질 것입니다. 사람과 사람들 사이에 막힌 모든 장벽이 무너지고 서로 사랑하게 되고, 사람과 자연이 지배와 착취의 관계를 벗어나 서로 사랑하면서 하나가 될 때 마침내 모든 피조물이 하나님 안에서 하나의 몸으로 통일을 이룰 것입니다. 그때 우리는 영원한 생명을 얻고 진정한 평화를 누리게 될 것입니다. 이를 위해 부지런히 그리스도의 사랑을 실천하여 증오의 골짜기를 메우고, 교만의 산들을 깎아 내려 평화와 생명의 길을 닦아야겠습니다.

　길이 끊어지면 고립되고, 고립되면 생명이 시들 수밖에 없습니다. 따라서 사랑의 길이 이어짐은 곧 생명의 회복을 의미합니다. 갈등의 골이 깊은 동서 간의 길이 연결되고, 해방 후 오랜 분단으로 막힌 남북 사이에 사랑의 길이 트일 때 죽어 가던 생명들이 살아나고 새로운 희망이 움트게 될 것입니다. 이제 길과 진리와 생명이 되신 예수 그리스도의 사랑을 따라 분단의 장벽을 허물고 새로운 생명의 길을 열어 가는 여러분이 되시기를 바랍니다.

2002년 9월 22일.

미국의 이라크 침공

2003년 3월 20일 이라크의 무장 해제를 내세우며 미군과 영국군이 합동으로 이라크를 침공하면서 이라크 전쟁이 발발했다. 2003년 4월 9일에 이라크의 수도 바그다드를 함락했다. 미국과 영국 측이 승전을 선포한 뒤인 2004년 10월, 미국이 파견한 조사단은 "이라크에 대량 살상 무기는 존재하지 않는다"라는 마지막 보고서를 제출했다. 전쟁 시작 근거로 내세운 대량 살상 무기 정보의 신빙성도 낮았던 것이 밝혀졌다. 공식적인 전쟁은 버락 오바마 전 대통령이 종전 선언을 한 2011년 12월 15일에 종료되었다.

미국의 명분도 없고 부도덕하고 불법적인 이라크 침공을 보면서 다시 "그리스도는 우리의 평화"라는 명제를 떠올렸다. 협상이나 설득이 아닌 무력을 동원한 전쟁으로 상대방을 굴복시키려는 미국의 오만에 분노를 느끼지 않을 수 없었다. "그리스도는 우리의 평화"라는 명제는 모든 폭력을 거부하며, 어느 한편의 우월성이나 선민의식을 인정하지 않는다. 특히 미국의 도움을 받아 온 한국으로서는 이라크 침공을 비난할 수 없었을 뿐 아니라 미국의 요청에 따라 파병까지 할 수밖에 없었다. 그러기에 더욱 미국의 이라크 침공이 "부도덕하고 불법적"이라는 사실을 설교해야 한다는 사명감으로 다음의 설교를 준비했다.

그리스도는 우리의 평화 (2)

다니엘 4:28-37, 에베소서 2:14-22

오늘은 우리 교단 총회가 임시로 정한 '세계와 한반도 평화를 위한 기도의 날'입니다. 지난 20일 미국이 이라크를 침공하여 지금 세계는 불안해하고 있습니다. 특히 미국이 일으킨 이 전쟁은 명분이 없는 부도덕하고 불법적인 전쟁이기에 세계 도처에서 전쟁과 미국을 반대하는 시위가 열화와 같이 일어나고 있습니다. 이제까지 전쟁을 두고 이렇게 세계 여러 나라에서 반전시위(反戰示威)가 일어난 일은 없었습니다. 미국은 세계 곳곳에서 들끓는 전쟁 반대 목소리를 들으면서도 막무가내로 침략을 감행했습니다. 처음에는 유엔 안전보장이사회의 결의를 얻으려고 했으나 15개국 가운데 4개국만 찬성하기 때문에 결국 상정했던 안을 철회하고 일방적으로 공격을 시작했습니다. 이로써 2차 대전 직후 미국이 주도해 만든 유엔의 권위를 스스로 땅에 떨어뜨리고 나토의 핵심 동맹국들인 프랑스와 독일과의 관계를 악화시켰습니다. 이제 국제사회에서 미국의 지도력은 위기를 맞게 되었습니다. 세계개혁교회연맹(WARC)은 성명을 통해 이 전쟁은 "부도덕하고 불법적"이며 분명한 죄악이라고 규정했습니다. 세계의 양심적인 세력들은 모두 한결같이 일방적인 미국의 제국주의적 침략을 규탄하고 있습니다.

미국 민주당의 로버트 버드(Robert Byrd) 상원의원은 무려 네 시간에 걸친 연설에서 다음과 같이 말했습니다.

나는 이 아름다운 나라를 믿습니다. 나는 우리나라의 뿌리를 공부해 왔고 위대한 헌법에 담겨 있는 지혜를 찬양해 왔습니다. 건국의 아버지들의 지혜에 경탄해 왔습니다. 대대로 미국인들은 우리의 위대한 공화국의 바탕이 되고 있는 숭고한 이상을 배우고 실천해 왔습니다. 나는 그들의 희생과 용기에 관한 이야기를 들으면서 힘을 얻곤 했습니다.

그러나 오늘 나는 조국을 위해 눈물을 흘립니다. 최근 수개월 동안 벌어지고 있는 일들을 나는 무거운, 아주 무거운 마음으로 지켜봤습니다. 강하고, 그러나 선의에 가득 찬 평화의 수호자라는 미국의 이미지는 이제 사라지고 없습니다. 미국의 이미지는 바뀌었습니다. 전 세계에 걸쳐, 우리의 친구들은 우리를 더 이상 믿지 않으며, 우리의 주장을 반박하고, 우리의 의도를 의심하고 있습니다.…우리는 교만하게 초강대국이라는 우리의 지위를 뽐내고 있습니다. 우리는 안보리 이사국들을 쓰레기처럼 취급하고 있습니다. 그들이 고개를 뻣뻣이 들어 우리의 제왕적 존엄성에 먹칠이라도 했다는 듯이 말입니다. 귀중한 동맹은 갈가리 찢겨졌습니다.

전쟁이 끝나고 난 뒤 미국은 이라크보다도 훨씬 많은 것들을 재건해야 할 것입니다. 전 세계에서의 미국의 이미지를 재건해야 할 것입니다.[*]

---

[*] 〈프레시안〉, "오늘 나는 조국을 위해 눈물을 흘립니다". 2003. 3. 20.

오늘 우리는 다시 한 번 진정한 평화란 무엇인가를 깊이 생각하고 평화를 이루기 위해 기도하며 우리 몸을 바쳐야겠습니다.

폭력을 거부한 십자가의 평화

오늘 본문인 에베소서 말씀에서 "그리스도는 우리의 평화"라고 했습니다.

> 그리스도는 우리의 평화이십니다. 그리스도께서는 유대 사람과 이방 사람이 양쪽으로 갈려 있는 것을 하나로 만드신 분이십니다. 그는 유대 사람과 이방 사람 사이를 가르는 담을 자기 몸으로 허무셔서, 원수된 것을 없애시고, 여러 가지 조문으로 된 계명의 율법을 폐하셨습니다. 그것은 이 둘을 자기 안에서 하나의 새 사람으로 만드셔서, 평화를 이루시고, 원수된 것을 십자가로 소멸하시고 십자가로 이 둘을 한 몸으로 만드셔서 하나님과 화해시키려는 것입니다. (2:14-16, 표준새번역)

이 말씀에서 우리가 주목할 것은, 그리스도께서 원수 관계인 유대인과 이방인들을 자기의 십자가로 화해하게 하시고 평화를 이루셨다는 것입니다. 그리스도의 평화는 십자가의 평화임을 강조하고 있습니다. 십자가의 평화란 무엇입니까? 폭력을 사용하는 대신에 자기희생을 통하여 이루는 평화를 뜻합니다. "그리스도는 우리의 평화이십니다"라는 고백은 모든 폭력을 거부한다는 기독교인의 신앙고백입니다.

미국이 이번 침공에 사용하는 무기들이 가공할 파괴력을 가졌다는 사실이 연일 텔레비전에 소개되고 있습니다. 열화우라늄 탄환은 일종의 소형 핵무기로서 제1차 걸프 전쟁과 코소보 전쟁, 그리고 지난 번 아프가니스탄 전쟁에서도 쓰인 것으로 밝혀졌습니다. 암 유발과 기형아 출산 등을 일으켜 가장 잔악한 무기로 지탄받고 있는 이 탄환을 이번 전쟁에서 사용하겠다고 합니다.

그리고 '폭탄의 어머니'(Mother Of All Bombs)라고 하여 '모압'이라고 불리는 '1,500파운드 연료 공중 폭발탄'은 방사선만 없을 뿐이지 그 파괴력은 핵무기를 방불케 한다고 합니다. 여러 가지 형태가 있는데, 거대한 MC-130 전투기에서 낙하산으로 투하되어 두 차례 연쇄 폭발하며 투하 지점을 초토화시킵니다. 그뿐 아니라 섭씨 2,500도에서 3,000도에 이르는 열기로 투하 지점에서 20마일 거리의 주변 지역까지 열풍을 몰아치게 하여 장기를 태우거나, 눈이나 귀 등 신체 부위를 열 압력으로 튀어나오거나 파열되게 합니다. 그 외에도 날카로운 조각 파편들이 초고속으로 터져 나와 사방에 흩어져 인체에 박혀 파고든 후 내장을 모두 파괴하는 '집속탄'(集束彈, cluster bomb)을 비롯한 새로운 무기들이 이번에 선을 보이게 된다고 합니다.

이런 무기들을 걸프전 때보다 10배나 더 사용한다고 합니다. 그러면 과연 이런 살상 무기들에 얼마나 많은 사람이 희생될까요? 걸프전 당시에는 약 3,500명에서 1만 5,000명에 달하는 민간인이 죽었으며, 10만에서 12만 명 정도의 이라크 군인이 죽은 것으로 알려졌습니다. 이번에는 미국이 사용할 무기의 파괴력 증대 등으로 그보다 훨씬 많은 희생이 예상됩니다. 식수 오염과 식량 공급 중단으로 질병을 얻게 될 이라크인이 40만 명에 이를 것이고, 300만 명 이상이 심각한 영양 부족 상태에 이를 것이며, 폭격으로 집을 잃게 될 이라크인이 360만 명 정도 될 것이라고 합니다. 과연 이런 전쟁이 이라크인들의 자유를 위한 것이라고 할 수 있겠습니까? 그리스도의 평화는 이 모든 폭력을 거부하고, 폭력을 사용하는 자를 정죄(定罪)하고 있습니다.

선악 분별의 기준

다음으로 본문을 보면 원수 관계인 유대인과 이방인을 그리스도 안에서 하나로 만드신다고 했습니다. 유대인과 이방인이 왜 원수 관계가 되었을까요? 그것은 하나님의 율법을 가진 선민이라고 자부한 유대인이 이방인을 정죄했기 때문입니다. 특히 율법에 기록된 할례 의식을 기준으로 유대인인과 이방인을 구별하면서 할례받지 못한 사람들을 모두 이방인으로 규정했습니다. 다시 말해서 유대인은 선민인 자기들만 구원을 받고 기타 모든 사람은 멸망할 것이라는 극단적인 배타주의 의식에 사로잡혀 있었습니다. 이런 일방적 선민사상을 이방인이 달가워 할 까닭이 없으니 자연히 이 둘은 원수가 되고 말았습니다. 유대인은 이방인을 개 취급하며 상대하려 하지 않았고, 이방인은 제대로 독립된 나라도 없는 유대인을 가소롭게 생각했습니다. 유대인은 자기들을 선이라고 했고 이방인을 악이라고 구분했습니다.

예수 그리스도께서 오셔서 십자가를 통하여 이 둘 사이에 막힌 담을 허시고 "여러 가지 조문으로 된 계명의 율법을 폐하셨[다]"고 했습니다. 그것은 둘 사이를 나누는 기준이던 할례 의식의 폐지를 의미합니다. 바울은 "할례를 받거나 안 받는 것이 중요한 것이 아니라 새롭게 창조되는 것이 중요[하다]"고 했습니다(갈 6:15, 표준새번역). 다시 말해서 인간이 마음대로 나누던 선악의 구분이 없어지고, 진리 되신 그리스도가 바로 선악을 나누는 기준이 되었습니다. 즉 그리스도를 인정하고 그 정신, 그 사랑을 따르느냐에 따라서 선악이 구분되게 되었습니다. 그런데 놀라운 것은 예수 그리스도 안에서 유대인도 이방인도 다 새로워져 하나가 되었다고 했습니다. 어느 한쪽을 내치신 것이 아니라 둘 다 포용하셨다는 말입니다. 유대인 편에서 보면 원수라고 생각했던 이방인이 똑같이 하나님의 자녀로 받아들여진다는 사실을 수긍하지 못했을 것입니다. 그래서 사도 바울을 핍박하며 죽이려고 한 것입니다.

미국은 일방적으로 몇몇 나라를 "악의 축"으로 규정하면서 자기들 편에 서지 않는 나라는 모두 악의 편이라고 했습니다. 바로 이런 발상은 미국의 새로운 선민주의 사상에서 비롯된 것입니다. 미국의 보수적 복음주의자들은, 미국은 하나님이 택한 새로운 선민이자 전 세계에 하나님의 뜻을 펼치기 위한 도구이기 때문에 미국에게 반대하는 나라나 저항하는 세력은 무력을 써서라도 응징하는 게 마땅하다고 여깁니다.*

우리 한국 사람들은 그 어느 나라보다 미국을 좋아했고 고마워했습니다. 전쟁 때 우리를 도와주었고, 지금도 우리를 지켜 주고 있기에 미국에 대해 늘 감사한 마음을 가질 수밖에 없습니다. 그뿐 아니라 바로 우리가 받아들인 복음이 미국 선교사들이 전파한 것이기에 우리는 결코 미국을 등질 수 없습니다. 거기에다가 우리나라 사람이 얼마나 많이 미국에 이민을 가서 살고 있습니까? 또 얼마나 많은 사람이 미국에 가서 장학금으로 공부를 하고 왔는지 이루 헤아릴 수 없을 정도입니다. 그래서 우리는 미국을 좋은 나라, 세계에 정의를 세우고 수호하는 선한 나라라고 철석같이 믿었습니다.

---

* 박만, "십자가 신학의 빛에서 본 미국의 보수적 복음주의", 〈기독교사상〉, 2003. 3월 호.

그런데 이런 믿음이 하나둘 깨져 나가기 시작했고, 드디어 부도덕하고 불법적인 침공을 함으로 우리는 미국을 선한 나라가 아닌 패권주의로 무장한 '깡패 나라'로 인식하기에 이르렀습니다. 미국은 '우월하기 때문에 예외일 수 있다'는 우월주의에 사로잡혀 있는 것 같습니다. 이러한 인식을 바탕으로 부시 정권은 미국 스스로 공들여 만들어 온 각종 국제조약과 규범을 송두리째 무너뜨리고 있습니다.

MD 구축에 제한을 둔 탄도탄요격미사일(ABM)제한협정의 탈퇴, 생물무기금지협약(BWC) 검증 의정서 채택 거부, 포괄적 핵실험금지조약(CTBT) 인준 거부, 지구온난화 방지를 위한 교토 협약 탈퇴, 국제형사재판소(ICC) 가입 서명 거부, 북한·이란·이라크 등 비핵국가에 대한 선제 핵 공격 전략 채택 및 신세대 핵무기 개발 추진 등 부시 정권은 불과 2년 동안 여러 국제 규범을 무시하며 오늘날 대량살상무기 확산 억제를 비롯한 국제 평화에 가장 큰 위협이 되고 있습니다.*

기독교인들에게 더욱 염려스러운 것은 이런 부시 대통령이 기도를 열심히 하는 열렬한 감리교인이라는 사실입니다. 중산층을 기반으로 하는 미국의 보수적 복음주의는 기독교 신앙을 주로 개인적으로 이해합니다.** 부시 대통령 개인으로 보면 선하고 도덕적인 사람임에 틀림없지만, 그가 대통령으로 내리는 결정은 악하고 부도덕한 까닭이 바로 보수적 신앙 때문입니다. 선악을 분별하는 기준 자체가 자기 입맛 대로입니다. 북한과 이라크를 "악의 축"으로 분류했지만, 핵무기를 비롯한 대량살상무기를 실질적으로 확산시킨 주범으로 언급되는 파키스탄 정권, 테러 국가에서 둘째가라면 서러울 이스라

---

* 〈오마이뉴스〉, "네 가지 기류의 최악의 만남", 2003. 3. 3.
** 박만, 앞의 글, 282.

엘 정권, 이라크 정권 못지않게 쿠르드족을 억압하고 있는 터키 정권 등은 역설적으로 오늘날 미국의 가장 강력한 동맹국들입니다. 선과 악을 구별하는 기준이 성경이 아닌 미국 위주의 정책이기 때문에 그런 것입니다. 오늘날 기독교 선교는 미국의 대통령 때문에 큰 타격을 입게 생겼습니다.

미국은 새로운 선민이 아니라 자기를 반대하는 모든 나라를 그리스도 안에서 형제로 받아들여야 할 큰아들 자리에 있는 나라입니다. 그런데 장자의 사명과 책임을 망각하고 오만하게 자기 입맛에 맞지 않는 나라들을 폭력으로 몰아붙이는 것은 죄악입니다. 바벨론 왕 느부갓네살이 대제국을 이루면서 오만했다가 들짐승이 되어 밤이슬에 젖었던 다니엘서의 이야기를 미국은 기억해야 합니다.

미국은 아마도 이번 이라크 침공을 성공적으로 끝낼 것입니다. 그러나 미국은 세계인들의 신뢰를 잃어버렸으므로 패배했습니다. 인터넷에서 본 홍재희 씨의 글 가운데 다음과 같은 말은 기억할 만한 말입니다.

> 우리는 비극적인 20세기의 현대사를 살아오면서 도덕적으로 명분 없는 전쟁이 승리한 적이 없었다는 것을 몸소 체험했다. 히틀러의 독일과 무솔리니의 이탈리아, 히로히토의 일본이 전 세계를 전쟁의 광풍으로 휘몰고 들어가면서 전 세계 인류의 생명과 재산을 파괴하는 전쟁에서 승승장구하는 막강한 군사력을 과시했지만, 결국은 정당성 없는 그 침략의 폭력성에 대한 인류 사회의 정의로운 반대에 부딪혀 철저하게 패배했다.[*]

---

[*] 〈오마이뉴스〉, "미국의 이라크 침략과 노무현의 선택 무엇이 문제인가", 2003. 3. 21.

❖

사랑하는 여러분, "그리스도는 우리의 평화"라는 신앙고백을 입으로만 하지 말고 우리 몸으로 해야겠습니다. 우리는 강자의 힘에 눌려 끌려가는 자가 되어서는 안 됩니다. 참여정부가 이 부도덕한 전쟁에 파병을 결정한 것은 잘못된 일입니다. 아무리 국익을 위하여 한 일이라고 하지만 국익은 하나님의 의(義)보다 앞설 수 없습니다. 도덕성을 앞세우는 노 대통령이 현실 앞에 무릎 꿇는 연약함은 우리 자신의 모습이기도 합니다. 우리는 하나님 앞에서만 무릎을 꿇어야 합니다. 그분의 말씀과 계명을 중심으로 선악을 분별하면서 올바른 선택을 해야 합니다. 비록 그렇게 해서 고난이 온다 할지라도 그것이 바로 우리가 져야 할 십자가임을 알고 기꺼이 그 십자가를 지고 나아가야 합니다.

이제 강자의 억지 논리에 휘둘려 줏대 없이 흔들리지 말고 하나님의 말씀에 바르게 서서 진리와 정의, 사랑과 평화를 이루어 가시는 여러분이 되시기를 바랍니다.

2003년 3월 23일.

영화 '밀양'을 보고

'밀양'은 2007년에 개봉한 전도연, 송강호 주연의 영화이며, 전도연이 칸 영화제 여우주연상을 받아 화제가 됐다. 남편을 잃은 신애(전도연)가 아들과 함께 남편의 고향인 밀양에 내려왔다가 아들까지 잃게 되면서 일어나는 이야기를 깊이 있게 연출했다.

이 영화에서 특별히 관심을 끄는 사람은 처음부터 끝까지 신애를 쫓아다니며 함께한 카센터 사장 종찬(송강호)이라는 인물이다. 전형적인 속물근성을 가진 사내였지만 신애가 어려울 때 항상 그 곁에 있어 주었고, 신앙은 없지만 신애가 교회에 나가니까 자기도 나가 주차 정리도 하고 노방전도대도 따라다닐 정도였다. 마지막 장면에서 신애가 집 마당에서 머리를 자를 때 거울을 들어준 사람도 종찬이었다.

처음 이 영화를 보면서 기독교 신앙을 비난하는 것인가 의심도 들었지만 꼭 그렇다고 볼 수 없고 어떤 면에서는 기독교적 영화로 볼 수 있다는 생각이 들었다. 특히 이 영화에서 주인공보다 그의 곁에서 그와 함께한 종찬에 주목했다. 고난당하는 자 곁에서 묵묵히 함께하면서 그 고난에 동참하고 위로하는 종찬의 모습에서 그리스도인의 자세를 볼 수 있었다. 그래서 설교의 제목을 "고난에 동참하는 교회"로 정했다.

고난에 동참하는 교회

시편 146:6-10, 누가복음 10:25-37

'선한 사마리아인의 비유'는 우리가 잘 아는 예수님의 비유입니다. 어떤 사람이 예루살렘에서 여리고로 내려가다가 강도들을 만났습니다. 강도들은 그 사람이 가진 것을 모두 빼앗고 옷까지 벗긴 뒤 때려서 거의 죽게 해 놓고는 가 버렸습니다.

마침 어떤 제사장이 그 길로 내려가다가 그를 봤으나 피해서 딴 길로 지나갔습니다. 레위 사람 하나도 그곳에 이르러 그를 봤지만 못 본 체하고 지나갔습니다. 그러나 한 사마리아 사람이 여행 중에 그 길로 지나가다가 그를 보고 불쌍한 생각이 들어 급히 다가가서 상처에 기름과 포도주를 붓고 싸맨 후에 자기 짐승에 태워 여관까지 데려가서 간호해 주었습니다. 이튿날 그는 두 데나리온을 여관 주인에게 주면서 "이 사람을 잘 간호해 주시오. 비용이 더 들면 돌아오는 길에 갚아 드리겠소" 하고 부탁한 후에 떠나갔습니다.

우리는 여기서 두 종류의 사람을 보는데, 첫 번째는 피 흘리고 쓰러져 있는 사람을 보고도 외면하여 지나가 버린 제사장과 레위인입니다. 오늘날로 비유하면 이들은 교회에는 충실한데 실천은 없는 사람들이라고 하겠습니다. 어느 시대나 종교는 그 사회의 양심을 대변

합니다. 그런데 종교가 이처럼 가난한 자들, 고난당하는 자들을 외면하는 것은 그 사회 전체가 그러함을 말해 줍니다.

두 번째 종류의 사람은 강도 만난 사람을 불쌍히 여겨 치료해 준 사마리아인입니다. 사마리아인은 당시 율법 종교와는 상관이 없는, 오히려 유대인들이 이단시하며 멸시하던 사람들이었습니다. 이 비유에서 사마리아인은 제사장이나 레위인과 뚜렷이 대조됩니다. 사마리아인이라는 신분뿐 아니라, 무감각하고 각박한 저들과 달리 사마리아인은 불쌍히 여기는 마음과 자기 것을 아낌없이 주는 풍성한 마음을 가졌다는 점에서 대조가 됩니다. 사마리아인은 그 당시 유대인의 율법 종교와는 아무 상관이 없었으나 실제로는 그 율법이 지시하는 이웃 사랑을 실천한 사람이었습니다. 예수님은 이 비유를 통하여 자신이 율법 종교에 속하지 않고 사마리아인과 같이 행동하는 새로운 질서에 속했음을 가르쳐 주셨습니다. 그 질서는 곧 하나님의 나라를 뜻합니다.

예수님이 사마리아인과 자기를 동일시한 것은, 새로운 질서는 멸시를 당한 자들과 함께 시작된다는 선언과도 같았습니다. 다시 말해서 하나님의 나라는 멸시를 당한 자들, 가난한 자들 속에서부터 시작된다는 것입니다. 고난당하는 자들을 찾아 치료하며 구원하는 것으로부터 하나님의 나라가 시작됨을 뜻합니다. 소외된 민중의 상처를 같이 아파하며 싸매 주는 데서부터 예수님의 구원 역사는 시작되었고, 이것은 동시에 가난을 외면하는 기성 종교에 대한 도전이 되었습니다.

우리가 예수를 믿는다는 것은 예수님처럼 우리도 고난당하는 자의 편에 서서 그들의 상처를 싸매 주고 치료함으로써, 그들의 고통을 무시해 버린 이 사회를 비판하고 더 나아가 소외된 민중을 만들어 내는 체제에 도전하여 하나님의 나라를 건설해 가는 것을 뜻합니다.

영화 '밀양' 이야기

최근에 개봉한 영화 '밀양'을 저도 보았습니다. 이 영화는 주연 배우인 전도연이 칸영화제에서 여우주연상을 받아 더욱 유명해졌지만, 이 영화만큼 여러 가지로 해석할 수 있는 영화는 드문 것 같습니다. 특히 기독교계가 많은 관심을 두게 한 영화로, 〈기독교사상〉이란 잡지는 7월 호에서 '밀양'을 특집으로 다루었을 정도입니다.

영화의 내용을 간략하게 이야기하면, 주인공 신애가 남편과 사별한 후 자식 하나를 데리고 남편이 생전에 그토록 가고 싶어 하던 남편의 고향인 밀양에 내려갑니다. 그곳에서 사람들에게 무시를 당하지 않으려고 돈 많은 부자인 척 땅을 살 것처럼 허세를 부립니다. 돈 많은 부자 행세를 하는 신애의 돈을 빼앗고자 그녀의 아들을, 그 아들이 다니던 학원 원장이 유괴하여 결국 살해합니다.

죽어 돌아온 아들을 보며 오열하던 신애는 우연히 교회를 찾아가 통곡을 합니다. 이제껏 느껴 보지 못했던 새로운 세계를 접한 주인공은 마음의 평화를 되찾고, 대부분의 한국 교인들처럼 전형적인 교인이 되어 이제 새로운 존재로 거듭나 구원을 받았다는 확신에 빠져듭니다. 모든 것을 용서하고 모든 것을 사랑해야 한다는 가르침에 따라 그녀는 자신의 아들을 죽여서 교도소에 갇혀 있는 살인자를 용서해 주고자 그 사람을 면회하러 갔습니다.

그런데 그 살인자는 이미 자신은 주님의 은혜로 죄 사함을 받았고, 구원을 받았으며, 주님의 사랑 속에 너무도 행복하고 기쁜 삶을 산다고 이야기합니다. 아들을 죽인 범인의 그 같은 모습을 보면서 심한 배신감을 느낀 주인공은 허탈감과 함께 혼돈 속으로 빠져듭니다. "내가 용서를 해 준 적이 없는데, 하나님이 용서를 해 주었다는 것"을 도저히 이해할 수 없었던 것입니다. 그녀는 결국 절망하면서 자살하려 했지만 미수에 그쳤고, 정신병원에 입원했다가 나와 미장원에서 머리를 자르려고 합니다. 그런데 하필 살인자의 딸이 미용사인 것을 보고 뛰쳐나와 자기 집 뜰에서 거울을 보며 머리를 자르는 것으로 영화는 끝납니다.

이 영화에서 특별히 제 관심을 끈 사람은 처음부터 끝까지 신애를 쫓아다니며 함께한 카센터 사장 종찬이라는 인물입니다. 전형적인 속물근성을 가진 사내였지만, 신애가 어려울 때 항상 곁에 있어 주었고, 신앙은 없지만 신애가 교회에 나가니까 자기도 따라가 주차정리도 하고 노방전도대도 따라다닐 정도였습니다. 마지막 장면에서 신애가 집 마당에서 머리를 자를 때 거울을 들어준 사람도 종찬이었습니다.

이 영화는 결코 교회를 비판하지 않고, 있는 그대로를 보여 주지만 믿는 사람들이 영화를 볼 때 객관적으로 비치는 교회의 모습에 불편함을 느낍니다. 그 불편함이 무엇일까를 생각해 보았습니다. 결국, 교회는 인간의 고통에 대해 너무 피상적으로 접근하고 있음을 알게 됩니다. 사람들이 당하는 고통에 깊이 동참하는 대신 정해진 규범대로 행동하고 있었을 뿐입니다. 신애에게 열심히 전도한 사람들도 그가 안고 있는 깊은 상처에 접근하지 못했고, 겉으로만 위로하고 믿게 하는 일에만 열심이었을 뿐입니다. 굳이 사마리아인의 비유와 대조시켜 말한다면 '밀양'에 나타난 기독교인들의 모습은 강도 만난 사람을 지나쳐 간 제사장이나 바리새인과 비슷했습니다.

그에 반해 신애의 차가 고장 났을 때부터 함께하기 시작한 종찬은 그야말로 껄렁껄렁한 속물인간이었지만, 신애의 고민을 들어주고 그녀가 어려울 때 함께했습니다. 그는 선한 사마리아인을 닮은 사람이었습니다. 〈기독교사상〉 특집 글 중 연세대 김상근 교수가 쓴 글 제목이 "송강호 복음서"입니다. 송강호는 종찬을 연기한 배우입니다. 김 교수는 그의 글에서 "밀양의 성자 송강호는 늘 심령이 가난한 자와 함께한다"고 했습니다. 제가 보기에 송강호는 성자 이상입니다. 그는 바로 그리스도를 닮은 사람이었습니다. 겉모습은 그저 보통 인간이었지만, 그의 삶은 그리스도의 삶이었습니다. 이 영화의 진짜 주인공은 바로 종찬 역을 잘 소화한 송강호였습니다.

고난을 외면한 구질서

이제 고통당하는 자를 외면하고 간 제사장과 레위인이 대표하는 율법 종교에 대하여 생각해 보고자 합니다. 이미 그 사회에서 기득권을 가지고 지배계급이 된 종교 지도자들과 그들이 세운 율법의 의에 의한 사회질서가 그 사회를 지배하고 있었습니다.

기득권을 가지고 혜택을 누리면서 사는 제사장과 레위인과 기성 종교인들은 고난당하는 자와 가난한 자들을 외면할 수밖에 없습니다. 만약 그들이 고난당하는 사람들에게 관심을 기울이고, 가난한 자들의 문제를 심각하게 다루기 시작하면 그들 자신이 유지해 온 질서가 근본부터 통째로 흔들릴 것입니다. 따라서 이들은 자신들이 구축해 온 질서를 유지하고자 철저하게 고난당하는 자들을 외면하고 소외된 민중을 더욱 멸시하고 천대하게 되었습니다. 결국, 이들은 고난당하는 자를 만들어 내는 억압과 지배의 정치체제에 대해서는 눈을 감고 그것을 묵인하면서, 다른 한편으로 율법의 이름으로 또 다른 지배의 질서를 만들어 권좌에 앉아 소외된 사람들을 멸시하고 억압했습니다. 그 시대의 소위 '죄인들'인 민중은 결국 이중으로 지배당하고 고통을 당했습니다.

여기서 우리는 오늘의 한국교회를 돌아보게 됩니다. 교회 성장으로 이 사회의 기득권층에 편입된 교회는 자기 성장에만 혈안이 되어 그 주변에 강도 만난 사람들과 가난한 자들에 대해 무감각해지고 있습니다. 교회는 가능하면 이런 가난한 자들의 삶에 눈을 감고, 교회가 얻은 기득권의 삶에 편안히 안주하려 하고 있습니다. 교회는 가능하면 가난한 자들에 대해 생각하지 않으려고 합니다. 버림받은 자들의 외침에 귀를 기울이려 하지 않습니다. 오늘의 교회는 가난한 자들에 대해 무감각해지고 강도 만난 사람을 외면하는 일에 익숙해지고 있습니다.

우리나라 빈곤 인구는 800만 명이고, 그중 최저생계비(43만 8,000원)를 받는 사람이 150만 명이며, 비수급자가 200만 명, 차상위 계층이 약 400만 명이라고 합니다. 전체 인구의 20퍼센트를 웃도는 가난한 자들에 대하여 교회가 관심을 두고 국가의 복지정책을 더욱 확대하도록 영향력을 행사하는 게 마땅할 텐데 현실은 그러지 못합니다. 한국교회는 마땅히 이들 편에 서서 이들을 억압하는 맘몬 세력과 맞서 싸워야 함에도 오히려 맘몬의 편에 서서 이들을 외면하고 있습니다.

예수님은 버림받은 '죄인들'과 함께 식사하기를 즐겨 하심으로 기존 질서가 죄악시하는 그들 편에 서셨습니다. 구질서로 세운 구분을 철폐하셨습니다. 또한, 당시 사회적 안정의 성스러운 표시로 받아들여지던 안식일에 병자를 고쳐 주심으로 그 질서를 비판하셨습니다. 율법 종교의 본산인 예루살렘 성전을 헐어 버리라고 하시는가

하면 그 성전이 무너져 버릴 것이라고 하심으로 그들이 이룩해 온 모든 질서를 기본부터 흔들어 놓으셨습니다. 결국, 그들은 이 일로 인해 예수님을 십자가에 못 박았지만, 그 후 얼마 가지 않아 그분의 예언대로 예루살렘과 그 성전은 완전히 폐허가 되고 그들이 쌓아 올린 모든 질서는 무너져 버리고 말았습니다.

민중의 고난에 동참하는 새 질서

예수님께서는 이처럼 낡은 질서인 율법 종교에 도전하시면서 새로운 질서인 하나님의 나라를 선포하시고, 또 친히 자기 몸으로 본을 보여 주셨습니다. 예수님은 자기 자신을 비워 종의 형체를 입고 이 땅에 오셔서 죄인들과 가난한 자들과 함께하시면서 그들의 상처를 싸매며 마침내는 인간의 죽음을 그 몸으로 감싸 안고 십자가에 처형되심으로 인간을 모든 고통에서 해방하셨습니다.

사마리아인이 강도 만난 사람을 불쌍히 여겨 치료해 준 것처럼 예수님께서 오셔서 버림받은 자들, 고난당하는 자들을 불쌍히 여기셨습니다. 영화 '밀양'의 송강호가 주인공 전도연의 아픔과 고민을 들어주고 궂은일이나 좋은 일이나 항상 함께하며 그 곁을 지킨 것처럼, 예수님도 늘 고난당하는 자와 함께하시며, 그들의 기도에 응답하시는 분입니다.

마태복음 9장 36절에는 "무리를 보시고 불쌍히 여기시니 이는 그들이 목자 없는 양과 같이 고생하며 기진함이라"고 했습니다. 불쌍히 여긴다는 희랍어의 원래의 뜻은 사람의 내장으로 다른 사람의 느낌이나 상태를 껴안는다는 말입니다. 단순한 동정이 아니라 심장에 통증을 느끼면서 상대방의 아픔을 내 것으로 받아들이는 것을 말합니다.

예수님께서 이처럼 고난당하는 사람들을 긍휼히 여기시고 구원하신다는 사실은 그들을 돌아보지 않는 모든 질서, 모든 체제, 모든 세력에 대하여 심판을 선언하신 것입니다. 동시에 그것은 버림받은 죄인들에게 새로운 일들이 일어난다는 복음의 선포이기도 합니다. 하나님의 아들 예수 그리스도께서 친히 이 땅에 오셔서 인간의 고통을 아파하시고 불쌍히 여기셨다는 것은 곧 바로와 같은 모든 지배 문화와 역사에 대한 심판이요, 고난받는 자에게는 구원의 새 역사가 시작됨을 뜻합니다. 예수님께서 가져오신 복음은 이 세상의 것들로 풍요하여 가난한 자의 고통에 무감각해진 기득권자들에게는 심판을 뜻하고, 지배자와 기득권자들에게 억울하게 당하고 버림받은 자들에게는 기쁜 소식이 되었습니다.

예수님의 복음의 이러한 성격 때문에 낡은 질서를 확보하려는 기득권자들이 예수님을 미워하고 그분의 하나님 나라 사업을 방해하려 했으며, 마침내 십자가에 못 박아 죽이기에 이르렀습니다. 그러나 예수님께서 인간의 모든 죽음까지 껴안으심으로써 낡은 질서의 최후 보루까지 무너지고 부활의 아침이 왔습니다.

그리스도의 몸인 오늘의 교회 역시 이 복음을 전하는 기관입니다. 다시 말해서 교회는 바로 왕으로 상징되는 모든 지배 체제에 대해서 심판을 선언합니다. 하나님 나라의 새 질서를 거부하는 모든 이 땅의 지배 문화를 거부합니다. 이 땅에 가난한 사람들이 생겨나게 하고, 저들의 소리를 들으려 하지 않는 모든 체제, 모든 권력에 대하여 종말을 선언합니다. 불쌍히 여기는 마음을 잃어버린 무감각한 이 사회에 추수의 때를 알려 줄 책임이 교회에 있습니다.

동시에 교회는 그 지배 체제가 낳은 버림받은 민중의 상처를 싸매며, 그들의 고통을 같이 아파하면서 함께 울고, 함께 호흡함으로 그리스도의 복음을 전하며 하나님 나라의 임재를 선포합니다. 교회는 이처럼 복음을 전하는 과정에서 자연히 반대와 박해와 핍박을 받을 수밖에 없을 것입니다. 그러나 바로 그 고난 속에 새로운 질서가 탄생하고 하나님의 나라가 완성되어 갑니다.

한국교회가 양적 성장을 이룩함으로 이 사회 속에서 무시할 수 없는 세력을 구축하게 될 때, 그래서 기득권을 얻고 지배자와 타협을 하게 될 때, 그 교회 역시 심판을 면할 수 없을 것입니다. 교회가 아무리 양적으로 성장했다 하더라도 이 사회 속에서 어떤 기득권을 누리려 해서는 안 됩니다. 끝까지 가난한 자들 속에서 그들과 함께 고통을 나눌 때 새 질서인 하나님의 나라가 이루어질 것입니다. 예수님께서 오셔서 병든 자, 배고픈 자, 버림받은 자들을 불쌍히 여기심으로 새로운 질서를 이루어 가신 것처럼 오늘의 교회도 민중의 고난에 동참함으로 하나님의 나라를 완성해 가야 할 것입니다. 예수님께서 모든 지배 체제와 그 문화를 비판하셔서 고난당하시고 십자가를 지신 것처럼, 오늘의 교회도 양극화를 당연한 질서로 여기는 기득권 세력을 거부하면서 십자가의 길을 걸어가야 할 것입니다. 그래야, 십자가를 통해 얻은 참다운 부활의 승리가 오늘 우리에게 이루어질 것입니다.

사랑하는 여러분, 우리 스스로 가난한 자들과 동일시되어야 하며, 동시에 고난당하는 민중의 상처를 싸매 주면서 그들과 함께 하나님의 나라를 향하여 모든 반대와 고난을 극복하면서 나가야 합니다.

그럴 때 하나님의 은총이 우리의 삶 속에 풍성하게 채워질 것입니다. 바리새인들처럼 교회의 규범을 충실하게 지키는 것만으로는 진정한 그리스도인이라고 할 수 없습니다. 800만 명의 빈곤한 사람들, 한미 FTA로 낙심하고 있는 농민들, 50만 명 가까운 이주 노동자들, 그리고 북한의 굶주린 수많은 아이들 등 오늘 우리 사회가 안고 있는 아픔들에 관심을 기울이고 가슴 아파하며 기도해야 합니다. 또한 이런 커다란 문제들을 해결하고자 우리의 작은 힘이라도 쏟아부어야 합니다. 여러분, 신문이나 텔레비전 뉴스를 보실 때 이런 문제들을 유심히 살피고 관심을 기울여 그 문제의 근본이 무엇인지를 살펴보시기 바랍니다. 이 사회의 약자들 편에 항상 서서 그들의 외침을 귀 기울여 듣고, 그들의 아픔에 어떻게 동참할까 고민하시기 바랍니다. 오늘날 한국교회가 개혁되는 길은 주어진 기득권을 포기하고 낮은 자리로 내려가 거기에 계시는 그리스도를 만날 때 열립니다. 안동교회가 100주년을 뜻있게 맞는 길도 거창하고 화려한 어떤 사업을 하거나 기념관을 짓는 것보다는 사회의 약자들을 돌보는 데 있지 않겠습니까?

   이제 선한 사마리아인처럼 강도 만난 사람들을 돌볼 수 있는 긍휼의 마음을 지니고 하나님의 나라를 이루어 가시는 여러분이 되시기를 바랍니다.

2007년 7월 29일.

이명박 댓글 놀이

2007년 12월 대선에서 이명박 후보는 위장 전입, 자녀의 위장 취업, BBK 의혹, 거짓말 등 대통령이 되기에 도덕적으로 치명적 하자가 있었음에도 당선했다. 도덕적 가치는 경제만 살리면 된다는 논리에 가려지고 말았다. 이에 대한 반발심이 댓글로 표출되었다. '이명박 댓글 놀이'는 갈수록 확산되었다. "그럼 어때, 경제만 살리면 그만이지"라는 댓글에는 누리꾼 특유의 풍자가 이중으로 녹아 있다. 그동안 맥락을 떠나 모든 사안에 "노무현 탓"이라는 댓글을 달아 온 현상에 대한 '되돌려 주기'이자, 정치 현실에 대한 허무주의를 담고 있다.

이런 풍자는 시대 의식을 반영하고 있다. 이명박을 지지한 사람만이 아니라 대체로 우리 모두 경제 제일주의를 지향하고 있다고 볼 때 "경제만 살리면 그만이지"라는 풍자는 그대로 우리의 의식을 반영하는 것이다. 이 풍자를 보면서 구약의 솔로몬 왕을 떠올렸다. 솔로몬은 이스라엘의 번영을 이룬 왕이었지만, 지파 공동체를 무너뜨렸고 우상숭배를 끌어들였으며, 결국 나라를 분열시킨 장본인이었다. 물질 지상주의, 경제 제일주의가 하나님의 질서를 파괴하고 우주 공동체를 깨트리는 주범임을 주목하면서 다음 설교를 준비했다.

"경제만 살리면 그만이지"

열왕기상 10:1-10, 마태복음 6:25-34

요즘 인터넷에서 '이명박 댓글 놀이'라는 것이 유행하고 있습니다.

"○○ 하면 어때, 경제만 살리면 그만이지."

처음에는 이명박 대통령 당선인 관련 기사에 이런 댓글이 붙었습니다. 대운하 추진 관련 기사에는 "환경 좀 망치면 어때, 경제만 살리면 그만이지", BBK 사건 연루 의혹 기사에는 "거짓말 좀 하면 어때, 경제만 살리면 그만이지", 대통령직 인수위원회 이경숙 위원장의 '국보위 경력 논란' 기사에는 "쿠데타에 협조했으면 어때, 경제만 살리면 그만이지"라는 댓글이 달렸습니다. 댓글이 달리는 기사의 범위가 확장되어 정치 기사에 머물지 않고 사회·문화 등 일반 기사에도 이런 댓글이 달렸습니다. 지구온난화를 걱정하는 기사에는 "지구가 불덩이가 되면 어때, 경제만 살리면 그만이지", 대설주의보 관련 보도에 "폭설 좀 내리면 어때, 경제만 살리면 그만이지" 등의 형태로 댓글이 달리는 것입니다.

이런 댓글을 다는 사람들은, 자녀 위장 취입과 위장 전입 등 도덕성에 큰 흠집이 난 정치인 이명박을 '경제 살리기'에 대한 국민적 열망 때문에 결국 50퍼센트의 지지율을 받은 대통령으로 뽑은 국민 의식에 대한 자조(自嘲)와 실망을 담아 풍자한 것으로 보입니다. 결과만 좋으면 된다는 결과 만능주의, 도덕성과 같은 가치가 쓸모없어진 세태에 대한 냉소와 허무주의의 표현이라고 하겠습니다.

이런 풍자는 단순히 풍자에 그치지 않고 시대 의식을 반영합니다. 이명박 후보를 지지한 사람만이 아니라 대체로 우리가 모두 경제 제일주의를 지향하고 있다고 볼 때 "경제만 살리면 그만이지"라는 풍자는 우리의 의식을 그대로 반영하는 것입니다. "경제를 살리겠습니다"라는 구호 하나가 모든 선거 이슈를 덮고 이명박 한나라당 후보를 대통령으로 당선시켰습니다. 소위 '7-4-7'(7퍼센트 성장, 10년 내 4만 달러 국민소득, 7대 경제 대국 진입)이라는 성장 위주의 경제 구호와 공약이 민심을 자극했습니다. 그만큼 우리는 아직도 배가 고픈 것이고 경제 선진국 진입을 목말라하고 있습니다.

오늘 마태복음 본문에서 예수님이 말씀하시기를 "들의 백합꽃이 어떻게 자라는가 살펴보아라. 수고도 하지 않고, 길쌈도 하지 않는다. 그러나 내가 너희에게 말한다. 온갖 영화를 누린 솔로몬도 이 꽃 하나만큼 차려입지 못하였다"고 하셨습니다(6:28-29, 표준새번역). 이 말씀은 우리가 이 땅에서 '무엇을 먹을까 무엇을 입을까'를 염려하지 말라는 말씀 가운데 하나로 하신 것입니다. 하나님께서 들의 백합화도 그렇게 곱게 입히시는데 하물며 우리를 입혀 주시지 않겠느냐는 말씀입니다.

"솔로몬의 영광으로 입은 것이 백합화보다 못하다"는 말씀은 물질문명에 대한 예수님의 신랄한 비판입니다. 솔로몬의 영광은 찬란한 물질문명을 상징합니다. 이스라엘을 부강한 제국으로 끌어올린 그의 정치력을 상징합니다. 그런데 예수님은 한마디로 그 영광이 들에 피는 백합화의 영광만도 못하다고 하심으로 인간이 이룩한 물질문명의 영광이 보잘것없는 것임을 지적하셨습니다. 따라서 인간의 행복은 물질문명을 추구하는 것보다는 하나님의 나라와 그 의를 구하는 데 있음을 교훈하셨습니다. 솔로몬이 그렇게 애써 이룩한 영광이 들에 잠시 피었다 지는 백합화의 영광보다 못하다니 정말 놀라운 말씀이 아닙니까? 우리가 자연의 신비와 아름다움을 너무나 무심히 지나쳐 버리는 것은 우리 스스로 이룩한 물질문명에 매혹당했기 때문일 것입니다. 오늘 우리는 아직도 물밀듯이 몰려오는 현대 문명에 도취하여 경제 제일주의를 지향하는 자신의 모습을 돌아보고 다시 한 번 주님의 경고에 귀를 기울여야겠습니다.

솔로몬의 영광

먼저, 솔로몬의 영광이 어떤 것이었는지를 살펴보겠습니다. 열왕기서 10장 본문에 보면, 스바의 여왕이 솔로몬의 소문을 듣고 교역을 트려고 찾아온 이야기가 기록되어 있습니다. "스바의 여왕이 솔로몬의 모든 지혜와 그 건축한 왕궁과 그 상의 식물과 그의 신하들의 좌석과 그의 시종들이 시립한 것과 그들의 관복과 술 관원들과 여호와의 성전에 올라가는 층계를 보고 크게 감동되어" 말하기를 "당신의 지혜와 복이 내가 들은 소문보다 더하도다"라고 했습니다(4-7절).

솔로몬은 아버지 다윗 왕이 피 흘려 확장해 놓은 영토를 유지하면서 상업을 발전시켜 경제 부강을 이룩했습니다. 솔로몬의 세입금의 무게가 금으로 666달란트나 되었습니다. 그는 금으로 큰 방패 200개를, 그리고 작은 방패 300개를 만들어 궁에 두었습니다. 주변의 작은 나라들이 조공을 매년 바치고, 또 선물도 많이 들어왔습니다. "왕이 예루살렘에서 은을 돌같이 흔하게 하고 백향목을 평지의 뽕나무같이 많게 하였더라"라고 했습니다(왕상 10:27). 또한, 솔로몬의 사치도 대단했던 것 같습니다. 그의 보좌는 상아로 만들고 금으로 입혔고, 그가 마시는 그릇은 다 금이요 은이 없었습니다. 솔로몬은 이스라엘 왕국을 부국으로 끌어올렸습니다. 솔로몬의 기업은 비록 국가의 독점사업이기는 했지만, 수많은 사람에게 취업의 기회를 주고 또 다른 많은 사람을 자극하여 사기업을 경영하게 했을 것이 틀림없습니다. 그래서 전체 국민의 구매력이 상승하고 전반적 번영을 촉진했을 것입니다. 도시들은 발전했고 새로운 도시도 많이 건설되었습니다.

이렇게 솔로몬이 이룬 부강(富强)은 많은 토목공사를 하게 했습니다. 7년을 걸려 성전을 지었고, 그 후 13년 걸려 자기 궁궐을 지었으며, 그 외에도 여러 위성도시를 건축하여 요새화했습니다. 특별히 성전은 정말 정성을 들여 건축한 아름다운 건물이었습니다.

솔로몬의 영광은 물질적 번영을 이룬 데만 있지 않았습니다. 문화적으로도 눈부신 업적을 이룩했기 때문입니다. 그는 구전된 많은 이야기를 기록으로 남겼고, 음악과 시편 영창을 제의(祭儀)에 도입했고, 또 수많은 잠언을 남겼습니다. 한마디로 솔로몬은 이스라엘을 경제적으로나 문화적으로 발전시킨 왕이었습니다. 사울과 다윗 두 왕을 거치기는 했지만 아직 부족 동맹 형태로 남아 있던 이스라엘을 완전한 제국으로 변모시켰습니다. 이스라엘 역사에 있어서 전무후무한 황금기였다고 할 수 있습니다.

솔로몬의 영광이 가져온 문제

그러나 이런 솔로몬의 영광은 많은 문제를 가지고 있었습니다. 그래서 예언자의 비판 대상이 되었습니다. 결국은 그 문제들로 말미암아 그가 그렇게 공들여 쌓아 올린 왕국이 남과 북으로 분열되어 버리고 맙니다.

첫째로, 경제 발전은 그 사회 안에 계급적 균열을 가져왔습니다. 한편에는 무산계급과 고용 노동자들과 노예들이 있었고, 또 한편에는 귀족들이 있었습니다. 시골서 농사나 지으면서 살던 사람들을 도시로 이주하게 했고, 외국의 영향력이 두드러지면서 이스라엘에서는 그때까지 몰랐던 물질문명이 발전했습니다. 그 물질문명은 순진하던 사람들을 타락시켰고 정신보다는 물질에 더욱더 큰 비중을 갖게 했습니다. 서로 친근하게 나누면서 살던 부족사회가 파괴되고, 서로 알지 못하는 도시인이 되면서 함께 나누기보다는 가진 자는 더 가지려 하고, 못 가진 자는 버림받을 수밖에 없게 되었습니다. 이스라엘이 지켜 온 공동체의 전통에 금이 가기 시작한 것이고, 그의 아들 르호보암 왕 때 마침내 두 나라로 분열되고 말았습니다.

둘째로, 솔로몬은 중앙집권체제를 강화하고자 이제까지 유지되어 오던 지파 체제(支派体制)를 무시하고 국토를 12개의 행정구역으로 재편성하고 거기에 각각 지방장관을 임명했습니다. 이것은 무엇보다도 효과적으로 국가의 세입을 늘리는 데 목적이 있었습니다. 각 지역은 1년에 한 달씩 궁중 식량을 공급할 의무가 있었습니다(왕상 4:7-19). 이것은 각 지역에 사는 주민에게 대단히 무거운 과세였습니다. 또한, 이런 행정 개편은 지파 체제에 대한 충성심을 약화시켜 모든 권력을 자신의 손안에 장악하려는 의도에서 이루어졌습니다. 각 지파가 가졌던 자주성은 사라지고, 중세(重稅)나 군 복무를 위한 징

병의 의무를 짊어져야만 했습니다. 이로써 강력한 왕국은 되었지만, 부족사회의 민주주의는 약화되어 버리고 말았습니다.

셋째로, 솔로몬의 영광은 그것을 위해 너무나 많은 재정이 지출되었습니다. 과다한 토목공사와 왕국을 유지하고자 조직된 군대, 아낌없이 지원한 성전 제사, 궁중의 지나친 사치 등으로 과다한 경비를 지출해서 재정적인 어려움에 직면했습니다. 수입이 많았음에도 이런 갑작스러운 행정 개혁과 방만한 지출로 국가 예산은 적자를 볼 수밖에 없게 됐습니다. 성전과 궁궐을 20년 만에 완성하고 난 후 솔로몬은 두로 왕에게 갈릴리 땅의 20개 성읍을 주었습니다. 그것은 아마도 현금을 차관하기 위한 담보였던 것 같습니다. 두로 왕은 그 대가로 금 120달란트를 솔로몬에게 보냈습니다(왕상 9:10-14). 결국, 땅을 팔아먹은 것입니다. 그 성읍은 끝내 찾지 못했습니다. 영토를 팔아먹을 정도라면 재정 형편이 어떠했을지 짐작할 수 있습니다.

넷째로, 과다한 토목공사를 하고자 강제로 사람들을 동원하지 않을 수 없었던 일이 나라 분열의 원인이 되었습니다. 처음에는 그 땅에 남아 있는 가나안 족속들을 강제로 동원해 일을 시켰습니다. 그러나 인력이 달리자 이스라엘 백성도 강제로 동원했습니다. 레바논에 3만 명을 보내 벌목하게 했고, 짐꾼이 7만 명이고, 산에서 채석하는 인력이 8만 명이었습니다. 이 강제 노역은 평안하게 살던 이스라엘 자손들에게는 감당하기 어려운 시련이었습니다. 견디다 못한 강제 노역의 책임자 여로보암이 예언자 아히야의 충동으로 반란을 꾀하다가 사전에 발각되어 이집트로 도망을 갔습니다. 그러나 솔로몬이 죽은 뒤에 그가 돌아와 분열된 북 왕국의 왕이 되었습니다.

다섯째로, 솔로몬의 화려한 영광은 오히려 그를 타락하게 했습니다. 그가 다원 외교의 수단으로 후궁을 삼은 여러 나라의 공주들이

"경제만 살리면 그만이지"

그의 마음을 흐리게 하여 그녀들이 들여온 여러 우상 앞에 나갔습니다. 그가 추구한 물질문명이 그의 하나님을 향한 신앙을 흐려 버렸습니다. 솔로몬의 말년 타락은 결코 하루아침에 갑자기 된 것이 아닙니다. 그가 일생 쌓아 올린 물질문명의 필연적 결과입니다.

요즘 댓글을 다는 형태로 솔로몬의 행적을 보면서 비슷한 댓글을 달 수 있을 것입니다.

"부익부 빈익빈이면 어때, 경제만 살리면 그만이지"
"지파 체제가 약화되면 어때, 경제만 살리면 그만이지"
"성읍 몇 개쯤 팔아먹으면 어때, 경제만 살리면 그만이지"
"강제 노역으로 불만이 많지만 그러면 어때, 경제만 살리면 그만이지"
"우상숭배 좀 하면 어때, 경제만 살리면 그만이지"

이 경우 물론 자조적인 풍자라기보다는 솔로몬에 대한 자부심에서 나온 댓글이라 하겠습니다. 아마도 솔로몬 시대의 이스라엘 자손들 상당수가 이런 의식을 갖지 않았을까요? 그들은 솔로몬 왕을 자랑스럽게 생각했을 것입니다.

그러나 그때로부터 900년 후에 오신 예수님께서는 솔로몬의 영광이 백합화의 영광보다 못하다고 혹독하게 비판하셨습니다. 예수님은 인간이 이룩하는 모든 나라, 모든 문명은 결국 스스로 안고 있는 모순 때문에 망할 수밖에 없다고 판단하셨습니다. 그래서 솔로몬의 영광을 추구할 것이 아니라 하나님의 나라를 구하라고 하셨습니다.

하나님의 나라를 구하라

오늘날 우리는 모두가 백합화만도 못한 솔로몬의 영광을 얻고자 분주하게 뛰고 있습니다. 사실상 이명박 후보만 '경제 살리기'를 내세웠던 것이 아니고, 모든 대통령 후보가 내세웠습니다. 결국, 이는 우리가 모두 경제 제일주의에 몰입해 있음을 뜻합니다. '무엇을 먹을까 무엇을 입을까를 걱정하지 말고 하나님 나라를 구하라'는 예수님의 말씀을 금쪽같이 생각하는 그리스도인들도 경제 살리기에 집착하기는 마찬가지입니다. 그러나 7-4-7 경제 구상이 실현된다고 하여 과연 우리나라가 살기 좋은 나라가 될까요? 최근 국제학술대회 강연차 내한한 예일대 석좌교수 이매뉴얼 월러스틴(Immanuel Wallerstein)은 인터뷰에서 다음과 같이 이야기했습니다.

> 신자유주의가 내세우는 것은 바로 경제성장이 모두에게 '선'이 된다는 것인데 그렇지 않다는 것이 점점 분명해지고 있다. 이에 대한 정치적인 반작용은 앞으로도 계속될 것이다.[*]

솔로몬 영광의 출발은 하나님께 있었습니다. 그러나 솔로몬은 하나님을 화려한 성전에 가두고 정치는 하나님과 상관없이 행했습니다. 이것이 그가 타락한 원인이기도 합니다. 오늘의 모든 정치에도 그 바탕에 하나님의 계명이라고 할 수 있는 도덕성이 깔려야 하는데 사람들은 그 하나님을 교회 속에 가두어 놓고 정치는 자기들 마음대로 행합니다. 오늘날 우리의 타락은 바로 여기서부터 시작되었습니다.

---

[*] 〈한겨레〉, 2008. 1. 18.

하나님은 결코 교회 속에만 머무시는 분이 아닙니다. 그분은 분명히 만유의 주이시기에 모든 정치·경제·문화가 그의 뜻을 따라 이룩되어야 합니다. 교회는 그것을 깨우치는 역할을 담당해야 할 것입니다. 교회의 선교적 과제는 이 땅의 모든 삶의 분야에 영향력을 미치는 것입니다. 우리는 끊임없이 정치와 경제, 문화에 하나님의 뜻을 반영시킬 의무가 있습니다. 이 민족의 양심을 되살리고, 윤리와 도덕성을 회복시키며, 정의와 진리가 모든 판단의 기준이 되며, 사랑과 신뢰가 싹트는 사회가 되려면 하나님께로 돌아가야 할 것입니다. 우리의 문명 비판이란 하나님의 진리가 결여되어 영적인 것이 전혀 담겨 있지 않은 물질문명에 대한 것입니다. 우리의 선교적 과제란 영을 상실한 인간 속에 영을 찾게 하는 일이요, 정의와 진리를 잃어버린 정치에 그것들을 되찾아 주는 일이며, 이 역사의 궁극적 목표가 하나님 나라에 있음을 알지 못하는 현대인에게 그것을 깨쳐 주는 일입니다.

이제 이런 사명을 위해서 우리는 급속하게 발전하는 물질문명에 현혹돼 있을 것이 아니라 들에 피는 백합화를 보면서 하나님의 섭리를 깨달을 수 있는 여유를 가져야겠습니다. 우리는 너무나 분주한 삶 속에서 하나님이 지으신 세계를 살펴 볼 시간과 마음의 여유가 없었습니다. 이것이 오늘 우리의 영혼을 어둡게 만들었으며, 우리의 눈을 멀게 만들었습니다. 예수님께서 말씀하시기를 "백합화를 생각하여 보라"고 하셨습니다. 하나님이 지으신 자연을 보면서 생각할 줄 아는 삶이 되라고 하십니다. 자연을 보고 역사를 보면서 생각할 줄 아는 사람은 왜 솔로몬의 영광이 백합화의 그것보다 못한지 깨닫게 됩니다. 이제 우리는 여유를 가지고 들에 피는 백합화의 신비를 보면서 생각하는 그리스도인들이 되어야겠습니다.

❖

사랑하는 여러분, 솔로몬의 영광이 겉보기에는 참으로 화려하고 아름답습니다. 스바 여왕이 감탄한 것처럼 많은 사람이 감탄하고 있지만, 가만히 들추어보면 그 영광이 얼마나 많은 사람의 고통을 토대로 이루어진 것인지, 그 영광의 그늘에서 얼마나 많은 사람이 신음하고 있는지 발견하게 됩니다. 그러므로 솔로몬의 영광은 참다운 영광일 수 없습니다. 우리가 추구해야 할 영광은 모든 사람이 함께 하는 하나님 나라의 영광입니다. 오늘 이 땅에서 이루어지고 있는 솔로몬의 영광에 현혹될 것이 아니라 한 걸음 뒤로 물러서서 그 영광의 허구성을 보며 하나님의 역사를 살필 수 있어야겠습니다.

하나님을 떠난 오늘의 정치·경제·문화·사회 속에 생명을 불어넣도록 기도하는 여러분이 되시기를 바랍니다.

2008년 1월 20일, 연합교회.

『2012 국방백서』와 주적 논쟁

세월호 침몰 사고

기본소득 논의를 보면서

박근혜·최순실 게이트

태극기 집회를 보며

제4부 2010년대

『2012 국방백서』와 주적 논쟁

국방부는 2012년 2월 21일, 국방에 대한 국민들의 알 권리를 충족시키며, 국방정책에 대해 국민의 이해를 높이고 공감대를 확산하기 위해 『2012 국방백서』를 발간했다고 밝혔다. 『2012 국방백서』는 북한에 대해 "북한 정권과 북한군은 우리의 적"이라고 규정했다.

국방부는 1995년 처음으로 국방백서에 '주적' 개념을 명기했다. 1994년 제8차 남북실무접촉에서 박영수 북측 대표가 '서울 불바다' 발언을 한 것이 계기가 됐다. 그러나 주적 표현은 『2000 국방백서』에 마지막으로 기술된 뒤 쓰이지 않다가 2010년 백서부터 "북한 정권과 북한군은 우리의 적"이라는 표현이 들어갔다.

국방백서를 둘러싼 주적 논쟁을 보면서 "원수를 사랑하라"는 예수님의 말씀을 떠올렸다. 우리 기독교인은 산상보훈에 들어있는 이 말씀을 귀히 여기면서도 한반도의 현실 속에서는 이 말씀에 대한 적용을 유보하고 있다. 국가가 적으로 규정한 북한을 이 원수의 규범에 넣지 않고 그보다 더 악독한 마귀와 같은 존재로 인식을 하고 있는 듯하다. 한술 더 떠서 하나님의 존재를 부인하는 북한은 우리의 적일뿐 아니라 하나님의 적이라고 생각하는 이들도 있다. 이런 신앙이 얼마나 잘못된 것인지를 다시 한 번 짚어 보고자 다음의 설교를 준비했다.

우리의 주적은?

사무엘상 24:1-22, 마태복음 5:43-48

지난주일 김상근 목사님께서 전쟁이 아닌 평화라고 힘주어 설교하셨습니다. 그러면 그 평화를 이루기 위해 우리는 무엇을 해야 할까요? 지난주일 설교를 들으며 오늘 설교 주제를 생각했습니다. 전쟁을 피하려면 먼저 적이 없어져야 할 것입니다. 그런데 의외로 적은 밖에 있는 어떤 대상이 아니라 바로 내 안에 있음을 발견하게 됩니다. 따라서 내 속에 있는 적개심을 없애는 것이 무엇보다 먼저 할 일이라는 생각이 들었습니다.

영국과 독일이 전쟁할 때의 이야기입니다. 한 독일 군인이 적군과 접전하게 되어 포탄으로 파인 구덩이에 뛰어내렸습니다. 그는 거기서 엎드려 있는 영국 군인 한 사람을 보았습니다. 깜짝 놀란 그는 잠시 어떻게 해야 할지 몰랐습니다. 순간 칼로 찌를까 하고 망설였습니다. 그러나 자세히 보니 그 영국 군인은 심한 부상을 입은 상태였습니다. 그 상처가 독일 군인의 마음을 녹였습니다. 그는 물병을 꺼내 부상당한 영국 군인이 물을 마시게 했고, 부상병은 그에게 감사의 눈짓을 보냈습니다. 그런 다음 영국 군인은 자기 윗주머니를 열어 달라고 손짓했습니다. 주머니를 열자 그의 가족사진이 나왔습니다. 자기 가족들 얼굴을 마지막으로 한 번 보고자 했던 것입니다. 영국 군인이 죽기 바로 전 독일 군인은 그에게 가족사진을 꺼내 보여 줬습니다.

독일 군인이 처음 상대방을 발견했을 때 본 것은 영국 군복을 입은 적이었습니다. 그러나 그가 부상당해 죽어 가고 있다는 사실을 알고, 그의 가족사진을 보았을 때 상대방은 적이 아니라 아내와 자녀와 부모의 사랑을 받는 한 인간이었습니다. 독일 군인은 그 순간 평범한 한 인간의 실체를 봤던 것입니다.

오늘 본문인 사무엘서 이야기를 보면, 다윗은 자기를 죽이려는 사울 왕에게 쫓겨 도망 다니다가 우연히 사울 왕을 죽일 수 있는 좋은 기회를 얻게 되었습니다. 그를 죽여 버리면 도망 다니지 않아도 되고, 왕도 될 수 있었습니다. 그러나 그 순간 다윗은 사울 왕을, 자기를 죽이려는 원수로 보지 않고, "여호와의 기름 부음을 받은 내 주"로 보았습니다(삼상 24:6). 그를 죽이는 것은 하나님을 대적하는 일이라는 생각이 들었습니다. 그래서 그는 뺐던 칼을 다시 집어넣었습니다. 다윗은 비록 3,000명이라는 엄청난 군대를 거느린 사울 왕에게 쫓기는 몸이었지만, 그런 급박한 상황에서도 그를 하나님의 기름 부은 사람으로 인식했습니다. 다윗에게 사울 왕은 끝까지 원수나 적이 아닌 하나님의 기름 부음 받은 자였습니다. 다윗은 그 후에도 계속 쫓겨 다녔지만 결코 사울 왕을 자기 손으로 해치려고 하지 않았습니다. 사울 왕이 죽었을 때 그를 애도했고, 그 자손들까지 돌봐 주었습니다. 다윗에게 사울 왕은 결코 적이 아니었습니다.

원수란?

그러면 원수나 적은 누구일까요? 신약성경에서 원수에 대해 사용된 고대 그리스어가 "미운"이란 형용사 에크드로스(ἐχθρός)에서 유래했습니다. 그래서 너희 원수를 사랑하라는 신약의 계명은 실제로는 "네가 미워하는 자들을 사랑하라"는 뜻입니다. 이것은 원수나 적은 다분히 내 감정에 좌우된다는 말입니다. 다시 말해서 원수란 다분히 주관적 견지에서 성립됩니다. 원수라는 무슨 특정한 유기적인 실체나 생물의 종이 존재하는 것은 아니라는 말입니다.* 내가 생각하기에 따라서 원수도 되고 친구도 될 수 있습니다.

사울 왕이 처음 다윗을 보았을 때는 어린 소년 목동이었습니다. 그가 골리앗을 때려 눕혔을 때 그를 사랑해서 자기 사위로 삼았습니다. 그러나 무리들이 "사울의 죽인 자는 천천이요, 다윗은 만만"이라고 부르는 노래 소리를 듣는 순간, 사울의 생각은 갑자기 바뀌어 다윗이 자기의 왕의 자리를 빼앗으려는 경쟁자 내지는 원수로 보였습니다(삼상 18:7). 그래서 그 후로는 기회만 있으면 그를 죽이려고 했습니다. 다윗은 사울 왕에게 적대감을 갖지 않았는데 사울 왕은 그를 적으로 생각했습니다.

그러나 사울 왕의 아들 요나단은 그 반대였습니다. 요나단의 처지에서 보면 아버지의 뒤를 이어 왕이 될 자신과 경쟁하는 처지에 있는 사람이 다윗이었습니다. 그럼에도 개의치 않고 가장 친한 친구로 그들은 늘 만났습니다. 생각에 따라 다윗은 사울의 가족들에게 원수가 되기도 하고 친구가 되기도 했습니다.

국가와 국가 간의 관계에서도 마찬가지입니다. 냉전 시대에는 소

---

* 〈기독교사상〉, 1986년 12월 호, 70.

련을 비롯해 중국과 공산권 국가는 모두 적대국이었습니다. 그러나 고르바초프의 개혁 정책(페레스트로이카) 이후 소련은 와해되었고, 동·서독을 가르던 장벽이 허물어지면서 냉전 시대가 끝나자 과거 공산권에 속했던 러시아를 비롯한 동구 여러 나라 그리고 가까이는 중국을 자유롭게 여행할 수 있게 되었습니다. 더 이상 이들은 적대국이 아닙니다. 어제의 원수가 오늘의 친구가 되었습니다. 어제까지는 우리의 생각 속에 적으로 남아 있던 나라들이 오늘은 이웃으로 바뀌게 되었습니다.

우리나라의 주적(主敵) 개념은 1994년 제8차 남북실무접촉에서 북측 대표의 '서울 불바다' 발언이 나온 뒤 1995년 국방백서에서 처음 사용됐다가 노무현 정부 때인 2004년 삭제되었습니다. 그러다가 2010년 백서에 다시 "북한 정권과 북한군은 우리의 적"이라고 명시되었고, 작년 12월 21일 발간된 국방백서에도 사용되었습니다.

그런데 재미있는 것은 이번에 박근혜 정부의 통일부 장관으로 지명된 류길재 교수가 2009년 〈서울신문〉에 "탈냉전 및 남북 교류를 활성화해야 할 시대적 상황이나 현실적인 남북 관계 관리 차원에서도 주적이란 표현은 불필요했다. 주적이란 표현을 복원시켜 북한을 자극하고 '남남갈등' 등 논란거리로 만들 필요는 없다"*고 했답니다. 그래서 지금 보수층에서는 류길재 교수를 장관으로 세우면 안 된다고 떠들고 있습니다.

어쨌거나 우리의 주적이 누구라고 분명하게 밝히는 목적은, 주적으로 지목한 북한에 대한 불타는 적개심을 고취하고자 함입니다. 그런데 이런 행위는 정치나 전략 차원으로 봐도 발목을 잡는 일입

---

* 〈서울신문〉, 국방백서 "北 직접적이고 심각한 위협", 2009년 2월 18일.

니다. 가령 핵 문제 해결을 위한 협상이 필요할 때 주적이라고 명시한 북한과 어떻게 협상을 할 수 있겠습니까? 정치와 전략으로 치자면 "북한=주적"으로 적어 놓고 적개심을 불태우는 것은 미련한 짓입니다.

적을 객관화·비인간화하기

적이란 상대적이며 주관적일 경우가 대부분입니다. 그렇기 때문에 개인이나 국가를 막론하고 자신의 처지를 더 유리하게 이끌고자 자기가 적이라고 생각한 상대방을 객관화시키려고 애를 씁니다. 나만의 적이 아니고 모두의 적임을 증명하려는 것입니다.

그래서 우리는 적을 비인간화시킵니다. 저들은 야만적이며, 무자비하며, 마귀의 화신이라는 인식을 될수록 많은 사람에게 심어 주려고 합니다. 우리가 북한에 대해서 갖는 태도가 바로 그렇습니다. 우리가 접하는 북한의 소식이란, 저들이 저지른 온갖 못된 행위에 관한 것뿐입니다. 요즘 북한이 핵실험을 하면서 북한에 대한 적개심을 우리뿐 아니라 온 세계가 갖게 되었습니다. 우리 정부는 기회가 있는 대로 이런 소식을 널리 국민에게 알려서 반공 의식이 투철해지도록 만들었습니다. 다시 말해서 적대감을 날마다 더 분명히 갖도록 했습니다. 이런 상황은 북한에서도 마찬가지입니다. 그래서 우리의 적대감은 아주 극단화되어 있습니다. 북한에 대한 인식이 이렇게 이루어졌기에 저들을 도저히 대화할 수 없는 악독한 종자들로 생각하게 되었습니다. 어떤 사람이 이런 말을 했습니다. "만일 여러분이 전쟁 중에 있으면 여러분은 여러분의 적을 비인간화시켜야 합니다. 만일 그렇지 않으면 여러분은 살인자가 될 것입니다." 상대방을 나쁜 놈으로 만들어 놓지 않으면 내가 나쁜 놈이 될 것이기 때문에 우리는 있는 것 없는 것 다 들추어 상대방을 이 세상에서 없어져야 할 존재로 만들어 놓습니다.

적을 신학화하기

한 가지 더 우리가 알아야 할 것은, 우리는 적을 신학화한다는 점입니다. 다시 말해서 우리의 적이 하나님의 적이라고 단정한다는 말입니다. 제1차세계대전을 일으킨 독일 병사들은 그들의 허리띠 버클 위에 "하나님은 우리와 함께 계신다"라고 새겼습니다. 우리 기독교인들도 북한이 대한민국의 적일 뿐 아니라 하나님의 적이라고 확신하고 있습니다.

구약성경에는 이스라엘의 적과 하나님의 적을 동일시하는 많은 예가 기록되어 있습니다.

> 주님, 주님을 미워하는 자들을 내가 어찌 미워하지 않으며, 주님께 대항하면서 일어나는 자들을 내가 어찌 미워하지 않겠습니까? 나는 그들을 너무나도 미워합니다. 그들이 바로 나의 원수들이기 때문입니다. (시 139:21-22, 표준새번역)

그러나 하나님은 이스라엘의 적이 모두 하나님의 적이라는 사실을 인정하지 않으셨습니다. 오히려 하나님은 이스라엘의 적을 통하여 그들의 죄를 징벌하셨습니다. 하나님은 아시리아와 이집트를 불러 이스라엘을 공격하게 하셔서 이스라엘이 하나님 앞에 지은 죄를 깨닫게 하셨습니다. 그러므로 이스라엘의 적이 하나님의 적이 될 수는 없습니다. 그러므로 우리의 적이 하나님의 적이라고 우리 스스로 확신을 가지려고 해도 그 근거가 대단히 빈약할 수밖에 없습니다. 하물며 우리가 그것을 하나님께 인정받으려고 할 때는 더욱 그렇습니다. 북한이 하나님을 부인하고 하나님의 교회를 다 부셔 버렸기 때문에 이들은 하나님의 적이라고 말을 하지만, 그 성경적인 근거는 빈약합니다. 성경은 오히려 하나님이 우리에게 주시는 채찍이라고 답변을 할 수도 있기 때문입니다. 실제로 그들은 우리를 향한 하나님의 도구일 뿐입니다.*

이렇게 볼 때 결국 문제는 우리 자신 속에 있음을 알게 됩니다. 적을 만드는 것은 우리 자신입니다. 우리 속에 있는 죄악이, 무엇인가 얻고자 하는 탐욕이 원수를 만들어 냅니다. 한국전쟁을 통해 우리 안에 자리 잡은 트라우마가 적을 만들어 냅니다. 그렇게 보면 우리의 주적은 바로 자신입니다. 인터넷에 올라온 어떤 글에서 원수를 다음과 같이 정의했습니다.

> 원수란 무의식 속에 내재된 죄의 잉태를 의미한다. 죽이고 싶거나 잊고 싶은 그 무엇을 원수라고 칭하는 것이다. 그래서 원수는 곧 죄를 전제로 한다. 다시 말해 무의식 속에 내재된 부정적인 존재를 원수라 하고, 이것을 쌓는 과정을 죄짓는 것이라 한다.**

우리는 모두 하나님 앞에서 죄인이라는 사실을 알아야 합니다. 이 죄인 됨이 바로 우리를 원수 관계에 놓이게 만들었습니다. 우리 주변에서 적을 없애려면 우리 안에 있는 악을 먼저 극복해야 합니다.

---

* 〈기독교사상〉, 1986년 12월 호, 70.
** 〈위키트리〉, "'원수를 사랑하라'는 말의 진짜 의미," 2011. 11. 17.

예수 그리스도는 십자가에 달리셨을 때 자기를 죽이는 사람들을 위해 기도하셨습니다. 예수님에게는 원수가 없었습니다. 자기가 구원해야 할 불쌍한 인간을 비롯한 피조물만 있었을 뿐입니다.

민주화 운동에 앞장섰던 교수나 목사들 중에 생각이 바뀌어 '국민의 정부'나 '참여 정부' 시절 앞장서서 햇볕 정책을 비난하고 북한과의 교류를 반대한 분들이 있습니다. 그런데 이 분들의 가족사에는 북한에서 고통을 당한 경험 혹은 가족 중 납북된 사람이 있다는 공통점이 있습니다. 그 경험이 트라우마로 남아 북한을 철천지원수로 여기게 만든 것 같습니다. 이 분들은 먼저 그 트라우마를 치료받지 않고서는 북한 정권을 용서할 수 없을 것입니다.

그런데 반해 같은 경험을 가졌으면서도 오히려 평화통일 운동에 앞장선 분도 계십니다. 서광선 교수님은 그 선친이 6·25전쟁 때 북한군에게 총살당하고 대동강가에 버려진 것을 찾아 시신을 수습했습니다. 순교하신 것입니다. 서 교수님은 이런 경험에도 북한을 원수로 여겨 타도해야 할 적으로 간주하지 않고, 1988년 한국기독교교회협의회가 발표한 '민족의 통일과 평화에 대한 한국기독교회 선언'의 최종 집필자가 되셨습니다. 그는 "6·25 한국전쟁을 평양에서 겪고 아버지의 순교를 목도하면서 전쟁이 아니라 원수에 대한 용서와 화해와 평화 구축을 통하여 통일을 이룩하여야 한다는 순교자 아버지의 유지와 그리스도의 가르침과 기독교 정신으로 문서 작성에 임했음을 밝힌다"고 했습니다.*

예수 그리스도는 십자가를 통해, 원수를 만들어 내는 모든 차별을 극복하시고 하나 되게 하셨습니다. 그 십자가에서 차별을 조장하

---

* 서광선 외, 『대동강 건너 요단강 넘어』(동연), 236.

고 적을 만들어 내는 악을 소멸하셨기에 이제 그리스도 안에서 원수나 적은 존재하지 않습니다. 다 같은 하나님의 자녀일 뿐입니다. 그것은 물론 믿는 사람에게만 해당하는 것이 아닙니다. 나를 미워하고 죽이려는 사람까지도 다 같이 하나님의 자녀임을 인식해야 합니다.

그래서 예수님께서는 원수를 사랑하라고 하셨습니다. 거기에는 아무 조건이 없습니다. 무조건 사랑하라는 것입니다. 내 편에서 사랑을 해도 상대편은 여전히 미움과 두려움으로 가득한 상태로 계속해서 나를 원수로 생각할 수 있을 것입니다. 그래도 사랑하라는 말씀입니다.

하나님은 우리에게 원수를 사랑할 수 있는 힘을 주십니다. 디모데후서 1장 7절에 "하나님이 우리에게 주신 것은 두려워하는 마음이 아니요 오직 능력과 사랑과 절제하는 마음"이라고 했습니다. 그렇습니다. 성령 충만한 스데반은 자기를 돌로 치는 사람들을 미워하는 대신에 하나님 우편에 계신 인자를 바라봤습니다. 성령은 우리로 하여금 북한을 원수가 아니라 사랑해야 할 하나님의 자녀로 보게 만드십니다. 성령은 우리 속에서 악을 제하심으로 우리가 상대방을 어떤 가식과 탈을 쓴 인간이 아닌 순수한 인간, 하나님의 형상이 깃든 인간으로 보게 만드십니다. 그래서 원수까지도 사랑하게 만드십니다. 물론 우리가 이렇게 사랑을 해도 여전히 우리를 미워하고 죽이려는 무리가 있게 마련입니다. 그러나 그에 대한 심판은 우리의 몫이 아닙니다. 그것은 하나님께 속한 권한입니다. 하나님께 맡겨야 합니다. 우리는 북한이 바로 그러한 존재라고 믿고 있습니다. 그럼에도 우리는 그들을 사랑해야만 합니다. 그들의 악은 하나님께서 심판하실 것입니다. 우리에게는 저들을 사랑으로 만날 의무만 있습니다.

우리가 저들을 사랑하려면 저들을 좀 더 알아야 합니다. 저들을 비인간화시켰던 과거의 생각에서 탈피해 저들을 인간으로, 같은 동포로, 같은 형제자매로 보기를 힘써야 할 것입니다. 통일을 향한 노력은 상대방을 설득시키는 데 있는 것이 아니라, 우리 자신을 설득하는 데 있다고 할 수 있습니다. 먼저 우리 속에 뿌리 깊게 내린 적대감을 뽑아 버리고, 사랑을 심으려고 노력해야 합니다. 이렇게만 된다면 평화통일의 날은 그리 멀지 않을 것입니다.

사랑하는 여러분, 그리스도 안에 있는 우리에게 원수나 적은 없습니다. 있어서는 안 됩니다. 성령께서 우리에게 주시는 능력과 사랑과 건전한 정신을 가지고 적대적인 관계로 치닫고 있는 이 사회와 민족을 위해 기도해야겠습니다. 성령은 결코 우리에게 미워하는 마음, 두려워하는 마음을 가져오시는 분이 아닙니다. 미움과 두려움을 벗어 버리고 사랑의 용기로 오늘의 두터운 장벽을 뛰어넘어야겠습니다. 북녘 땅에 있는 우리의 형제자매들을 위해 기도하기 전에 먼저 우리와 함께 있는 이 땅의 형제자매들을 위해 기도해야겠습니다. 교회들이 먼저 그릇된 적대감을 해소하고 사랑의 운동을 펼쳐 나가야겠습니다. 이 사랑의 운동에 언제나 앞장서는 여러분의 생활이 되시기를 바랍니다.

2013년 2월 24일, 더불어한교회.

세월호 침몰 사건

2014년 4월 16일 오전 8시 50분경 전라남도 진도군 조도면 부근 해상에서 여객선 세월호가 전복됐다. 세월호는 청해진해운 소속의 인천발 제주행 연안 여객선으로, 안산 단원고등학교 학생이 주를 이룬 탑승자 476명을 태우고 있었다. 4월 16일 오전 8시 58분에 병풍도 북쪽 20km 인근에서 조난신호를 보낸 세월호는 2014년 4월 18일 완전히 침몰했으며, 이 사고로 304명이 사망했다. 생존자 172명 중 절반 이상은 해양경찰보다 약 40분 늦게 도착한 어선 등 민간 선박에 의해 구조되었다.

이 참사는 결과적으로 우리나라의 안전 관리 현실과 사회의 어두운 일면을 보여 줬다. 이 사건으로 출범 2년차이던 박근혜 정부뿐 아니라 대한민국 전반이 침체와 공황에 빠져들었다. 절대 일어나지 않았어야 할, 여러 의미로 최악이자 끔찍한 사건이었다.

세월호 참사는 나사렛 예수의 십자가와 아무 상관이 없다. 그러나 십자가를 통해 당시 종교 권력과 국가권력의 폭력성이 드러났으며 십자가의 고통 속에는 오늘의 비극적인 참사로 말미암은 고통도 포함되었다는 생각이 들어 "세월호 참사와 십자가"란 설교를 하게 됐다. 하나님은 이 고난에 함께하실까라는 생각과 더불어 우리가 어떻게 저들의 고난에 연대할 수 있을까를 생각하며 설교를 준비했다.

세월호 참사와 십자가

마가복음 15:1-32, 고린도후서 1:3-7

세월호 여객선이 침몰하여 304명이 죽거나 실종된 지 벌써 47일째로 접어들었습니다. 아직도 실종자 16명을 찾지 못하고 있습니다. 사고가 난 지 한 달 반이나 지났지만 무엇 하나 제대로 밝혀진 것 없고 재난을 당한 사람들을 위한 제대로 된 대책 하나 나온 것이 없습니다. 정부뿐 아니라 한국교회 역시 기도회도 하고 모금도 하고 지원하기 위한 단체도 만들었지만, 왠지 공허하고 하나도 도움이 안 된다는 느낌만 들 뿐입니다. 이러한 때 목사는 무슨 설교를 해야 할지 답이 잘 나오지 않습니다. 그런 가운데 오늘 다시 한 번 이번 참사를 돌아보면서 예수 그리스도의 십자가를 연상하게 되었습니다. 이 침몰 참사는 나사렛 예수의 십자가와 아무 상관이 없지만, 십자가를 통해 나타난 당시 종교 권력과 국가권력의 폭력성을 짚어 볼 수 있고, 그 십자가의 고통 속에는 오늘의 비극적인 참사로 말미암은 고통도 포함되었다는 생각이 들어 전혀 무관한 것은 아니라고 봤습니다.

인간의 야만성이 저지른 죄악

예수님이 십자가에 처형당하신 것은 인간이 저지른 가장 큰 죄악의 사건입니다. 체제 종교가 저지른 씻을 수 없는 폭력이었습니다. 십자가 사건은 깊은 진리를 설파하여 인간에게 새로운 세계를 열어준 하나님의 아들을 정치적 판결에 의해 죽음에 내어 준 사회적·정치적 범죄의 전형입니다. 대만 신학자인 송천성(宋泉盛, C. S. Song) 박사는 다음과 같은 글을 썼습니다.

> 십자가는 모든 악령의 힘에 잡힌 인간이 서로 얼마나 부정을 행하는가, 얼마나 서로를 분열시키고 얼마나 서로를 멸망시키는가를 나타내고 있다.…그러므로 십자가가 나타내고 있는 사실은 어떠한 희생이 있어도 자기의 이익을 추구하려고 하는 사회 정치적 권력의 범죄이며, 법률마저도 무시하고 하나님에게 격려받아 진리에 충실히 살려고 하고 이웃에 대한 사랑에 헌신한 사람들의 생명마저도 희생하는 권력의 범죄이다. …십자가는 인간의 권리를 존중하기보다는 정치적 방편을 중요하게 생각한 정치권력자들에 의해 저질러진 사건이었다.*

위의 인용문에서 '십자가' 대신 '세월호 참사'를 넣어 읽으면 두 사건이 같은 성격을 지녔음을 알 수 있습니다. 십자가 사건은 그 사회, 그 국가의 폭력적인 야만성을 그대로 드러냈습니다. 율법 종교의 기득권을 고수하려는 맹신적 야만성과 점령 지역의 정치적 안정을 통해 자기의 하찮은 권력을 지키려 했던 로마제국의 하수인인 빌라도의 정치적 야만성이 결합하여 만들어 낸 사건이었습니다.

---

* C. S. Song, 『예수, 십자가에 달린 민중』(민중사), 171.

총독인 빌라도는 살인을 저지른 폭도 바라바를 놓아 주고 아무 죄도 없는 예수님을 십자가형에 넘겨주는 어처구니없는 판결을 했고, 생각 없는 군인들은 예수님에게 가시관과 자색 옷을 입히고 조롱하며 머리를 갈대로 치고 침을 뱉으며 모욕을 주었습니다. 이들도 한 가정의 가장이거나 남편이거나 아버지였을 텐데 어째서 인간성을 잃어버린 야만인이 되었을까요? 그런가하면 십자가에 달린 예수를 바라보며 지나가던 사람들, 대제사장들, 율법학자들, 심지어는 같이 십자가에 달린 강도들도 예수님을 조롱하고 욕했습니다. 그 참혹한 십자가형을 바라볼 때 거기에 달린 사람이 아무리 못된 짓을 한 자라 할지라도 그 끔찍함에 고개를 돌리며 그 잔인함에 치를 떨어야 마땅하지 않겠습니까? 결국 이들도 인간성을 상실한 야만인에 불과했습니다.

이번에 일어난 여객선 침몰 참사는 오늘날 우리 사회가 안고 있는 탐욕과 이기심, 국민의 생명을 지킬 의지가 부족한 정부의 야만성으로 말미암은 것입니다. 야만성이란 인간이 인간이기를 포기한 심성입니다. 이번 참사에서 무엇보다도 선장과 선원들이 배가 침몰하고 있다는 사실을 알면서도 어떻게 해서든 배를 복원하려는 노력은 포기하고, 수백 명의 승객을 내버려 둔 채 자기들만 살려고 비밀 통로로 탈출했다는 사실은, 그들이 선장이나 선원이라는 직 이전에 인간이기를 포기했음을 보여 줍니다. 이들이 그럴 수밖에 없던 환경이나 여건을 문제 삼는 의견이 있습니다. 비정규직이라든가 열악한 대우 때문에 선장이나 선원으로서 사명감이 전혀 없었다는 것입니다. 그렇다면 저들의 인간성 포기는 침몰 순간에 나타난 본능적 충동으로 말미암은 것이 아닙니다. 오랜 시간에 걸쳐 서서히 그 인간성이 무너져 왔음을 말해 줍니다. 작게 보면 저들을 고용한 청해진

해운이 저들의 인간성을 갉아먹었고, 크게 보면 신자유주의를 신봉하는 정부의 경제 정책이 저들뿐 아니라 우리 모두의 인간성을 갉아먹었습니다.

둘째로, 청해진해운을 운영하는 주체의 비인간성이 배를 침몰로 몰아갔습니다. 보도된 기사에 따르면 침몰 이후 회사는 두 가지에 집착했는데, 하나는 절대 항로 이탈이 아니라는 것과 배가 가라앉는 순간에도 조작한 적재 화물 무게입니다. 이것은 그들이 그 상황 속에서도 후에 여러 과정을 거쳐 정산될 보험금을 깎이지 않고 받아 내기 위해 계산했음을 보여 줍니다. 그런가 하면, 싣고 가던 화물을 비롯하여 구조·인양비 등의 비용을 계산하면 수천억 원이 예상되는데, 유병언 쪽에서는 "전 재산 100억 원을 모두 내놓겠다"고 했습니다. 거기까지만 손해 보겠다는 말입니다. 이는 나머지를 사회가 부담하라는 꼼수입니다. 이런 약삭빠른 머리는 극히 진보하고, 생명에 대한 무한책임을 느끼는 인간성은 말살되었음을 보여 줍니다.

셋째로 우리는 구조에 나선 정부의 대통령을 비롯한 장관과 관계자들의 메마른 인간성에 깊은 우려를 갖지 않을 수 없습니다. 구조에 나선 해경들이 시간이 있었음에도 한 사람이라도 더 구조하겠다는 의지를 전혀 보이지 않았다는 사실은 우리를 분노하게 했습니다. "국가안보실은 재난 컨트롤 타워가 아니다"라고 한 국가안보실장의 발뺌 발언은 정부에 대한 절망을 맛보게 했습니다. 박근혜 대통령이 국무회의에서 앉아서 읽어 내려 간 사과는, 모두가 애통해 하는 때에 유족들을 부둥켜안고 함께 슬퍼하며 흘릴 눈물이 없음을 드러낸 진정성 없는 사과였습니다. 한참 후에 가서 대국민 사과를 했지만 여론에 떠밀린 사과였기에 진정성 없기는 마찬가지였습니다.

일본 철학자 카야노 도시히토(萱野稔人)는 "국가는 주민들이 자신의 안전을 목표로 설립하는 것이 아니다. 폭력적으로 우위에 있는 하나의 행위 주체가 주민들을 지배하고 그들로부터 부를 수탈함으로써 국가는 만들어진다. 주민의 보호는 그로부터 파생하는 하나의 부수적 활동에 불과하다"라고 했습니다. 불행하게도 이번 세월호 참사를 겪으면서 이 정권이 정말로 국민의 생명을 지키는 것을 '부수적 활동'으로 생각하는 것이 아닌가라는 의심이 듭니다. 정치인들은 결국 하찮은 권력을 지키려다 그 인간성을 모두 잃었습니다. 저들은 언제나 인간의 생명을 말살하는 악의 하수인 노릇밖에 할 수 없는 태생적인 한계를 지니고 있습니다.

그 외에도 슬픔을 당한 사람들의 가슴에 씻지 못할 상처를 주는 망언들을 쏟아 내는 정치인들이나 몰지각한 목사들 그리고 보수와 애국을 자처한다는 사람들의 막말은 인간 속에 뿌리내린 원죄의 폭력성을 생각나게 합니다. 결국 이런 인간의 야만성이 옛날에는 예수를 십자가에 못 박았고, 오늘날에는 세월호를 침몰하게 했습니다. 이번 참사는 우리 사회가 지닌 야만성을 적나라하게 드러냈습니다. 이런 야만성이 두려운 것은 폭력을 동반했다는 데 있습니다. 폭력이 동반된 야만성은 오직 자기 권력의 유지와 강화를 목적으로 그 폭력을 사용하기 때문에 언제나 연약한 생명은 그 희생 제물이 될 수밖에 없습니다.

특히 이런 폭력의 희생자는 언제나 약한 자, 힘없는 자, 가난한 자, 어린이, 노약자들입니다. 송천성 박사는 고통당하는 예수 안에서 고통당하는 민중을 깨닫는다 했고, 그 반대로 고통당하는 민중에게서, 또 고문당하고 살해된 민중에게서 고문당하고 십자가에 못 박

---

* 카야노 도시히토, 『국가란 무엇인가』(산눈), 88.

힌 예수를 본다고 했습니다*. 그가 말하는 민중은 "사회적·정치적·경제적·종교적으로 억압받고, 착취당하고 불이익의 처우를 받고, 주변으로 쫓겨난 사람들"입니다**. 결국 이번 세월호 여객선 참사에 당한 사람들도 민중이요, 그들의 죽음 속에서 우리는 십자가에 못 박힌 예수를 만나게 됩니다.

고난 가운데 함께하시는 하나님

이번 여객선 침몰 참사는 사랑하는 이들을 잃은 가족과 이를 지켜보는 많은 국민에게 말할 수 없는 큰 고통을 안겨줬습니다. 이런 고통을 겪으면서 '하나님은 우리의 이런 고통을 알고 계실까'라는 의문을 품게 됩니다. 이것은 대단히 중요한 문제가 아닐 수 없습니다. 외적인 구조나 지원·보상 등은 정부나 사회단체가 하겠지만, 내적 상처와 슬픔은 하나님이 함께하실 때 치유되기 때문입니다. 따라서 하나님께서 우리의 아픔을 아시며 우리와 함께하신다는 믿음은 치유의 기본이 될 수밖에 없습니다. 그러면 지금 과연 하나님은 우리가 당하는 고통을 알고 계시며 거기에 함께하실까요? 여기에 답을 얻기 위해 다시 예수의 십자가를 돌아봅니다.

하나님의 아들이 친히 십자가 위에서 죽으셨다는 것은 하나님께서 인간의 고통과 무관하게 멀리 떨어져 계신 분이 아니라 그 고통을 친히 맛보시며 아파하신다는 사실을 뜻합니다. 즉 하나님께서 인간이 안고 있는 모든 고통을 알고 계시며 아파하신다는 뜻입니다. 2,000년 전에 십자가의 고통이 끝난 것이 아니라 인간의 역사가 계

---

* C. S. Song, 앞의 책, 351.
** 앞의 책, 343.

속되면서 일어나는 모든 고난을 하나님이 아파하고 계신 것입니다. 그러므로 이 역사 안의 고통 중 하나님의 고통이 아닌 것은 없습니다. 다시 말해서 하나님은 인간의 역사와 무관하게 계신 분이 아니라 그 역사를 아파하시면서 그것을 구원하시고 온전케 하고자 일하고 계신 분입니다. 십자가는 2,000년 전 예수님을 못 박았던 나무토막에 불과한 것이 아니라 인간의 역사 속에 일어나는 모든 고난이 바로 그리스도께서 달리신 십자가입니다. 송 박사는 "예수의 십자가가 나타내는 것은 인간의 역사가 하나의 긴 수난주간이라는 것"이라고 했습니다.* 현재의 역사 속에서 일어나고 있는 모든 고난을 하나님이 외면하고 계신 것이 아니라 바로 그 고난 한복판에 하나님이 계시며, 그 고난 때문에 아파하고 계십니다. 그 고난은 하나님의 것이며, 따라서 그냥 넘어가지 않고 반드시 하나님께서 그 고난을 치료하실 것입니다.

예수님의 십자가를 이렇게 이해할 때 하나님은 세월호 침몰 참사의 고통을 함께 나누고 계시며 그 가운데 함께하신다는 사실을 믿게 됩니다. 하나님은 예수 그리스도의 십자가를 통하여 오늘날 우리의 고통을 친히 감당하고 계십니다. 하나님이 함께하신다는 사실은 그분이 상처를 치유하고 계심을 뜻하며, 이 고통을 통하여 이 나라를 새롭게 하시며, 구원의 역사를 이루고 계심을 뜻합니다.

이 역사의 고난과 아픔을 함께 짊어진 예수의 십자가는 죽음으로 끝나지 않고 부활로 이어집니다. 그러므로 오늘날 우리가 당하고 있는 고통은 고통으로 끝나지 않고 반드시 부활로 나아가도록 새로운 미래가 우리 앞에 열려 있습니다. 우리를 위협하는 죽음의 세력은

---

* C. S. Song, 앞의 책, 204.

그리스도의 죽으심으로 그 기가 꺾였고, 새롭게 열린 영원한 생명의 세계로는 그 세력을 뻗칠 수 없습니다. 이 땅에서 맹위를 떨치면서 우리를 괴롭히는 고난도 그리스도의 십자가의 죽음을 통해 열린 영원한 생명의 세계로는 침범할 수 없습니다. 우리가 만난 비극은 우리에게 큰 고통을 가져왔지만, 그 고통 속에는 우리를 치유하시는 하나님의 은총의 손길도 함께하신다는 희망을 갖게 합니다.

세월호 참사를 통해 정권에 대한 국민의 신뢰가 무너져 내렸습니다. 국민의 신뢰를 잃은 정부가 깨어진 신뢰를 회복하고자 대통령이 눈물을 보이며 사과하고, 해양경찰청을 폐쇄하겠다고 했습니다. 그러나 정권은 언제나 그 폭력성을 강화하면 했지 절대로 그것을 포기하지 않기에 정부에 기대하기는 어렵습니다. 결국 국민이 정신을 차려서 정권의 실상을 똑바로 보고 계속 저들을 감시하며 비판하고 국민을 위한 정치를 하지 않을 수 없도록 힘을 모아야 합니다. 국민을 위한, 국민을 두려워하는 정권이 되도록 만들어 가야 합니다. 아울러 한국교회도 반성하며 정신을 차리고, 예언자의 자리로 복귀해 민중과 더불어 정권을 감시하고 저들의 폭력에 맞서며 정의에 기초한 평화를 다져가야 합니다. 그럴 때 이 땅에 치유의 역사가 시작될 것입니다.

고난에 연대하라

고린도후서 1장 7절에 보면 "여러분이 고난에 동참하는 것과 같이 위로에도 동참하고 있[다]"고 했습니다(표준새번역). 이 구절을 직역하면 "여러분은 고난에 참여하는 이들인 것같이 위로에도 참여하는 이들이다"가 됩니다. 여기서 "참여하는 이들"로 번역된 원어는 '코이노노이'(κοινωνοί)로 친교 또는 연대의 뜻을 가진 '코이노니아'라는 단어와 어원이 같습니다. 이런 어원을 따라 다시 번역하면 '고난에 연대(連帶)하는 이들' 혹은 '고난받는 자들과 친교하는 이들'이라고 할 수 있습니다.

하나님의 아들 예수 그리스도께서 이 땅에 오셔서 고난당하심은 우리의 고난에 동참 또는 연대하시기 위한 것입니다. 예수님께서 마태복음 25장 '최후의 심판' 비유에서 "너희가 여기 내 형제자매 가운데, 지극히 보잘 것 없는 사람 하나에게 한 것이 곧 내게 한 것"이라고 하셨습니다(40절, 표준새번역). 그것은 하나님의 아들이 이 땅의 지극히 보잘 것 없는 자들과 연대하고 계심을 뜻합니다. 고난받는 자들과 친교하고 계심을 뜻합니다. 따라서 우리가 지극히 보잘 것 없는 자들의 고난에 동참할 때 우리는 바로 그리스도와 친교를 나누는 것이라고 하겠습니다.

이번 참사를 통해서 우리가 희망을 발견하는 것은, 고통당하는 자들과 함께 울어 주는 수많은 시민들 때문입니다. 그들은 생명을 경시하는 세력들을 질타하고 비판하면서 인간성의 따뜻함을 보여 주고 있습니다.

세월호 참사가 난 후 어떻게 저들의 슬픔을 함께 나눌까 생각하던 어떤 여 집사님이 안산에 가 한 아이의 장례식에 참석했는데, 그 옆방에 아직 장례를 치루지 않은 어머니가 낙심하여 앉아 있는 모습을 보고 찾아가 껴안고 한참을 울었답니다. 그리고는 "이번에는 가만히 있지 않겠다. 안 되면 광화문 네거리에서 피켓이라도 들겠다"고 약속을 했답니다. 그 약속을 지키기 위해 다섯 아이의 엄마인 이 집사님은 4월 28일부터 하루 네 시간씩 일주일에 네 번 광화문에서 1인 시위를 하고 있습니다. 요즘은 "누가 이들의 이웃이 되겠느냐"라는 피켓과 "세월호 은폐 엄단, 진실 규명"이란 피켓을 들고 있습니다. 39세인 이 집사님은 자기가 낳은 아이와 입양한 아이까지 다섯 명의 아이를 돌보느라 매우 분주하지만 아이들에게도 이런 시위가 교육이 된다고 생각하며 여전히 광화문에 나오고 있습니다. 광화문에서 시위하면서 본 풍경들을 매일 페이스북에 올리고 있습니다. "우는 자들과 함께 울라"는 말씀을 따라 이런 방법으로 고난에 연대하고 있는 것입니다.

그런가 하면, 정신건강의학과 전문의 정혜신 박사와 그 남편 등 몇몇 사람이 5년 이상 안산에 머물 결심으로 거주할 집을 마련 중이라고 합니다. 이들은 현지에서 '사고 관련 기록 수집', '심리 치료', '문화 공연' 등의 활동을 벌이면서 깊은 상처를 입은 유족들에게 다가가 저들의 슬픔을 함께 나누고 치유하려고 한답니다.*

한국교회는 이제 좀 더 낮은 자리로 내려와 작은 자들과 연대하고 그 고난에 함께하기를 힘써야 합니다. 모든 사람이 높은 자리를 향하여 나갈 때 교회는 반대로 낮은 자리로 내려가 거기서 고난당하는 사람을 만나며, 그들의 아픔을 치유하면서 그곳에 함께하시는 그리스도를 만나야 합니다. 한국교회가 큰 세력으로 성장하여 우리 사회의 무시 못 할 자리를 차지하면서 특권을 누리려 한다면 서구 교회처럼 그 영광은 곧 사라지고 교회는 텅 비게 될 것입니다. 그러므로 고난 속에서 성장해 온 과거를 잊지 않고 끊임없이 고난의 현장으로 내려가 아픔을 당하는 자들과 연대하고 그들의 아픔을 싸매어

---

* 〈한겨레〉, 2014. 5. 27.

줘야 합니다. 그러면 한국교회는 영성이 깊어지고 하나님의 통치를 이 땅에 실현시키는 충실한 교회가 될 것입니다.

2014년 6월 1일, 더불어한교회.

기본소득 논의를 보면서

기본소득(Basic income)은 재산이나 소득의 많고 적음, 노동 여부나 노동 의사와 상관없이 개별적으로 모든 사회 구성원이 균등하게 지급받는 소득이다. 18세기 말에 사회사상가 토머스 페인(Thomas Paine)이 주장했다. 1970년대 유럽에서 시작된 논의는 2000년대 들어 급속히 확산되었다. 인공지능의 발전으로 산업 자동화가 가속화하자 이에 따른 일자리 수 감소를 대비하기 위해 활발하게 논의되고 있는 복지 개념이기도 하다. 한국에서는 녹색당, 노동당, 더불어민주당의 이재명 성남시장, 박원순 서울시장 등이 주장하고, 시민단체인 기본소득한국네트워크를 중심으로 활발한 연구와 논의가 이루어지고 있다.

나도 일찍이 기본소득 논의에 대해 알게 되었고, 성경은 이에 대해서 어떤 말씀을 하고 있는가 관심을 갖고 찾아보았다. 결론은 기본소득제야말로 성경에 가장 가까운 경제 운영 원리이므로 교회가 적극적으로 관심을 기울여야 한다고 보았다. 교회의 선교가 예수를 믿으라고 전하는 초보적인 단계에 머물러 있고, 자선단체나 봉사 단체에 기부하거나 참여하는 정도에 그치고 있다. 이런 소극적인 선교에서 벗어나 적극적으로 사회구조나 제도를 성경의 원리에 맞도록 바꾸는 일에 관심을 가짐으로 교회가 더 폭넓은 선교를 이룩할 수 있지 않을까?

성경의 평등 원리를 잘 실현할 수 있는 기본소득제에 교회가 관심을 갖고 법제화되도록 운동한다면 교회를 향한 사회의 인식도 달라질 수 있지 않을까 생각하며 다음의 설교를 준비했다.

기본소득과 교회

민수기 26:52-56, 레위기 25:23, 마태복음 20:1-16

지난 6월 5일 스위스에서 기본소득에 대한 국민투표가 있었습니다. '정부는 기본소득을 제공해야 한다', '기본소득은 인간을 존엄하게 하고 공적 삶에 참여할 수 있게 할 것이다', '기본소득의 액수와 재원 조달 방안은 법률로 정한다'라는 3개 조항을 헌법에 넣을 것인지 여부를 두고 치러진 투표였습니다. 결과는 76.7퍼센트 반대, 23퍼센트 찬성으로 부결되었습니다. '기본소득스위스'가 제안한 기본소득 액수는 18세 이상 성인에게 매달 2,500스위스프랑(약 300만 원)*, 어린이와 청소년에게는 650프랑(79만 원)이었습니다. 이런 금액이 투표에 부쳐진 것은 아니고 시행될 때 최소한의 액수를 제시한 것에 불과합니다.

매달 아무 조건 없이 300만 원씩 주겠다는데 스위스 국민은 왜 반대를 했을까요? 아마도 그만큼 스위스의 복지가 잘 갖춰져 있기 때문인 것 같습니다. 1인당 GDP가 7만 8,000달러로 갖은 복지 제도를

---

* '성인에게 월 300만 원을 준다는 건 1년 기준으로 3,600만 원이고 스위스 국민 1인당 GDP의 대략 2분의 1에 해당한다. 우리나라로 치면 1인당 GDP가 2만 6,000달러이기 때문에 성인에게 약 월 110만 원을 주는 셈이다.

통해 사회가 안정화되어 있어 굳이 모험을 하며 기본소득제를 도입할 필요성을 느끼지 않은 것 같습니다. 그리고 너도나도 기본소득을 받겠다고 이민자들이 몰려든다면 큰 문제가 될 것이라고 보았기 때문입니다. 비록 부결되었지만, 이 뉴스는 전 세계로 하여금 기본소득에 대해 관심을 갖게 했고, 독일과 영국, 캐나다, 미국 일부 지역에서 기본소득에 대한 연구와 실험을 촉진시키고 있습니다.

기본소득이란?

기본소득이란 모든 사회 구성원의 '적절한 삶'을 보장하고자 정치 공동체 즉 국가나 지방정부가 재산이나 소득의 많고 적음, 노동 여부나 노동 의사와 상관없이 개별적으로 모든 사회 구성원에게 균등하게 지급하는 소득을 말합니다. 기본소득의 특징은 간단합니다. 첫째, 무조건적입니다. 누구에게나 노동을 요구하지 않습니다. 재산이 얼마인지도 따지지 않습니다. 둘째, 개별적입니다. 가족이 아니라 개인에게 줍니다. 세 살 어린아이라도, 백 살 노인이라도 그 존재 자체로 권리를 가집니다. 셋째, 보편적입니다. 많고 적음의 차별 없이 누구에게나 똑같이 주는 소득입니다.

기본소득이 주어지면, 비정규직과 실업자는 일자리가 없어도 버틸 힘을 얻고, 전업주부와 문화·예술인은 자신의 노동 가치를 새롭게 인정받고, 대기업 정규직은 노동시간 단축에 따른 여유로운 삶을 꿈꿀 수 있게 됩니다.* 꿈 같은 이야기이지만, 기본소득의 싹은 이미 현실에 돋아나 있습니다. 박근혜 대통령이 대선 당시 '모든 노인에게

---

* 〈한겨레21〉, 1,000호.

월 20만 원씩 기초노령연금을 주겠다'고 한 공약은 사실상 부분(노인) 기본소득안입니다. 2010년 지방자치단체장 선거를 뜨겁게 달군 무상급식 공약 덕분에 보편 복지와 기본소득의 철학은 이제 상상이 아니라 상식이 됐습니다. 성남시가 시행하는 청년배당도 기본소득의 일부분입니다. 오래 전부터 의무교육 제도가 실시되어 초등학교 6년, 중학교 3년의 모든 교육비를 국가가 담당하니까 사실상 기본소득 혹은 국민배당이 그때부터 일부 실행되었다고 하겠습니다.

기본소득에 대한 논의는 오래 전부터 있어 왔고, 기본소득지구네트워크라는 기구가 활동하며, 우리나라에도 2009년에 기본소득한국네트워크가 조직되어 "신자유주의가 불러온 극심한 양극화와 불안정한 삶, 지구 자원 고갈과 기후변화로 말미암은 생태 위기와 차별적 고통의 문제를 해소하는 사회적·생태적 전환을 실현 가능한 경로로 만드는 데 기본소득이 중심 역할을 할 수 있도록 활동"하고 있습니다.

핀란드 중도 우파 정부가 모든 국민에게 월 800유로(약 108만 원)에 달하는 기본소득을 지급하는 대신 다른 사회복지 수단은 폐지하는 방안을 검토하고 있다고 합니다. 그 외에도 브라질에서 시민기본소득제가 2010년에 실시되었고, 아프리카 나미비아에서 한시적으로 실험하여 좋은 반응을 얻었다고 합니다.

왜 기본소득인가?

2010년 1월에 서울에서 기본소득 국제학술대회가 열렸는데 그때 '기본소득 서울선언'을 발표했습니다. 앞부분을 잠시 인용하겠습니다.

대중의 삶의 위기는 가중되는데, 자본과 권력은 대중에게 점점 더 많은 것을 양보하라 한다. 대중은 저항을 계속하고 있지만, 절망의 터널은 그 끝을 드러내지 않는다. 누구도 희망의 끈을 놓으려 하지 않지만, 그 희망을 현실화할 수단은 여전히 안갯속에 있는 것처럼 보인다. 빈곤과 실업의 덫에 허우적거리고, 열악한 임금노동에 혹사당하는 수많은 대중의 머릿속은 불안, 비관, 냉소로 가득 차 있다.

우리가 직면한 위기를 해결할 대안이 절실히 필요하다. 위기의 폭이 넓고 깊은 만큼 우리에게 필요한 대안은 더욱 근본적이고, 간결하면서도 강력해야 할 것이다. 그리고 이러한 대안은 공허한 이상이 아니라 현실에 기초한 구체적인 요구, 대중의 삶의 위기를 해결할 수 있는 실질적인 요구여야 할 것이다.*

우리가 직면한 위기를 해결할 대안이 절실히 필요한데 그 대안이 바로 기본소득이라는 것입니다. 기본소득 논의는 자본주의경제가 한 계점에 이르러 위기를 의식하지 않을 수 없게 된 상황에서 이를 극복할 수 있는 대안으로 떠오르고 있습니다. 〈한겨레〉 5월 31일자 사설 제목이 "생리대 살 돈도 없는 저소득층 청소년들"인데 이런 아이들이 6만여 명이라고 합니다. 기본소득이 필요한 이유입니다. 2014년 2월 송파 세 모녀 자살 사건도 기본소득이 필요한 이유를 말해 줍니다. 작년부터 문제된 누리과정 예산도 기본소득이 있으면 해결될 수 있는 문제입니다. 은퇴한 시골 교회 목사들에게 기본소득은 노년의 삶을 지탱해 주는 힘이 될 것입니다. 이런 예를 들려면 한이 없을

---

* 2010 기본소득 국제학술대회 자료집, 3.

것입니다. 물론 기본소득제는 아직도 꿈 같은 이상론으로 여겨지기에 이를 실제로 시행하자면 넘어야 할 산이 한두 가지가 아닙니다. 수없는 논쟁과 논의를 거쳐야 할 것입니다.

기본소득과 성경

그러나 우리가 분명히 알아야 할 것은 기본소득제는 평등을 기본으로 하는 하나님 나라 이상에 가장 근접한 제도라는 점입니다. 성경에서 제일 먼저 나오는 기본소득 개념은 이스라엘 자손들이 광야에서 만나를 먹었던 경험에서 찾을 수 있습니다. 하나님께서 광야생활 40년 동안 만나를 내려 주셨고, "많이 거둔 사람도 남지 않고, 적게 거둔 사람도 모자라지 않았다"라고 했습니다(출 16:18, 공동번역). 하나님께서 광야 40년 동안 기본적으로 먹는 문제를 해결해 주셨습니다. 그 다음에 율법도 주시고, 성막(聖幕)도 짓게 하심으로 거룩한 백성이 되게 하셨습니다. 하나님은 인간의 굶주림에 대해 관심을 가지시고, 그 굶주린 배를 채워 주시는 일을 뒤로 미루지 않으십니다. 하나님은 밥을 달라고 기도하는 자를 외면하지 않으시고, 거기에 항상 응답하십니다.

밥은 우리의 생존을 가능하게 해 주는 가장 기본적인 양식입니다. 밥은 생명의 양식입니다. 생명은 밥보다 중요하지만 어떤 순간에도 밥 없이 지탱될 수 없습니다. 인간이 아무리 만물의 영장이라 할지라도 하루 세 끼 밥을 먹지 않고는 영장으로서의 품위를 유지할 수 없습니다. 인간의 생각하는 힘이나 혹은 모든 영적 활동도 기본적으로 밥을 먹지 않고는 이루어질 수 없습니다. 주님의 기도 둘째 부분에서 어떤 다른 기도보다 먼저 '밥'을 달라고 기도하게 하신 것은, 밥의 문제가 해결되지 않으면 용서도, 유혹에서 벗어남도, 악에 대항하는 것도 모두 의미가 없기 때문입니다. "오늘 우리에게 일용할 양식을 주옵시고"라는 기도는 기본소득의 필요성을 강조한 것이라고 하겠습니다.

    이스라엘 자손들이 여호수아의 인도 아래 가나안 땅을 점령하고 성전에서 봉사하는 레위지파만 빼고 11개 지파가 제비를 뽑아 그 땅을 고루 나누어 받았습니다. 그러나 이 땅은 하나님의 소유이기에 함부로 처분할 수 없도록 엄격하게 규제했습니다. 이것은 하나님이 허락하신 땅에 사는 사람은 차별 없이 평등하게 살도록 한 것이며, 그 땅에서 나는 소득은 고루 분배되어 함께 살아가는 공동체를 이루게 하셨습니다. 이는 기본 생존권을 보장하셔서 저들이 하나님을 올바로 섬기게 하시려는 것이었습니다. 여기서 우리가 알아야 할 사실은, 토지는 '하나님이 주신 것'이지 인간이 새롭게 창조할 수 있는 것이 아니라는 점입니다. 따라서 누군가가 이용권을 누릴 수는 있어도 배타적 소유권을 행사하고, 또 이를 상속한다는 것은 옳지 않습니다.*

    예수님께서 산상설교에서 "무엇을 먹을까 무엇을 입을까 염려하지 말라"고 하시면서 "먼저 그의 나라와 그의 의를 구하라"고 하신 것도 기본 생존권을 하나님이 보장하신다는 뜻이요, 그 바탕 위에서 하나님 나라를 구하라고 하신 것입니다. 따라서 기본소득은 그 땅에 사는 모든 사람의 생존권을 보장하기에 의식주를 염려하지 말라고 하신 예수님의 뜻을 가장 잘 실현하는 제도라 하겠습니다. 국가는 이런 하나님의 뜻을 대신하여 국민의 기본 생존권을 보장할 책임이

---

*   http://basicincomekorea.org, 기본소득 왜 필요한가?

있습니다.

오늘 본문 마태복음 20장의 '포도원 품꾼의 비유'도 기본소득의 근거가 될 수 있는 말씀입니다. 포도원에 맨 처음 들어온 일꾼이나 나중 들어온 일꾼이 똑같이 한 데나리온씩의 삯을 받습니다. 많이 일한 사람은 많이 받고 적게 일한 사람은 적게 받는다는 자본주의적 사고로는 잘 이해가 되지 않는 말씀입니다. 이 비유는 당시에 하나님 앞에 내세울 것 없는 세리와 죄인들을 영접하시는 예수님의 사랑이 곧 복음임을 드러내었습니다. 하나님 앞에서는 많이 일한 사람과 적게 일한 사람의 차이는 의미가 없습니다. 다 같이 죄인이기 때문입니다. 하나님 앞에서는 행위(doing)가 중요한 것이 아니라 존재(being) 그 자체가 중요합니다. 하나님은 이 땅에 태어난 모든 사람의 생존권을 존중해 주십니다. 따라서 바로 이런 국민의 생존 권리를 보장해 주어야 할 책임이 국가에 있습니다.

사도 바울은, 로마서에서 의인은 하나도 없다고 하면서 모든 사람이 하나님 앞에서 죄인이라고 했습니다. 그리고 갈라디아서 3장 28절에서 "유대인이나 헬라인이나 종이나 자유인이나 남자나 여자나 다 그리스도 예수 안에서 하나"라고 선언했습니다. 이 말씀은 구원에 관한 이야기임과 동시에 인권 선언이며, 기본소득에 적용할 수 있는 원리이기도 합니다. 이 말씀은 "유대인이나 헬라인이나 종이나 자유인이나 남자나 여자나 다 생존할 권리를 갖는 하나님의 자녀"라고 해석될 수 있습니다.

사도행전 2장 44절 이하에 보면 다음과 같이 기록되어 있습니다.

믿는 사람은 모두 함께 지내며, 모든 것을 공동으로 소유했다. 그들은 재산과 소유 물을 팔아서, 모든 사람에게 필요한 대로 나누어주었다. 그리고

> 날마다 한 마음으로 성전에 열심히 모이고, 집집이 돌아가면서 빵을 떼며, 순전한 마음으로 기쁘게 음식을 먹고, 하나님을 찬양하였다. (행 2:44-47, 새번역)

여기 보면 "모든 것을 공동으로 소유했다"고 했습니다. 초대교회는 재산과 소유를 팔아 각 사람의 필요를 따라 나눠 주었다고 했습니다. 가난한 사람이 도움을 필요로 할 때는 믿는 사람은 언제든지 그를 돕기 위해 땅과 집을 처분했다는 것을 암시합니다. 누구나 먹는 문제를 걱정할 필요가 없는 공동체가 이루어졌습니다. 그러자 한 마음으로 열심히 모이고, 순전한 마음으로 기쁘게 음식을 먹고 하나님을 찬양했습니다. 기본소득이 실현되면 바로 이런 변화가 가능할 것이라고 봅니다.

기본소득은 실현 가능한가?

기본소득은 이렇게 성경에 확실한 근거를 두고 있고, 자본주의가 몰락하면서 남긴 이 세계의 극심한 차별을 최소화하는 데 도움이 될 것이 분명하지만 과연 현실적으로 실현이 가능할까요? 가장 큰 문제는 막대한 예산을 마련하는 것입니다. 그러나 이번에 스위스 기본소득 국민투표에서 문제가 된 것은 재원보다는 삶의 질, 노동 의욕 감소, 난입할지 모르는 이민자 등과 같은 것이었습니다. 다시 말해서 돈은 크게 문제가 되지 않는다고 본 것입니다.

미국 알래스카주는 1976년 주민투표를 거쳐 석유 등의 천연자원 수출로 조성된 금액 중 일부를 알래스카 영구 기금에 적립하기로 했습니다. 이 기금의 운용 수익으로 모든 주민에게 일정 배당액을 1982년부터 지급해 왔는데 적을 때는 1인당 연간 300달러, 많을 때는 지난해 기준 2,072달러를 배당했습니다. 이것은 1974년부터 1982년까지 주지사를 지낸 제이 해먼드(Jay Hammond)의 제안으로 시작되어 열매를 맺은 것입니다.

물론 알래스카주에는 석유를 비롯한 풍부한 천연자원이 있어서 가능했지만, 천연자원이 있다고 다 시행하지 않는다는 점에서 특별합니다. 여기서 우리가 주목해야 할 것은 천연자원입니다. 석유가 없어도 기본적으로 땅과 물과 공기 등은 어떤 개인의 것이 아닌 공공의 재산인데, 일부 힘센 자들 때문에 사유화된 경우가 많습니다. 따라서 천연자원으로 말미암아 생기는 모든 소득은 공유되어야 합니다. 땅의 경우 현행 토지소유권을 다시금 모두의 것으로 돌리기 위한 한 가지 방법으로 적절한 세금을 매겨 '환수'하는 것이 바람직합니다. 이럴 경우 토지세는 기본소득 재원을 마련하는 것일 뿐만 아니라 공유 재산의 재형성을 위한 것이기도 합니다.

천연자원뿐 아니라 철도·도로·항만·공항·수도·가스·전기·통신 등도 모두 공유재이기에 이를 민영화하지 않고 국영으로 운영하여 거기서 나오는 수익을 국가 운영 예산으로 사용해야 합니다. 이런 공유재를 잘 활용하면 얼마든지 기본소득을 단계적으로 실행할 수 있는 재원이 마련될 것입니다. 〈녹색평론〉 김종철 발행인은 금융제도와 화폐는 가장 기초적인 공공재이니만큼 사유화되어 있는 금융기관을 공유화한다면 상당한 재원을 마련할 수 있을 것이라고 했습니다.

우리나라의 경우 매월 30만 원씩 전 국민에게 지불하는 안을 기본소득을 주장하는 쪽에서 발의했는데, 이에 따르면 대략 180조 원의 예산이 필요합니다. 금년도 예산 386조 7,000억 원의 46.5퍼센트에 해당하니 상당한 액수입니다. 여러 예산을 조정하고, 근본적으로는 조세를 OECD 평균 수준으로 올려 확보하면 된다는 것이 이들의 주장입니다. 2013년 기준 한국의 총조세 부담률은 GDP 대비 18.5퍼센트였는데, 이걸 OECD 평균 수준인 25.1퍼센트로 끌어올릴 경우 확보되는 재정이 188조 원이라고 합니다. 그러나 조세 저항이 강하여 실행하기 쉽지는 않을 것입니다.

그러나 문제는 사람입니다. 의지를 가진 대통령이나 정치인들이 있으면 얼마든지 실행할 수 있습니다. 성남시 이재명 시장은 성남시의 빚 4,572억 원을 갚고도 3대 무상복지(청년배당, 무상 교복, 공공산후조리원)를 실행에 옮겼습니다. 미국의 알래스카주도 제이 해먼드라는 의식 있는 주지사 때문에 배당이 가능해졌습니다. 서울시의 박원순 시장도 청년수당 사업을 일부 시행하려고 합니다. 이런 의식 있는 정치인들을 교회가 계속 배출한다면 기본소득이 실행되는 새로운 사회를 만들어 갈 수 있을 것입니다.

하나님 나라를 미리 보여 줘야 할 교회

하나님 나라를 미리 보여 줘야 할 기관으로서 교회는 이런 기본소득 논의에 관심을 가져야 합니다. 자본주의체제 아래서 살아가는 그리스도인들은 체제의 불합리함과 모순을 알면서도 체제를 바꿀 대안은 마련하지 못하고 수레바퀴 아래 눌려 고통당하는 사람들에게 약간의 자선을 베푸는 것으로 할 일을 다했다고 생각합니다. 결국 교회는 하나님 나라라는 이상을 지향하면서도 구체적으로 그 나라를 이 땅에 보여 주고 있지 못합니다. 모여서 예배하고 전도하며, 약간의 봉사를 하는 것으로 그 사명을 다한다고 자부하고 있는 것은 아닌지 스스로를 돌아봐야 할 것입니다. 교회는 이런 안일함에서 벗어나 모순으로 가득한 사회를 극복하려는 끊임없는 노력으로 사람들에게 하나님 나라를 미리 보여 줘야 합니다.

사랑하는 여러분, 교회가 기본소득제를 지지해야 할 이유는 많습니다. 첫째로 그것은 하나님의 뜻에 가장 맞는 경제체제이기 때문입니다. 그 제도가 실시되도록 노력하는 일은 새로운 선교 전략이 될 것입니다. 둘째로 시혜가 아닌 권리로서의 기본소득은 무엇보다도 하나님의 형상으로 지음 받은 인간의 자존감을 갖게 할 것입니다. 셋째로 기본소득을 통한 생존권 확보는 하나님 나라를 추구하는 신앙과 아름다운 본성을 드러내는 문화를 증진시킬 것입니다. 넷째로 기본소득의 재원을 확충하기 위해서라도 남북 간에 종전을 선언하고 평화협정을 맺어 60만 명이나 되는 군인 수를 줄이고 군축을 한다면 일거양득일 것입니다. 다섯째로 고른 국민 배당을 통해 분쟁과 갈등이 상당히 많이 해결되고 더불어 살아가는 공동체가 실현될 것입니다. 교회가 이런 기본소득 운동을 새로운 선교활동으로 받아들일 때 교회와 사회가 함께 변화를 이룩하지 않을까요? 이런 아름다운 꿈이 꿈으로 끝나지 않고 현실화되도록 우리 모두 함께 이 운동에 참여하고, 이 꿈을 실현시킬 수 있는 일꾼을 찾아 세우는 일에 우리의 힘을 모을 수 있기를 바랍니다.

2016년 6월 19일, 더불어한교회.

박근혜·최순실 게이트

최순실은 이른바 '박근혜 전 대통령의 은인'이라는 사이비 종교 영세교의 교주인 최태민의 딸이자 후계자다. 박 전 대통령의 비서로 활동한 정윤회의 전처이기도 한 그는 '비선 실세'로서 적법 절차를 전혀 거치지 않고 박 전 대통령의 비호 아래 대통령의 의사 결정과 국정, 인사에 광범위하게 개입하는 등 전횡을 일삼았다. 문고리 3인방, 김기춘, 우병우 같은 청와대 실무진 및 대통령의 최측근 인사들은 이를 방조, 협력하고 박 전 대통령과 최 씨를 위해 행정부의 각 부처와 검찰, 경찰에 갖은 압력을 행사했다. 이것이 박근혜·최순실 게이트이며 정식 사건명은 박근혜 정부의 최순실 등 민간인에 의한 국정 농단 의혹 사건이다.

2016년 10월 24일 〈JTBC〉의 태블릿 PC 보도 이후, 박근혜 전 대통령의 지지율은 역대 최저인 4퍼센트를 기록했으며 또한 비선 실세 최순실에 대한 만족스럽지 못한 대통령의 대응에 촛불 집회가 전국적으로 열렸다. 주최 측 추산 연인원이 1,000만을 넘겼다. 2016년 12월 3일에는 최대 인원 232만 명이 집회에 참가했다. 그 결과 2016년 12월 9일 국회의원 재적 300명 중 234명이 찬성하여 박 전 대통령의 탄핵 소추안이 통과되었고, 헌법재판에 넘겨져 2017년 3월 10일 대통령 파면이 결정되었다.

다음 설교는 2016년 11월 6일에 행한 설교로 국회에서 탄핵 안이 통과되기 전이었다. 전부터 국가에 대한 관심을 가지고 있던 차에 사건이 터지면서 국가란 무엇인지를 근본적으로 생각하면서 작성한 설교다.

교회와 국가

사무엘상 8:1-22, 마가복음 10:35-45

요즘 참으로 추악하게 엉킨 정치권력의 몰락을 보면서 국가란 무엇이며, 국가의 권력이란 무엇인지를 다시 한 번 생각해 보지 않을 수 없습니다. 그뿐 아니라 이런 국가에 존재하는 교회는 지금까지 도대체 무엇을 했는가 묻지 않을 수 없습니다. 이명박 정권이 시작되면서 한국교회는 그 정권을 적극 지지하기 시작하여 박근혜 정권까지 기도로 뒷받침하여 오지 않았습니까? 그렇다면 오늘의 이 추악한 사태에 대해 한국교회도 그 책임을 면할 수 없습니다. 오늘 우리는 국가가 무엇이며 이 국가에 대한 교회의 책임이 무엇인지를 생각해 보려 합니다.

국가의 '정당한 물리적 폭력'

독일의 사회학자 막스 베버(Max Weber)가 내린 근대국가에 대한 정의에 따르면, 국가란 "어느 일정한 영역 안에서 정당한 물리적 폭력

행사의 독점을 실효적으로 요구하는 인간 공동체"입니다.* 여기서 '정당한 폭력'이란 도덕적으로 올바른 폭력이라는 뜻이 아니라 '합법적인 폭력'을 뜻하는데, 그 폭력을 행사하는 주체가 폭력을 독점했기에 그 폭력을 합법이라고 규정할 수 있었습니다.

'정당한 물리적 폭력'에는 세 가지가 있는데 첫 번째가 '경찰권'입니다. 경찰이 정부를 대리해서 그 직무상 필요한 '강제력'을 사용하는 한 정당한 행위가 되는데 그것이 바로 경찰권입니다. 같은 일을 보통 사람이 행하면 폭행이 됩니다. 두 번째가 '처벌권'으로 유죄 판결이 나면 강제로 교도소에 수감하거나 사형까지 할 수 있습니다. 일반인이 하면 살인이 되지만 국가가 하면 정당한 처벌이 됩니다. 세 번째 정당한 폭력은 '교전권'(交戰權)입니다. 교전권이란 전쟁에서 사람을 죽일 수 있는 권리를 뜻합니다. 교전권은 군대의 기본 권리입니다. 가령 전쟁에서 사람을 죽였다고 전쟁 후에 살인죄로 재판을 하지 않습니다. 이것이 바로 교전권입니다.

"국가가, 즉 경찰이든 재판관이든 혹은 군대가 막스 베버가 말하는 '폭력'을 사용할 경우, 웬일인지 그것은 충격적인 일이 되지 않습니다. 개인이 같은 행위를 할 경우와 달리, 그것을 한 것이 국가라면 아무것도 충격적인 것이 아닌 것으로 됩니다."*** 왜 그럴까요? 그것은 국민이 인정한 폭력이기 때문일 것입니다. "국가가 '정당한 폭력'의 권리가 있다면 그것은 국민이 국가에 주었다고 할 수 있습니다. 어째서 그런 권리를 주었을까요? 국가가 그것을 사용해서 우리를 지켜줄 것이라는 기대가 있었기 때문입니다."**** 그런데 과연 국가는

---

* 카야노 도시히토, 『국가란 무엇인가』(산눈), 12. 재인용
** 더글라스 러미스, 『경제성장이 안되면 우리는 풍요롭지 못할 것인가』(녹색평론), 29.
*** 앞의 책, 31.

국민을 지키기 위해서만 그 '폭력'을 사용했을까요?

20세기 초만 해도 이런 근대국가의 수가 적었는데, 제2차세계대전 이후 식민지에서 해방된 제3세계에서 우후죽순처럼 근대국가가 생겨나 지금은 유엔에 가입된 나라만도 192개국에 이릅니다. 이렇게 근대국가가 생겨난 지난 한 세기 즉 100년 동안 국가에 의해 살해된 사람은 2억 331만 9,000명입니다.* 그런데 놀라운 것은 살해된 약 2억 명 가운데 약 1억 3,000만 명이 자국민(自國民)이라는 사실입니다. 적국의 국민을 죽인 것이 아니라 자기 나라 사람을 죽였다는 말입니다. 그리고 살해된 사람들 대부분은 전투 요원인 군인이 아니라 비전투원인 민간인이었습니다.

우리나라의 경우 1950년 전쟁 중에 민간인이 111만 명 정도 희생되었습니다. 전쟁이 터지면서 일어난 보도연맹 학살 사건의 경우 밝혀진 희생자만 4,934명이고, 증언에 따르면 최대 30만 명 남짓의 민간인이 살해된 것으로 추정됩니다. 아직까지 그 실상이 밝혀지지 않았고, 누구도 그 때문에 처벌되지 않았습니다. 1951년 2월, 국군 제11사단 9연대 3대대 군인들은 인민유격대가 활동했던 거창군 신원면 6개 마을에서 어린이와 노인, 부녀자들이 80퍼센트가 넘었던 마을 사람들을 500명 이상 무차별 학살했습니다. 그리고 제주 4·3사건에서도 1만 4,000여 명이 희생되었습니다. 4·19혁명 때 180여 명, 5·18민주화운동 때 435명이 죽었습니다. 교전권을 위해 만들어진 군대가 자국민들을 상대로 싸움을 했다고 볼 수 있습니다. "20세기는 전쟁의 세기였지만, 가장 많은 사람이 살해된 전쟁은 국가 간의

---

* 디글러스 러미스, 앞의 책, 33. 하와이대학의 럼멜(R.J. Rummel)이라는 학자가 쓴 『정부에 의한 죽음』이라는 책이 있는데, 이 사람은 국가에 의해 얼마나 많은 사람이 죽었는가 통계를 수집해 온 사람이다.

전쟁이 아니라 국가와 자국민 사이의 오랜 전쟁이었습니다."*

> 국가가 주민들에게 '공물과 조세의 지불'에 대한 대가로서 '군사적인 보호'를 제공하는 것은 결코 주민의 안전을 지키기 위해서가 아니다. 국가가 폭력을 축적함으로서 지키고자 하는 것은 주민의 안전이 아니라 그 자신의 보전이다. 국가에 있어서 '군사적인 보호'의 의미는 다른 행위주체들의 공격으로부터 그 토지에서 자신의 폭력의 우위성과 부의 징수 권리를 지키는 것일 뿐이다…국가는 주민들이 자신의 안전을 목표로 설립하는 것이 아니다. 폭력적으로 우위에 있는 하나의 행위주체가 주민들을 지배하고 그들로부터 부를 수탈함으로써 국가는 만들어진다. 주민의 보호는 그로부터 파생하는 하나의 부수적 활동에 불과하다.**

일본 철학자 카야노 도시히토가 국가의 성격을 정의한 내용입니다. 요즘 일어난 사태를 보면 국가는 결코 국민의 안전을 목표로 설립되지 않는다는 그의 말이 실감 납니다. 그동안 대통령은 국민을 위해서 일하지 않고 자기와 가까운 몇 사람의 사익과 자기 권력을 지키려고 했을 뿐입니다. 경제성장이 더 많은 부를 수탈할 수 있는 기회를 주고 수탈한 부는 행위 주체인 정권을 더욱 강화하는 데 사용된 것입니다. 국민을 보호하는 일은 국가의 부수적 활동에 불과하다는 말은 세월호 사건을 통해서도 분명하게 알 수 있습니다.

이런 관점에서 국가를 볼 때 구약의 예언자 사무엘이 왜 왕을 세우기를 거부했는지 알 수 있습니다. 사무엘은 이미 그때 도시히토가 정의한 것과 같은 국가의 폭력성을 알고 있었습니다.

---

*   더글라스 러미스, 앞의 책, 35.
** 카야노 도시히토, 앞의 책, 88.

교회와 국가

너희를 다스릴 왕의 권한은 이러하다. 그는 너희의 아들들을 데려다가 그의 병거와 말을 다루는 일을 시키고, 병거 앞에서 달리게 할 것이다. 그는 너희의 아들들을 천부장과 오십부장으로 임명하기도 하고, 왕의 밭을 갈게도 하고, 곡식을 거두어들이게도 하고, 무기와 병거의 장비도 만들게 할 것이다. 그는 너희의 딸들을 데려다가, 향유도 만들게 하고 요리도 시키고 빵도 굽게 할 것이다. 그는 너희의 밭과 포도원과 올리브 밭에서 가장 좋은 것을 가져다가 왕의 신하들에게 줄 것이며, 너희가 거둔 곡식과 포도에서도 열에 하나를 거두어 왕의 관리들과 신하들에게 줄 것이다. 그는 너희의 남종들과 여종들과 가장 뛰어난 젊은이들과 나귀들을 끌어다가 왕의 일을 시킬 것이다. 그는 또 너희의 양 떼 가운데서 열에 하나를 거두어 갈 것이며, 마침내 너희들까지 왕의 종이 될 것이다.
(삼상 8:11-17, 표준새번역)

사무엘이 전한 야훼의 말씀인데, 이 말씀 어디에도 왕권이 주민들을 보호하고 돌본다는 말은 없고, 폭력으로 징발하고 부를 착취해 간다는 말만 있습니다. 이것이 국가의 실체입니다.

과연 이것이 민주주의인가?

물론 20세기 들어서면서 국가 형태는 많이 발전하여 국민국가 형태를 갖추게 되었습니다. 국민국가란 '국민 전체가 국가를 책임지는 주체'가 되는 국가입니다. 국가 폭력의 주체가 국민이 된 국가입니다. 그래서 "대한민국의 주권은 국민에게 있고, 모든 권력은 국민으로부터 나온다"는 헌법 제1조가 제정되었습니다. 대한민국은 민주공화국입니다. 우리는 투표를 통해 대통령과 국회의원 등을 선출함으로 우리의 주권을 행사합니다.

그러나 가만히 생각해 보면, 우리가 진정으로 주권을 온전하게 행사하고 있나요? 대통령과 국회의원, 그리고 지방자치제가 실시되면서 도지사, 시장, 시의원, 구청장, 구의원 등을 선출하지만, 처벌권을 가진 대법원장을 비롯한 법원장들, 검찰총장은 선출직이 아닙니다. 막강한 폭력이 허락된 경찰권을 행사하는 경찰청장도 선출직이 아닙니다. 보이지 않는 폭력을 행사하는 국정원장도 선출하지 않습니다. 교전권을 가진 군대의 참모총장들 역시 선출직이 아닙니다. 이들 대부분 대통령이 임명하는 직입니다. 그러니까 대통령에게 정당한 폭력을 행사할 수 있는 모든 권한을 위임했습니다. 이런 막강한 권력을 가진 대통령이 잘하면 문제가 없지만, 못 하면 국민이 고난을 당합니다. 이명박 전 대통령의 경우 국민이 그렇게 반대했는데 4대강에 30조 원을 쏟아부었습니다. 4대강은 지금 죽어 가고 있습니다. 무엇 때문에 이런 폭력을 행사했을까요? 건설회사 부자 만들어 주려고 한 것이라고밖에 볼 수 없을 것 같습니다. 박근혜 대통령은 무소불위의 권력을 한 사람과 공유하면서 국가를 혼란으로 몰아넣고 정말로 보잘 것 없는 나라로 추락시켰습니다. 아무리 주권이 국민에게 있어도 국민이 제대로 된 의식을 갖지 않으면 이런 결과를 가져옵니다.

대의제 민주주의에서 돈이 있어야 된다는 점은 또 다른 문제입니다. 통계를 보면, 오늘날 미국에서 하원의원에 당선하려면 대략 50만 달러, 상원의원은 수백만 달러 이상이 필요하고, 대통령이 되려면 수십억 달러를 모아야 한답니다. 그러니까 대의제 민주주의는 사실상 금권정치가 돼버렸습니다. 한국도 마찬가지입니다. 결국 국가는 한 번 가진 권력을 강화하기 위해 필연적으로 기업과 결탁할 수밖에 없습니다. 오늘날 한국은 기업 국가라 할 수 있습니다. 삼성과 현대가 무너지면 대한민국도 무너질 수밖에 없는 구조에서 대통령이나 정치인들이 삼성의 이재용이나 현대의 정몽구를 불법을 행했다고 구속할 수 있습니까? 그냥 집행유예로 풀어 줄 수밖에 없습니다. 정부가 곧 죽어도 부자 증세를 안 하는 이유는 저들을 도와주지 않고는 자기들의 권력을 유지할 수 없기 때문입니다. 이번에 기업들이 아무 소리 못하고 몇 백 억을 얼른 거둬 준 것을 보아도 그 유착 관계가 어떠한지 짐작할 수 있습니다. 이런 구조를 가진 나라를 민주주의 국가라고 할 수 있겠습니까?

우리나라는 민주주의 국가라고 하면서 군대 조직을 갖고 있습니다. 군대 조직은 상명하복 체계입니다. 따라서 군대가 있는 한 민주주의 실현은 어렵습니다. 왜냐하면 우리나라 병력 규모는 50만 명 이상이고 젊은 남자들은 누구나 군대에 가야 합니다. 2년 동안의 군대 생활은 사고방식을 비롯해 삶 전체를 바꾸어 놓습니다. 제대를 해도 그 영향에서 완전히 벗어나기가 쉽지 않습니다. 군대식 사고로 훈련된 사람들이 기업에 들어가고 공무원이 되고 교사가 됩니다. 이들에게 어떻게 민주주의를 기대할 수 있겠습니까?

민주주의의 핵심 요소는 국민주권과 시민 자치, 평등주의와 복지주의입니다. 여기서 특히 평등주의와 복지주의란 모든 국민이 평등한 삶을 살게 하는 책임이 국가에 있다는 말입니다. 그런데 민주주의 국가에 자본주의 경제정책이 도입되면서 평등은 사라지고 불평등이 심화되었습니다. 경제적인 면으로 볼 때 우리나라는 민주주의 국가가 아닙니다. 그래서 성경은 일찍부터 국가 혹은 국가의 폭력을 인정하지 않았고, 그것은 오히려 하나님 나라에 대립하는 세력으로 간주되었습니다.

구약성경의 두 가지 전승

구약의 역사를 보면 많은 전승이 형성되어 왔는데, 여러 차례에 걸친 선택과 편집의 과정을 지나서 점차 고정되어 몇 개의 군을 이루었습니다. 그렇게 형성된 전승들 중 중요한 것들을 보면 다음과 같습니다. ①족장에게 하신 하나님의 약속 ②출애굽 ③홍해를 건넌 일 ④시내 산 계약 ⑤가나안 점령, 여기까지는 북왕국에서 형성 보존된 것이고, 이것을 보통 출애굽 전승 혹은 '모세 전승'이라고 합니다. ⑥다윗과 맺으신 하나님의 약속 ⑦시온의 선택 등은 남쪽 유다에서 형성된 것으로 '시온-다윗 전승'이라고 합니다.

이런 전승들이 북쪽 이스라엘이 망하면서 남쪽 유다로 옮겨졌고, 유다와 예루살렘만이 이제는 하나님의 백성이요, 이스라엘 전체라고 생각하고, 따라서 북왕국 역사의 유산들도 그들에게 속한다고 확신했던 것 같습니다. 특히 시온-다윗 전승은 하나님께서 다윗 왕조를 통하여 구원의 역사를 이루신다는 내용을 강조하면서 그 전승을 강화하는 쪽으로 발전시켰고, 그것이 나중에는 다윗의 후손에서 이스라엘을 구원할 메시아가 올 것이라는 전승으로 발전했습니다.

그러나 출애굽 전승은 이집트의 강력한 폭군이었던 바로의 억압 통치로부터 해방하는 것이 그 중심을 이루기 때문에, 왕이 통치하는 왕국 혹은 왕조에 대하여 부정적이었습니다. 그들을 구원하신 하나님만이 그들의 통치자가 되실 수 있다고 믿고 출애굽 후 상당 기간 나라 없이 지파 동맹 형태로 살았습니다. 그러다가 사무엘 때에 이들이 왕을 세워 달라고 요청하자, 하나님께서 사무엘에게 이렇게 말씀하셨습니다.

백성이 너에게 한 말을 다 들어 주어라. 그들이 너를 버린 것이 아니라, 나

를 버려서 자기들의 왕이 되지 못하게 한 것이다. (삼상 8:7, 표준새번역)

이 말씀을 자세히 보면, 왕을 요구하는 것은 곧 하나님을 버린다는 뜻입니다. 출애굽 전승은 처음부터 국가 형성은 곧 하나님을 배반하는 것과 같다고 규정했습니다. 그런데 이런 전승이 남왕국에 전해지면서 오히려 하나님이 다윗에게 그 왕조가 영원할 것이라고 약속하셨다고 바꿔치기를 한 것입니다.

북왕국에서 출애굽 전승에 기반을 두고 예언 활동을 한 예언자는 엘리야, 아모스, 호세아입니다. 북왕국 주민들은 하나님이 저들을 구원하시고 선택하셨기 때문에 결코 망하지 않는다고 믿은 데 반해, 예언자들은 하나님과의 계약을 올바로 지키지 않았기 때문에 구원 대신 하나님의 진노와 심판이 따른다고 외쳤습니다.

북왕국이 멸망한 후 출애굽 전승을 이어받은 예언자는 이사야와 예레미야, 에스겔입니다. 이들은 시내 산 계약이 이스라엘의 범죄로 파기되었고, 하나님이 남은 자를 통하여 새로운 계약을 체결하여 새 하늘과 새 땅의 역사를 이룩하실 것이라고 했습니다. 이 예언자들은 누구도 다윗 왕조가 다시 세워지고 그 왕조가 영원할 것이라고 예언하지 않았습니다. 이스라엘의 타락은 결국 하나님을 떠나 국가를 형성하고, 그 권력으로 말미암아 이스라엘 전체가 타락했기 때문에 국가권력은 철저하게 심판의 대상이 될 뿐이었습니다.

그리고 예언자들은 남은 자를 통한 새로운 희망을 전했습니다. 국가와 그 정치 지도자들은 심판으로 다 소멸되고, 남은 자들 곧 '곤고하고 가난한 백성'을 모아 하나님이 친히 다스리시는 나라를 이루신다고 했습니다.

나 주가 선언한다. 그 날이 오면, 비틀거리며 사는 백성을 내가 다시 불러오고, 사로잡혀 가서 고생하던 나의 백성을 다시 불러 모으겠다. 그들이 이역만리 타향에서 비틀거리며 살고 있으나, 거기에서 살아남은 백성이 강한 민족이 될 것이다. 그때로부터 영원토록, 나 주가 그들을 시온 산에서 다스리겠다. (미가 4:6-7, 표준새번역)

하나님 나라는 권력을 가진 자, 기득권자들, 횡포와 착취를 일삼은 기업가들은 배제되고, 대신 고난당한 자들, 버림받은 자들, 가난한 자들을 통하여 이루어질 것임을 분명하게 예언했습니다.

고난의 종 예수 그리스도

이런 사상은 신약시대로 넘어오면서 더욱 분명해졌습니다. 하나님의 아들 예수 그리스도가 오셨지만, 그는 시온-다윗 전승이 말하는 왕조의 후계자나, 군림하는 지배자로 오시지 않고, 가난한 자로 오셔서 고난당하시고 왕조 전승의 신봉자들에 의해 죽임을 당하셨습니다. 예수님은 유대인이 기대하는 메시아이기를 거부하셨습니다.

마가복음 10장에 보면, 제자들이 다윗 왕국의 회복을 기대하며 자리를 탐할 때 예수님은 지배자가 되지 말고, 오히려 섬기는 자가 되며 모든 사람의 종이 되라고 가르치셨습니다. 예수님은 이 말씀을 통하여 국가는 근본적으로 지배하고 명령하는 구조일 수밖에 없다고 보셨고, 하나님 나라는 그와 반대로 봉사하며, 서로 섬기는 나라임을 분명히 하셨습니다. 예수님은 산상설교에서 하나님 나라는 가난한 자, 애통하는 자, 마음이 깨끗한 자, 평화를 위해 일하는 자들이 차지할 것이라고 하셨습니다. 철저하게 국가 폭력에 고난받는 사람들을 통하여 이룩되는 새 나라임을 분명히 하셨습니다. 예수님은 그래서 그들에게 복음을 전하셨고, 그들의 편이 되어 주셨으며, 그들의 아픔을 치유해 주셨습니다. 하나님 나라는 조직을 만들어 세우는 나라가 아닙니다. 하나님 나라는 그런 권력에 억압되고 착취당한 민중 편에 서서 그들의 아픔을 쓰다듬고 위로하며 함께 울고 함께 아파하는 섬김을 통해서 이루어집니다. 결국 여기서 이렇게 섬기는 자가 바로 메시아입니다. 지배와 착취 대신 가난한 자들과 함께하고 섬길 때 정의, 곧 올바른 관계가 이루어지며 화해와 평화가 전파되고 무엇이 옳고 그른지 바로 알게 될 것입니다. 그러면 민중이 깨어나 불의한 세력에 맞서며 국가에게 위임했던 '정당한 폭력'을 회수하고, 모두가 함께 살아가는 생명 공동체를 이루게 될 것입니다. 이것이 우리가 지향하는 하나님 나라가 될 것입니다.

국가를 향한 교회의 사명

우리가 속해 살아가는 국가가 성경의 관점에 볼 때 많은 문제를 가지고 있지만 그래도 이 국가를 떠날 수 없고, 국가와 운명을 같이할 수밖에 없습니다. 그러면, 이런 국가를 향한 교회의 사명은 무엇일까요? 교회의 사명은 이 국가를 바로 세우는 데 있습니다. 장신대 총장을 역임한 김명룡 교수는 다음과 같이 그 사명을 이야기했습니다.

첫째로, 교회는 하나님 말씀의 선포를 통해 국가가 나아가야 할 방향을 지시해야 한다. 교회는 국가가 정의와 평화와 생명의 세계를 만들도록 방향을 지시하고 하나님의 뜻을 선포해야 한다.

둘째로, 모든 그리스도인은 하나님의 통치를 국가 속에서 실현하기 위해 참여해야 한다.

셋째로, 교회는 국가가 잘못하고 있을 때 이를 개혁하기 위한 노력을 해야 한다.*

그러나 역사상의 그리고 오늘날 모든 국가는 교회가 전하는 하나님의 말씀과 그 뜻을 받아들이기보다 심하면 핍박하고, 아니면 무시하는 것이 보통입니다. 역사적으로 볼 때 국가는 결코 민주주의의 핵심 요소인 평등주의나 복지주의를 실현할 의지가 없습니다. 주권을 가진 국민이 압박하며 저들을 굴복시키지 않는 한 평등주의는 실현되지 않을 것입니다.

결국 국가는 성경이 지향하는 하나님 나라와는 대척점에 있습니다. 국가는 항상 위임받은 폭력을 정당하게 사용하여 국민을 보호하고 섬기기보다는 지배하고 명령하며 기만하고 착취하려 합니다. 그 폭력을 언제나 부당하게 행사하여 소수의 가진 자들을 편들고 다수의 가난한 자들을 더욱 가난으로 몰아넣습니다. 그러므로 교회는 정신을 차리고 깨어 일어나 저들을 감시·비판하고, 견제하며, 그 불의를 드러내고 저들의 거짓을 밝혀야 할 것입니다. 국민을 보호하고 국민의 뜻을 받들지 않는 정권을 물러가게 해야 할 것입니다. 그리고 섬기러 오신 메시아 예수 그리스도를 따르는 교회는 약한 자들, 눌린 자들, 가난한 자들 편에 서서 저들을 변호하고 저들의 아픔을 함께 나눌 수 있어야 합니다. 한국교회가 국가폭력에 맞서 그 폭력

---

* 김명룡, "한국에서의 교회와 국가", 서울노회 100주년 기념 국제학술대회 자료집, 『교회와 국가』, 74-75.

에 고난당하는 가난한 자들의 진정한 메시아로 거듭날 수 있도록 우리 모두 함께 기도할 수 있기를 바랍니다.

2016년 11월 6일, 고기교회.

태극기 집회를 보며

태극기 집회란 국회에서 박근혜 전 대통령에 대한 탄핵 소추안이 가결되자 '박사모'를 주축으로 대통령 탄핵 기각을 위한 국민총궐기운동본부(탄기국)가 결성되어 박 전 대통령의 하야 및 탄핵 반대를 주장하기 위해 실시한 집회를 일컫는다. 진보 진영 주도로 열려온 촛불집회에 맞불을 놓기 위한 집회에서 시작되었다. 2016년 12월 당시에는 태극기 집회, 탄핵 반대 집회라는 명칭보다는 '맞불 집회'라는 이름으로 언론에 주로 보도됐다. 집회 참가자 대부분이 60대 이상 노령층으로 구성되어 있으며, 일부 친박 정치인들도 참석했다. 또한 기존 관제 데모 의혹을 받던 단체들이 집회를 주도하고 있으며, 기독교 단체도 포함이 되어 있다.

처음에는 일당을 받고 동원되는 노인들을 중심으로 이루어진 집회라고 가볍게 여겼으나, 시간이 갈수록 그 규모가 커지고 특히 보수적인 기독교인들이 자발적으로 참여하면서 어떻게 교회가 이런 집회를 정당하다고 여기게 되었는지 고민하게 되었다. 근본적으로 한국교회가 남북 분단과 한국전쟁을 거치며 공산주의에 대한 극도의 반감을 갖게 되고, 신앙과 신학이 반공을 정당화하게 된 데 그 원인이 있지 않았나 생각했다. 그래서 국가주의에 대하여 다시 한 번 더 비판하는 설교를 준비했다.

전능하신 하나님이 다스리신다

시편 2:1-12, 요한계시록 11:15-18

헌법재판소에서 박근혜 대통령 탄핵을 다루는 첫 번째 변론 때 대통령 측 대리인으로 참석한 한 변호사가 앉자마자 기도하는 모습이 텔레비전에 중계되는 것을 보고 대단히 불편한 느낌을 받았습니다. 처음에는 어느 교회 장로쯤 되는가 싶었는데, 알아보니 천주교인이었습니다. 그는 변론 때마다 매번 기도로 시작했습니다. 그런데 그가 태극기를 온 몸에 두르고 탄핵 반대 집회에 나온 사진이 보도됐고, 그 후 13차 변론 때는 태극기를 꺼내 들었다가 제지당하는 모습도 보도됐습니다. 저는 이것이 단순한 퍼포먼스라기보다는 일종의 신앙 행위라는 생각이 들었습니다. 국가를 절대화 내지 신앙화한 모습이 그렇게 나타났다는 생각이 들었습니다.

11월부터 시작된 탄핵 반대 집회에 상당수 목사와 교인들이 참석했습니다. 저로서는 도저히 이해가 안 되는 일이었지만, 이상하게도 갈수록 참가하는 교인들이 많아지는 것 같고, 개중에는 제가 잘 아는 교인들도 포함되어 있었습니다. 그들은 무슨 생각으로 탄핵 반대 집회에 참가했을까요? 그들은 대통령이 탄핵되면 나라가 위태로워지고 특별히 북한의 어떤 음모로 나라가 위기에 처할 것이라고 생각하는 것 같습니다. 그들에게는 대통령이 무슨 짓을 했는지는 중요하지 않고, 무조건 자기들이 세운 대통령을 흔들어서는 안 된다고 생각하는 것 같습니다. 그것을 애국심이라고 보는 것 같습니다. 그래서 그들은 집회에서 태극기를 흔들면서 자기들이야 말로 진정한 애국자들이라고 주장합니다. 대통령의 국정 농단 같은 것은 가볍고 증명되지 못한 일인데 반해, 국가의 안보야말로 그리스도인이 챙겨할 중요한 덕목이라고 믿기에 거리낌 없이 탄핵 반대 집회에 참가하는 것 같습니다. 다시 말해서 이런 그리스도인들은 국가의 안보를 핑계로 저질러지는 어떤 거짓이나 불의까지도 용납할 수 있다고 믿는 사람들입니다. 그것이, 그들이 믿는 하나님의 뜻과 하나도 배치된다고 생각하지 않고 국가의 안보야말로 하나님의 뜻이라고 믿는 것 같습니다. 이들은 국가주의란 이념을 우상화했다고 볼 수 있습니다.

국가주의란?

여기서 잠시 국가주의란 말을 생각해 보려 합니다. 국가주의(Statism)란 국가를 가장 우월한 것으로 여기며 개인보다 국가를 우선시하는 사상을 의미합니다. "국가가 있어야 국민이 있다", "국가가 있어야 교회가 있다" 이런 말은 국가주의적 사고를 잘 보여 주는 주장입니다. 국가를 가장 우월한 조직체로 여긴다는 점에서 전체주의, 파시즘과 매우 잘 통하며 권위주의와도 어느 정도 통합니다.* 이런 정의에 따르면 궁극에는 국가가 절대화 내지 우상화되어 우리 속에 굳건한 신념으로 자리 잡게 됩니다. 국가주의가 곧 새로운 우상이 된다

---

* 나무위키 '국가주의' 항목.

는 말입니다. 지금 우리 사회에서 일어나는 현상은 바로 이런 우려를 갖게 합니다.

최근에 박노자 교수가 쓴 『당신을 위한 국가는 없다』(한겨레출판)라는 책을 사서 읽었는데, 상당히 불편했습니다. 기독교의 모순을 적나라하게 지적했기 때문입니다. 그 책에 보면 저자가 고려대학교에 다닐 때 우리말을 배울 겸 한 선교 모임에 참석해 성경공부를 하며 겪은 이야기가 나옵니다. "칼을 쓰는 사람은 모두 칼로 망한다" 등의 평화주의를 지향하는 예수님의 말씀에 감동을 받았으면서도 한편으로 의구심이 생겨 지도하는 선교사에게 질문을 했답니다. "그러면 기독교인이 군에서 복무하는 것이 옳은 일입니까?" 선교사의 대답은 "원칙적으로 반대지만 강국에 의해 분열된 오늘의 상황에서는 어쩔 수 없습니다"였답니다. 박 교수는 그의 말을 다음과 같이 이해했습니다.

> '국가와 민족의 운명'이 개인 신앙보다 우위라는 것이었다. 분단을 당한 민족의 구성원으로서 무기를 불가피하게 들어야 하는 '국민으로서의 나'는 예수의 말씀대로 칼을 칼집에 도로 꽂고 왼쪽 뺨을 돌리고 싶은 '신앙인으로서의 나'보다 우선이라는 것이다.*

이런 말도 썼습니다.

> 반공국가 대한민국을 만든 하나의 주체 세력으로 일찍부터 나선 한국교회는 '복음화'할 수 있다 싶은 '우리 국가'를 만드는 과정에서 '오른쪽 뺨

---

* 박노자, 『당신을 위한 국가는 없다』(한겨레출판), 146.

과 왼쪽 뺨' 이야기를 애당초에 폐기하다시피 했다.…'칼을 쓰는 국가'와 하나가 되다시피 한 교회에서는 "칼을 쓰는 자는 칼로 망한다"고 이야기할 만한 예언자적 인물이 쉽게 나올 리 없었다.*

박노자 교수는 한국에서 국가는 이미 우상화되었다고 진단했는데 그것이 요즘 정국에서 그대로 드러나고 있습니다. 요즘 탄핵 반대 집회에서 태극기를 몸에 두르거나 흔들기도 하면서 "태극기 집회"라고 자랑을 하는데, 박 교수는 2012년에 이미 "태극기는 구체적인 '국가'를 넘어 신성불가침인 '민족'의 상징"이라고 꼬집어 이야기했습니다.** 신성불가침이란 말은 이미 이것이 우상화되었음을 암시합니다. 저도 과거에 국기에 대한 맹세를 아무 비판 없이 무심하게 들어 넘겼는데, 그 내용을 보면 결코 무심하게 넘길 수 없습니다. "조국과 민족의 무궁한 영광을 위하여 몸과 마음을 바쳐 충성을 다할 것을 굳게 다짐합니다." 국가와 민족을 개인보다 우선시할 뿐 아니라 "몸과 마음을 바쳐 충성을 다할" 대상은 오직 하나님뿐이라고 믿는 사람들에게는 국가를 하나님처럼 섬기라는 뜻으로 받아들이게 됩니다. 이것은 "나 외에는 다른 신들을 네게 두지 말라"는 십계명의 제1계명을 범하는 죄에 해당되기도 합니다.

왜 한국교회는 이런 반공을 바탕으로 한 국가주의를 신앙의 핵심으로 받아들이게 되었을까요? 1930년대 부흥사였던 길선주 목사는 공산주의를 "말세의 사탄"으로 지목했고, 북쪽의 공산 정권을 피해 월남한 교인들을 중심으로 '공산주의=악마'라는 논리가 한국교회 안에 깊숙이 자리 잡았습니다. 그 악마를 대적하며 나라를 지키

---

* 앞의 책, 147.
** 앞의 책, 275.

는 일은 언제나 우선적인 기도의 제목이 되었습니다. 그러면서 한국 교회는 크게 성장했습니다. 박노자 교수는 이런 역사를 일별하면서 이렇게 썼습니다.

> 한국교회의 기적적 성장의 한 요인으로 작용한 것이 바로 반공의 기독교화와 기독교의 반공화라는 점을 인정하지 않을 수 없다. 한국전쟁을 거쳐 광적인 반공주의로 치달은 사회에서 예수 그리스도가 '반공 용사'들의 신이 되고, 경쟁 정권은 '적그리스도'가 된 셈이다.*

이런 진단에서 보면 탄핵 반대 집회에 목사를 비롯한 많은 기독인이 참여하는 것은 어쩌면 당연한 일인지도 모른다는 생각이 듭니다.

하나님은 유일하신 왕

시편 1편은 전체 시편의 서시로서 복 있는 자의 삶과 악인의 삶을 대조시키면서 우리 앞에 두 갈래의 선택의 길이 있음을 제시합니다. 이어진 시편 2편은 또 다른 각도에서 인간의 삶을 두 갈래로 분류하는데, 하나님의 주권과 거기에 맞서는 인간의 왕국이 바로 그것입니다. 시편 2편은 시온에서 왕 위에 오르는 왕의 등극 축제의 배경을 가진 시로서 이스라엘의 왕은 다른 나라의 왕들과 달리 하나님이 기름 부어 세우셨고, 그의 아들로 삼으셨다고 노래합니다. 여기에는 두 가지 의미가 있습니다.

첫째는, 이스라엘의 진정한 왕은 야훼 하나님 한 분뿐이라는 신

---

* 박노자, 앞의 책, 172.

앙고백이 전제되었습니다. 출애굽기 15장 18절에는 "주께서 영원무궁토록 다스리실 것"이라고 쓰여 있습니다(표준새번역). 이 고백은 이스라엘 자손들이 이집트를 탈출하여 기적적으로 홍해를 건너고 그들을 쫓던 이집트 군대가 바다에 수장되는 것을 보면서 부른 모세의 노래에 포함된 고백으로 "야훼 하나님만이 우리의 유일한 그리고 영원한 왕이시다"라는 고백이었습니다. 이 고백은 이집트 제국과 같은 왕국을 강력하게 거부하고 부정하는 고백입니다. 그러므로 사무엘 때에 그들이 사울을 왕으로 선택했지만, 그 왕은 어디까지 하나님의 명령을 따르는 심부름꾼이지 진정한 왕이라고 생각하지 않았습니다. 진정한 왕은 하나님 한 분뿐이기에 "인간은 인간 위에 군림하여 인간을 지배하거나 통치할 수 없다는 것입니다. 말하자면 창조주 하나님만이 피조물인 인간을 지배하실 수 있는 유일한 분이실 뿐, 인간이 인간을 지배해서는 안 된다는 것입니다."* 400년 동안이나 이집트에서 노예로 있던 히브리인들이, 그들을 지배한 바로 왕이 얼마나 잔학하고 무자비했던가를 절절히 경험한 후이기에 인간은 인간을 지배할 수 없고, 오로지 하나님만이 인간을 다스리시는 유일한 왕이라는 신앙 고백을 내놓은 것입니다.

둘째로, 이스라엘의 왕이 된 자는 '하나님의 아들'이라는 노래 속에는, 하나님의 기름 부은 자로 세워진 왕은 철저하게 하나님의 뜻과 명령을 받들어야 한다는 뜻이 포함되어 있습니다. 신명기 17장 말씀을 보겠습니다.

왕위에 오른 사람은 레위 사람 제사장 앞에 보관되어 있는 이 율법책을

---

* 김이곤, 『성서주석 17 시편 I』 (대한기독교서회), 187.

두루마리에 복사하여, 평생 자기 옆에 두고 읽으면서 자기를 택하신 주 하나님 경외하기를 배우며, 이 율법의 모든 말씀과 규례를 성심껏 어김없이 지켜야 한다. (신 17:18-19, 표준새번역)

왕은 철저하게 하나님의 말씀인 '토라'를 중심으로 그 나라를 이끌어야 한다는 것입니다. 왕의 권위란 실제로는 '토라'의 권위일 뿐이라는 것입니다. 시편 2편의 "너는 내 아들, 오늘 내가 너를 낳았도다"는 말씀을 이런 맥락에서 이해해야 합니다(7절). 예언자들이 왕들을 신랄하게 비판할 수 있는 근거도 여기에 있습니다. '토라'는 현대 국가에서는 '헌법'에 해당할 것입니다. 이번에 박근혜 대통령 탄핵 사유도 바로 대한민국 헌법 위배입니다. 다른 말로 하면 하나님의 '토라'대로 하지 않았다는 이야기입니다.

하나님을 거역하는 인간의 왕국

그런데 시편 2편 1절에서 3절까지를 보면 인간의 왕국이 하나님 앞에서 반역을 음모하고 있습니다.

어찌하여 뭇 나라가 술렁거리며, 어찌하여 뭇 민족이 헛된 일을 꾸미는가? 어찌하여 세상의 임금들이 전선을 펼치고, 어찌하여 통치자들이 음모를 함께 꾸며 주님을 거역하고, 주님과 그의 기름 부음 받은 이를 거역하면서 이르기를 "이 족쇄를 벗어 던지자. 이 사슬을 끊어 버리자" 하는가? (시 2:1-3, 새번역)

이 시편이 노래된 역사적인 상황은 다윗이나 솔로몬 때 이스라엘에게 점령당한 주변의 작은 나라들이 그 지배에서 벗어나고자 반역을 시도하는 그런 상황과 관련되어 있습니다. 그러나 그런 역사적 상황에 국한하지 않고 보편화된 현상으로 해석하면 세상의 왕들은 '메시아적 신정 통치'를 거부하고 '제국주의적 왕정 통치'를 실현하겠다는 것입니다.* 쉽게 이야기해서 하나님을 유일한 왕으로 받아들이지 않겠다는 것입니다. 그들의 권력을 제한하는 '토라'를 거부하겠다는 것입니다. 현대 국가는 모두 하나님의 왕권을 거부하고 국가주의를 공고하게 하고 있습니다. 그 좋은 예가 전쟁입니다.

전쟁은 생명과 평화와 사랑을 바탕으로 이루어지는 하나님 나라와는 정면으로 배치됩니다. 그런데 현대 국가는 전쟁을 통해 생겨났고, 전쟁을 통해 유지된다고 할 수 있습니다. 박노자 교수의 책 여러 곳에 "전쟁하는 기계" "전쟁은 국가의 주업" "전쟁은 국가의 건강" "자본주의경제는 전쟁을 먹고 자란다"라는 작은 제목들이 보입니다. 국가는 전쟁을 필요로 한다는 것입니다. 그래서 지금도 계속 전쟁을 하고, 전쟁을 하기 위해 수많은 무기를 생산하고 있습니다. 전 세계 군사비 지출액은 약 1조 6,000억 달러라고 합니다(2010년 기준). 대한민국은 군사비 지출액 세계 11위라고 합니다.** 이것은 분명 하나님의 뜻과 배치(背馳)되는 일입니다.

그렇다면 평화주의자로 하나님의 아들이어야 할 기독교는 이런 국가의 전쟁을 반대하고 병역을 거부해야 마땅하지 않을까요? 여호와의 증인 신도들은 감옥에 가면서까지 병역을 거부하는데, 한국교회는 여호와의 증인이 이단이기에 그들의 집총 거부까지 잘못되었다고 비난을 합니다. 박노자 교수는 우리나라 교회만 그런 것이 아

---

* 김이곤, 앞의 책, 182.
** 박노자, 앞의 책, 65-66.

니고 구라파 교회들도 마찬가지로 자기 국가의 전쟁을 비호해 왔다는 예를 많이 들었습니다. 영국성공회는 "전장에서의 합법적인 적군 사살은 하나님이 금지하신 정의롭지 못한 살인과 본질적으로 다르며, 정의의 전쟁을 치르는 목적은 살인이 아닌 정의의 실현이다. 명령에 복종하는 군인 정신은 기독교의 참정신과 같다"는 입장을 분명히 했다고 합니다. "'살인'이라는 부자연스럽고 끔찍한 체험 앞에서 온갖 번뇌에 싸인 최전선 병사들을 상대로 중산층 출신의 군목들은 살의를 촉진하는 일종의 '영적인 각성제'처럼 '하나님'을 이용했다"고 박 교수는 신랄하게 기독교를 꼬집고 있습니다.

하나님의 웃음

이런 인간의 반역에 대해서 하나님이 웃으셨다고 시편 기자는 기록하고 있습니다. 하나님께서 그런 인간의 행위를 가소롭게 여기셨다는 것입니다. 미국 대통령으로 트럼프가 당선하면서 안 그래도 높아지고 있는 세계 각국의 '민족주의' 열풍을 더욱 심화시킬 것이라는 관측이 적지 않습니다. 국수주의, 민족주의 풍조는 이미 만연해 있습니다. 강국인 러시아, 중국은 물론이고 터키·폴란드·헝가리·인도 등과 같은 신흥국들 사이에서도 이런 흐름이 강해지고 있습니다.[*] 그야말로 나라들이 "술렁거리며" "헛된 일"을 꾸미고 있습니다. 그러나 시편은 이런 현상을 하나님께서 가소롭게 여기신다고 했습니다. 우리는 이런 '신국가주의' 흐름에 동승하거나 묵인하고 지나갈 것이 아니라 이를 비웃으시는 하나님의 역사에 기대를 걸고 그 흐름

---

[*] 〈머니투데이〉, "푸틴에서 트럼프까지…커지는 '신국수주의' 물결", 2016. 11. 20.

을 거슬러 그의 통치 실현에 협력해야 할 것입니다.

박노자 교수의 또 다른 논문 "함석헌: 국가주의를 극복해 나가는 길"에 보면, 함석헌은 민족의 문제를 도외시하지 않으면서도 '민족'을 무엇보다 세계의 도덕적 진화에 공헌하는 '도구적 존재'로 파악했고, '사해동포주의', 즉 진정한 종교의 영역에 진입하기 위한 필수적인 교두보, 준비 단계로 보았다고 했습니다. 그러기에 대다수 사회 구성원이 국가주의를 내면화한 이데올로기로 삼은 시점에서, 함석헌(만)은 국가주의를 "평화의 방해자"라고 규정하고, "국가주의라는 큰 우상"을 "깨뜨려야 하는" 대상으로 설정했다고 했습니다. 그렇습니다. 그 옛날 시내 산 아래서 이스라엘 자손들이 보이지 않는 하나님 대신 강력한 힘의 상징인 금송아지를 만들어 섬기려 했던 것처럼 현대인들은 강력한 국가를 만들어 우상화하려 하지만, 이것은 깨뜨려서 가루로 만들어 버려야 할 우상이요, 적그리스도입니다.

요한계시록 11장에 "세상 나라는 우리 주님의 것이 되고, 그리스도의 것이 되었다. 주님께서 영원히 다스리실 것"이라고 했습니다(15절, 새번역). 로마제국으로 상징된 큰 성 바벨론은 하나님의 진노로 일시에 무너지고 하나님의 왕권이 확립되는 모습을 보여 줍니다. 그리고 우렁찬 천둥소리와 같은 큰 소리로 외칩니다.

"할렐루야, 주 우리 하나님, 전능하신 분께서 왕권을 잡으셨다." (계 19:6, 새번역)

사랑하는 여러분, 신국가주의의 물결이 전쟁과 파멸을 불러오면서 세계를 혼란에 몰아넣고 있습니다. 기독교가 이런 이념에 동조 내지 적극 지지하던 어리석음에서 벗어나 세계를 하나 되게 다스리시는 하나님의 크신 뜻을 헤아려 이 시대의 예언자로 거듭나야겠습니다. 보수 기독교뿐 아니라 진보적인 그리스도인들조차 '국가주의'에서 온전히 벗어나지 못하고 있는 현실을 통절히 회개하면서, 국가와 민족을 넘어 하나님의 통치를 기다리며 그 역사에 동참해 가야 할 것입니다. 이제 정신을 차리고 탁류처럼 도도하게 흐르는 국가 우상화의 물결을 거슬러 이 시대의 예언자의 자리에 서도록 늘 기도하시는 여러분이 되시기를 바랍니다.

2017년 2월 26일, 더불어한교회.

부록

바른 교회를 위한
한국교회 설교의 진단과 대안[*]

한국교회 목회자들의 설교에 대한 진단은 이미 여러 설교 신학자들이 발표해 왔다. 실천신학연구소 김종렬 소장은 그의 논문 "한국교회 강단의 위기와 그 극복의 길"에서 박근원 교수, 정장복 교수, 이동원 목사의 설교 진단을 소개하였다. 박근원 교수는 『오늘의 설교론』(대한기독교서회)에서 한국교회 설교의 위기 상황을 ①목회적 비중의 왜곡, ②인간 언어 상실의 상황, ③성서적 설교의 결핍, ④비신학적 설교라고 보았다. 정장복 교수는 『설교학 서설』(엠마오서적)에서 '설교의 총체적 위기 현상'을 ①설교 전문인을 위한 교육 과정의 문제, ②한국교회 설교 사역의 빈도, ③물량주의와 기복 사상에 젖은 교인들의 문제, ④남의 설교를 복사하는 도용성(盜用性), ⑤설

---

[*] 제20회 바른교회아카데미 연구위원회 세미나(2016. 1. 25)에서 발제한 원고를 수정한 글이다.

교 준비의 불성실, ⑥본문을 떠난 설교의 범람, ⑦설교 내용과 설교자의 삶의 괴리, ⑧설교자의 착각적 과신의 문제 등에 있다고 하였다. 이동원 목사는 책『청중을 깨우는 강해설교』(요단출판사)에서 '설교적 위기'를 평신도와 설교자 자신에게서 찾았다.* 그리고 〈기독교사상〉에 2004년 12월부터 2007년 12월까지 연재된 정용섭 목사의 설교 비평이『속빈 설교, 꽉찬 설교』,『설교의 절망과 희망』,『설교와 선동 사이에서』(대한기독교서회) 3권으로 출간되었다. 37명의 설교를 비평한 정 목사는『설교의 절망과 희망』머리말에서 한국교회 설교자들의 문제를 다음과 같이 지적하였다.

하나는 설교자들이 성서 텍스트에 관심이 없다는 사실이며, 다른 하나는 성서 텍스트가 해석되지 않는다는 사실이다. 성서 텍스트는 실종된 채 설교자의 주관적인 신앙 체험이 과잉 생산되며, 성서 텍스트가 다루어진다고 하더라도 단지 규범으로만 취급된다. 이 사실은 복음주의나 에큐메니컬에 상관없이 거의 모든 설교자에게 일반적으로 나타나는 명백한 현상이다.

〈기독교사상〉은 2004년 10월 호에서 "한국교회 설교를 말한다"라는 제호 아래 목사 16명의 설교 비평을 게재했다. 나는 이를 종합하는 글에서 한국교회 설교의 문제점으로 ①신학의 부재 ②잘못된 교회론 ③역사의식 결여를 꼽았다. 첫째, 성경을 올바로 해석할 수 있는 신학적 바탕이 없어 성경의 메시지를 자의적으로 해석하고, 특히 구원사 신학에 대한 이해가 없어서 격동하는 역사 속에 있는 교

---

* 김종렬 엮음,『설교를 위한 신학 신학 있는 설교』(대한기독교서회), 800-802.

회가 역사의 현장을 외면하며, 기복적이고 내세 지향적인 설교를 양산한다고 지적했다. 둘째, 교회 중심의 교회론이 교회 성장론을 이끌었고, 하나님 나라 선포는 등한시했음을 지적하고 교회를 하나님의 통치를 실현시키는 '역사적 종말적 공동체'로 이해하는 새로운 교회론이 필요하다고 지적하였다. 셋째, 설교가 예언적 기능을 상실하여 격변하는 사회 상황에 대한 비판적 판단을 하지 못하고 올바른 역사의 방향을 제시하지 못하고 있다고 보았다.

대한예수교장로회(통합) 총회가 발행한 『목회 매뉴얼: 설교목회』(한국장로교출판사)에 보면, 겉으로 보이는 현상(교인의 수, 화려한 건물, 다채로운 목회 프로그램 등)이 본질을 지배하므로 "성경의 메시지와 멀어진 혼합주의적 요소가 설교를 오염시켰으며, 기복주의, 이원론, 신앙의 도구화, 도덕주의, 율법주의 등과 혼합되는 양상"*을 띠고 있다고 했고, 기복주의가 '복음의 사사화(私事化)' 현상을 불러와 교회가 세상을 향한 공적 책임을 감당하는 데는 무관심하게 만들었다고 지적했다. 이런 기복주의를 바탕으로 번영 신학(prosperity theology)이 대두되고, 설교를 심각하게 오염시켰다고도 했다. 그리고 가장 심각한 문제 가운데 하나로 설교자가 설교의 주인(주체)으로 군림하려는 현상을 지적했다.**

그런데 문제는 이런 신학자의 분석이나 진단이 통계 자료에 근거하지 않고 설교집이나 인터넷 설교 또는 방송을 통해 들은 몇 편의 설교를 대체로 분석한 것이라는 데 있다. 물론 정용섭 목사의 경우 37명의 설교를 상당 부분을 읽고 듣고 본 후에 비평했다는 점에서 상당한 근거가 있지만, 그 경우도 이름이 알려진 대형교회 목사

---

*   총회목회정보정책연구소, 『목회매뉴얼: 설교목회』(한국장로교출판사), 31.
** 앞의 책, 37-38.

들 위주였기에 많은 목회자의 설교가 모두 그 범주에 든다고 단정하기가 어렵다. 이런 이유 때문에 한국교회 설교 진단은 일반화할 수 없는 한계를 지닐 수밖에 없다. 이 글은 앞서 발표된 신학자들의 진단을 바탕으로 하면서 나의 목회와 설교의 경험을 참고로 하고자 한다.

신학 없는 설교

한국교회 설교자들의 공통된 문제점으로 지적된 것이 '신학 없는 설교'다. 설교는 성경을 본문으로 하여 준비되는데, 성경 본문을 이해하고 그 본문이 가진 메시지를 찾아내려면 해석이 필요하고 올바른 해석을 위해서는 바른 신학이 전제되어야 한다. 가령 요한복음 17장 21절 "아버지, 아버지께서 내 안에 계시고, 내가 아버지 안에 있는 것과 같이, 그들도 하나가 되어서 우리 안에 있게 하여 주십시오"라는 본문으로 설교를 하려면 삼위일체론과 종말론에 대해서 알아야 할 것이다. 그런데 삼위일체론이나 종말론은 2,000년 교회 역사 속에서 계속 논의되고 발전되어 온 신학이기에 이런 신학을 제외하고 성경을 바르게 해석하기는 어렵다. 그런데 우리가 가장 중요한 교리라고 말하면서 가장 잘 모르는 신학이 바로 삼위일체론이고 종말론인 것 같다. 삼위일체론과 종말론에 대한 이해 없이 위의 본문을 설교하려 할 때 과연 어떤 설교를 하게 될까? 한 가지 예만 더 든다면 "예수를 믿으면 구원을 얻는다"는 가장 기본적인 명제를 설교하려 할 때 기독론과 구원론에 대한 이해 없이 올바른 설교가 가능할까? 신학교 시절 조직신학을 배우지만 그야말로 수박 겉핥기식이어서 계속하여 현대 신학을 공부하지 않고는 제대로 된 설교를 할 수 없는 것은 자명하다.

실천신학연구소의 전신인 목회교육연구원은 1년에 3-4회 세미나를 하고 그것을 묶어서 책으로 출판하였는데, 『설교를 위한 신학 신학 있는 설교』가 바로 그것이다. 종교개혁자 루터와 칼뱅의 신학에서 시작하여 신학교 때는 잘 들어보지 못했던 블룸하르트 부자(父子), 그의 영향을 받은 칼 바르트와 본회퍼, 판넨베르크와 몰트만의 신학에 관한 논문들이 실려 있다. 한국교회가 개혁신학을 근거로 하면서도 이런 개혁자들의 신학에 대해 목회자들이 잘 모르고, 별로 공부도 하지 않는다. 나 자신을 돌아보아도 루터와 칼뱅에 대해서 얼마나 알고 있으며, 칼 바르트의 신학에 대해 과연 알고 있는 것이 무엇인가 생각하면 부끄러울 뿐이다. 물론 목회자들이 신학자들처럼 깊이 있게 공부하지 못한다 할지라도 신학자들이 발표하는 신학 논문들을 읽고 공부를 계속할 때 올바른 설교를 준비할 수 있을 것이다.

최근에 장신대 백충현 교수가 쓴 『내재적 삼위일체와 경륜적 삼위일체』(새물결플러스)를 구입하여 대충 훑어보았다. 삼위일체도 잘 모르는데 내재적 삼위일체와 경륜적 삼위일체의 관계 등을 잘 알 턱이 없다. '내재적'이라든지 '경륜적'이라는 용어 자체도 최근에 알게 되었다. 그 책 말미에 무려 98쪽에 달하는 참고 문헌이 실려 있고, 그중 한글 문헌은 27쪽에 달한다. 그중에서 내가 가진 책은 딱 한 권 있고 몇 편의 논문을 읽었을 뿐이다. 이렇게 내공 없는 설교자가 과연 삼위일체를 설교할 수 있을까? 그래도 나름대로 삼위일체에 대한 여러 신학자들의 논문도 읽고 공부하면서 28년 동안 세 번 정도 삼위일체에 관한 설교를 했다. 실제로 설교자들은 삼위일체를 주제로 잘 설교하지 않는 것 같다.

한국교회 강단에서 신학 없는 설교가 행해지는 원인 중 하나로 목회자들의 바쁜 일상을 꼽을 수 있다. 특히 신학교를 졸업하고 부목사로 몇 년간 시무할 동안 설교할 기회도 잘 없을뿐더러 신학 서적이나 논문을 읽고 공부할 시간도 제대로 없기에 정신없이 몇 년 동안 교회 일에 매달리다가 담임목사가 되면, 그의 설교가 신학 있는 설교가 되기는 쉽지 않을 것이다. 그러나 시간이 없다는 것은 어찌 보면 핑계에 불과할지 모른다. 하고자만 한다면 바쁜 부목사 생활 가운데에서도 얼마든지 공부할 시간을 낼 수 있을 것이다. 장신대 학장을 역임한 박창환 교수께서 하신 말씀 가운데 "공부하다 죽는 것도 순교다"라는 명언이 있는데, 한국교회 설교자들이 좌우명으로 삼을 말씀이다.

신학에 대한 많은 지식도 중요하지만, 계속 발전하는 신학을 수용하려는 열린 마음의 자세가 더 중요하다. 한국교회 설교자들의 대체적인 신학 경향은 보수적이다. 여기서 말하는 보수 신학은 근본주의 신학을 뜻하는데, 『근본주의 신학』(대한기독교서회)이란 책을 쓴 제임스 바(James Barr)는 근본주의의 특징을 세 가지로 정의한다. 첫째, 근본주의자들은 성경 무오성에 강박적으로 매달린다. 둘째, 성경에 대한 역사 비평을 극단적으로 배격한다. 셋째, 그들은 자신들만 진정한 기독교인이라고 주장한다.[*] 미국 개신교 근본주의의 도움으로 복음이 전래된 데다가, 전래된 복음이 '민족', '반공', 나아가 자본주의와 결합되면서 한국교회는 필연적으로 보수적일 수밖에 없었다는 것이 얼마 전 기독연구원느헤미야가 '한국교회의 보수화'를 주제로 연 포럼에 발제자로 나선 이들의 공통된 주장이다.[**] 이런 보

---

[*] 정용섭, "근본주의와 신학무용론", 〈기독교사상〉 2010년 8월 호, 재인용.
[**] 〈뉴스앤넷〉, "한국교회 보수화는 '태생적'이며 '필연적'", 2015. 12. 9.

수적인 신학을 바탕으로 한 설교자들은 현대신학을 잘 수용하려 하지 않으며, 변화하는 역사를 외면하고 오로지 성경만을 붙잡지만, 그 성경이 제대로 해석되지 않으므로 공산주의에 대한 극도의 적개심만을 갖게 하고 아울러 자본주의와 결탁한 '번영 신학'을 통해 성경의 메시지를 왜곡하고 있다. 이런 보수적 경향은 곧 사회의 보수화 물결과 합류하면서 공고해진 것 같다. 이런 경향을 극복하는 길은 결국 신학 교육밖에 없다. 신학 교육기관에서 열린 자세를 갖고 학문에 임하도록 훈련시키고, 목회자가 되어서도 계속 공부하지 않으면 안 된다는 사실을 교육한다면 한국교회 강단은 신학 있는 설교로 채워질 것이다.

예언자 전통을 떠난 설교

설교가 예언자 전통을 따라야 한다는 사실은 설명이 따로 필요 없다. 예언이란 하나님의 말씀을 전달하는 것인데, 설교야말로 하나님의 말씀을 성경에서 올바로 듣고 그것을 전하는 일이고, 따라서 설교자는 예언자 의식을 갖고 설교를 하지 않으면 안 된다. 예언자는 자기 생각이나 주장을 전하는 것이 아니라 하나님에게서 받은 계시나 말씀을 전달하는 전령(傳令)일 뿐이다. 마찬가지로 설교자 역시 당연히 자기주장이나 생각이 아닌 하나님의 말씀과 그 메시지를 선포하고 전달하는 것이 그 사명이다. 장신대 김운용 교수는 예언적 설교를 "교회와 그리스도인들이 개인적 차원에서뿐 아니라 사회적 차원까지 인생의 전 영역을 다스리시는 하나님의 통치하심을 고백하면서 자신과 교회에 주어진 사회적 책임을 감당하도록 하는 '공적 사역'(public ministry)을 의미하는 개념**이라고 했다. 김종렬 소장은 그의 논문에서 보렌의 '예언자적 감각'을 "그 시대 정신을 꿰뚫어 보는 통찰력을 말하며, 그 통찰력으로 하나님을 거역하고 인간을 억압하여 파멸로 이끌어 가는 악령의 정체를 밝혀내는 영적 지각력"이라고 소개했다.** 이런 정의들에 따르면 설교자는 '인생의 전 영역에 걸친 하나님의 통치를 고백'하면서 바로 그 영역에 침투해 있는 "악령의 정체를 밝혀"내야 할 사명이 있는 예언자다. 한국교회 설교자들은 과연 얼마나 자신을 이런 예언자로 인식하고 있을까? 정용섭 목사의 설교 비평 대상 37명 가운데 예언적 설교를 하는 설교자는 향린교회 조헌정 목사 한 사람뿐이었다. 그런 걸 보면, 한국교회 설교자 상당수는 자신을 예언자로 인식하고 있지 않은 것 같다. 물론 매주일 설교마다 이런 예언적 설교를 할 수는 없다. 하지만 일 년 중 몇 번은 예언적 설교를 할 수밖에 없는 사건과 절기가 있게 마련이다.

짐 월리스는 『하나님의 정치』(청림출판)라는 책에서 예언자와 교회가 관심 가져야 할 영역을 다음과 같이 말하였다.

> 진정한 신앙을 가진 사람은 '번영의 복음'을 설파하지 않는다. 부익부를 추구하는 정치인들을 지원하지도 않는다. 진정한 신앙인은 가난한 자들을 위해 정의를 펼친다. 그들은 폭력을 미워하여 폭력 근절에 온 힘을 쏟는다. 하나님의 이름으로 전쟁을 정당화하기보다는 전쟁 반대를 철저한 기본 입장으로 삼는다. 진정한 신앙인은 인종, 계급, 성별의 벽을 허물고 공동체를 세우며, 민족주의 종교보다는 글로벌 공동체를 우선시한다.***

---

* 김운용, 제9회 소망신학포럼 자료집(장신대출판부), 316.
** 김종렬, 앞의 책, 810.
*** 짐 월리스, 『하나님의 정치』(청림출판), 32-33.

그런데 한국교회는 이런 하나님의 통치 영역인 빈곤·환경·전쟁·인권·생명 윤리(낙태·안락사·사형제도·핵무기·인종차별)에 대하여 거의 관심을 갖지 않고 있다. 오히려 국가의 이름으로 저질러지는 온갖 폭력과 차별과 불의, 사회의 양극화 현상에 대해 입을 닫음으로써 지지하고 동조하고 있지 않은가? 특히 한국교회는 6·25전쟁을 통해 북한을 마귀의 집단으로 보게 되면서 국가의 반공 정책에 적극 동조해 왔다. 교회는 국가를 위하여 기도하면서 국가를 이끄는 정권을 지지해 주는 것이 곧 애국이며 그것을 신앙의 길로 착각하고 있는 것 같다.

그러나 성경은 처음부터 국가를 지지하지 않았다. 예언자들은 국가권력에 비판적이었다. 예수님이 선포하신 하나님 나라는 지상의 나라들이 모두 하나가 되어 이루어지는 나라다. 국가란 "어느 일정한 영역 안에서 정당한 물리적 폭력 행사의 독점을 실효적으로 요구하는 인간 공동체"라고 막스 베버는 근대국가를 정의했다.* "정당한 물리적 폭력"이란 도덕적으로 올바른 폭력이 아니라 '합법적인 폭력'을 뜻한다. 카야노 도시히토는 그의 책 『국가란 무엇인가』(산눈)에서 다음과 같이 설명하였다.

> 국가는 주민들이 자신의 안전을 목표로 설립하는 것이 아니다. 폭력적으로 우위에 있는 하나의 행위 주체가 주민들을 지배하고 그들로부터 부를 수탈함으로써 국가는 만들어진다. 주민의 보호는 그로부터 파생하는 하나의 부수적 활동에 불과하다.**

---

* 카야노 도시히토, 『국가란 무엇인가』(산눈), 12. 재인용.
** 앞의 책, 88.

국가가 설립되는 목표가 결코 국민의 안전이 아니라는 말은 충격적이다. 경제성장은 더 많은 부를 수탈할 기회를 주고 수탈한 부는 행위 주체인 정권을 더욱 강화하는 데 사용된다. 이런 사회학적 시각을 빌려 볼 때 국가는 성경이 지향하는 하나님 나라와는 대척점(對蹠點)에 있음이 분명하다. 국가는 위임받은 대로 폭력을 정당하게 사용하기보다 부당하게 행사하여 소수의 가진 자들을 편들어 주고 다수의 가난한 자들을 더욱 가난으로 몰아넣는다. 그러므로 교회는 정신을 차리고 깨어 일어나 저들을 감시하고 비판하고 견제하며 그 불의를 드러내고 저들의 거짓을 밝혀야 한다. 이것이 바로 예언적 설교의 기능이다. 강문규 전 세계교회협의회(WCC) 공동의장은 "적어도 교회와 국가 간의 관계를 다룸에 있어서 신학적 바탕은 '체제 비판적'일 수 있어야 하고, 구체적으로는 '지배 체제 비판적' 기능을 포함한 관계 형성이어야 한다고 믿는다. 이것이 바로 '그리스도의 왕권론'에 입각한 대 국가 관계 설정의 요체라 믿는다"고 하였다.*

설교자가 지배 체제를 비판할 수 있으려면 자신이 처한 시대적 상황, 사회와 문화, 정치와 경제에 대해 많은 정보를 수집하고 분석해야 한다. 그런데 우리 사회의 정보 매체들이 편향된 시각으로 많은 정보를 쏟아내기에 설교자가 접하는 정보가 편향될 수밖에 없다. 스스로 노력하지 않으면 편향된 정보를 수용할 수밖에 없고, 실제로 많은 목회자가 쉽게 접하는 매체는 텔레비전과 발행 부수가 많은 신문이 주를 이룬다. 그뿐 아니라 인문학 책들을 보고, 다양한 인문학 지식을 바탕으로 정보 분석 능력을 키워야 할 텐데 그 부분에 있어서도 설교자들은 별로 신경을 쓰지 않는 것 같다. 신학 서적도 잘 읽

---

* 강문규, "가버넌스: 그 새로운 패러다임과 트렌드", 서울노회 100주년 기념 국제학술대회 자료집 〈교회와 국가〉, 43.

지 않는 목회자들이니 인문학 서적은 더더구나 그들의 서재에서 찾아보기 어렵다. 실제로 나도 28년간 목회하면서 인문학 분야의 책을 별로 읽지 않았다. 당장 다음 주 설교를 어떻게 할지 생각하며 한 주일을 보내다 보면, 다른 책을 읽을 마음의 여유를 갖지 못하게 마련이다. 휴가나 안식년이 있지만, 가족과 여행하거나 기껏해야 세미나에 참석할 정도일 뿐이었다.

 칼 바르트는 성경과 신문을 둘 다 읽으라고 했는데, 한국교회 설교자들은 성경도 제대로 읽지 않고, 신문도 제대로 보지 않으니 그의 설교가 예언적 기능을 발휘할 수 없음은 너무나 분명하다. 성경과 신문을 같이 보아야 한다는 이야기는 칼 바르트가 영향을 받은 요한 블룸하르트(Johann C. Blumhardt)에게서 나온 이야기로, 그는 성경공부를 시킬 때 첫째 주간은 성경 공부, 둘째 주간은 신문 기사에 대한 연구, 셋째 주간은 다시 성경 공부하는 식으로 했다고 한다. 그는 우리가 성경 공부를 함으로써 신앙의 눈을 떠 하나님이 오늘 이 땅에서 무엇을 하고 계신가를 식별할 줄 알아야 한다고 주장했다.* 한국교회 설교자들은 시사 공부도 제대로 아는 사람에게 배울 필요가 있지 않을까?

복음의 일반화

다음으로 문제되는 것은 설교가 복음을 전할 때 상황을 배제하였다는 점이다. 1972년에 한국에 와서 성경 연구를 지도한 당시 WCC 성경 연구 책임자 웨버(Hans R. Weber)는 성경 연구 방법으로 "세 가지

---

* 한스 뤼디 웨버, 『성경연구 지도지침』(크리스챤아카데미), 16.

상호 보완적 방법"을 제시했는데 ①문학적 역사적 연구 ②신학적 명상적 연구 ③위기의식과 회개를 가져오게 하는 연구가 그것이다. ①번과 ②번을 거쳐 반드시 우리가 읽은 말씀이 오늘 내게 무엇을 뜻하며, 나로 어떻게 결단하게 하는가에까지 도달해야 한다는 것이다.* 설교는 바로 이런 성경 연구 과정을 거쳐 선포되는 말씀이다. 그런데 한국교회 설교의 문제는 대체로 ②번에 그친다는 데 있다. 다시 말해서 설교가 하나님의 말씀을 교인들이 살고 있는 현재와 이어주는 역할을 하지 못함을 뜻한다. 정용섭 목사는 곽선희 목사의 설교를 비평하면서 "기독교 신앙의 일반화와 이로 인한 설교의 추상성은 곽 목사를 비롯한 대개의 명망 있는 설교자들이 안고 있는 근원적인 문제"**라고 지적하였다.

인터넷에서 본 어느 목사의 대림절 설교다. "그리스도 예수의 날은 누구에게나 다가오고 있습니다. 우리는 그날을 어떻게 준비하며 기다리고 있습니까? 사도 바울처럼 교회와 성도들을 위해 기도하며, 기쁨과 감사로 깨어 있고, 그가 이루실 줄 믿고, 겸손히 믿음으로 모든 역경을 잘 받아 좋은 열매로 영광을 돌리십시다." 이 설교에는 "예수의 날"에 대한 해석이 없을 뿐 아니라 구체적으로 그것이 오늘의 상황에서는 무엇을 뜻하는지 알 수 없다. '기도하라'든지, '깨어 있으라'든지, '모든 역경을 잘 받아 좋은 열매로 영광을 돌리자'라는 말은 지극히 타당하지만, 종말의 긴박성이 빠져 버려 너무 추상적이라 정말 기도하며 깨어 있어야겠다는 결심을 하도록 이끌지는 못했을 것이다.

한 가지 더 예를 들어 보자. '원수를 사랑하라'는 제목의 설교를

---

* 한스 뤼디 웨버, 앞의 책, 7-16.
** 정용섭,『설교와 선동 사이에서』(대한기독교서회), 27.

한다면, 예수님의 산상수훈에 나오는 말씀이기에 누구도 거기에 거부감을 갖지는 않을 것이다. 설교자가, 아들을 죽인 공산당원을 양자로 삼았다는 손양원 목사의 이야기를 예화로 사용하여 설교한다면 감동적인 설교가 될 것이다. 그런데 오늘의 상황에서 원수가 누구인지를 생략해 버리고 결론을 맺는다면, 청중은 특별한 결단 없이 편안한 마음으로 집에 돌아갈 것이다.

1996년 6월에 누가복음의 선한 사마리아인의 비유를 본문으로 하여 "미워도 다시 한 번"이라는 설교를 한 적이 있다. 강도 만난 사람이 어떤 이념, 어떤 종교를 가졌느냐 묻고 따질 것이 아니라 그를 구하는 것이 우선이라고 강조하고, 북한이 미워도 굶주리는 북한 사람들을 우리가 도와야 한다고 설교했다. 그런데 이 설교가 빌미가 되어 할아버지 때부터 안동교회에 나온 시무장로가 그 다음 주일부터 나오지 않더니, 세상 떠날 때까지 나오지 않았다. 북한에 대한 극도의 증오심을 품고 있었기에, 북한의 굶주린 사람들을 강도 만난 사람으로 보고 돕자고 한 설교에 "아멘" 하지 못하고 교회를 떠났다. 만약 그날 "원수를 사랑합시다"라고만 설교했다면 아무 문제가 없었을 것이다.

설교자들이 복음을 일반화하여 추상적인 설교를 하는 까닭이 바로 여기에 있다. 설교가 구체적인 상황을, 특히 사회적으로 첨예하게 문제가 된 사건들을 말씀과 연결시키면 교인들 중에 반발하는 사람들이 있을 수 있고, 못마땅하여 떠나는 사람도 생긴다. 목회자는 바로 이런 상황을 두려워한다. 특히 교회 성장을 지향하는 목회자의 경우는 더욱 그러하다. 소망교회 곽선희 목사의 설교가 추상적일 수밖에 없는 까닭은 강남이라는 지역과 무관하지 않다고 본다. 편안하게 와서 예배드리고 돌아가기를 바라는 강남에 사는 교인들의 심기를 건드리지 않으려면 추상적인 설교라야 할 것이다.

 2014년 4월 16일 세월호 참사가 일어난 후 지금까지도 참사의 원인조차 제대로 밝혀지지 않은 상태인데, 한 번도 이 사건에 대해 설교하지 않고, 언급조차 하지 않은 교회들이 있었다. 어떤 설교자들에게는 세월호 참사가 설교하기 거북한 주제였던 것 같다. 우리 사회에 큰 충격을 안겨 준 이런 대형 사고에 대해 교회가 침묵한다는 사실은 그런 교회가 정말 그리스도의 교회일까 의심하게 한다. 비정규직 근로자들의 열악한 상황이나 해고 근로자들의 투쟁 현장을 외면한 채 이웃을 사랑하라고, 가난한 자를 도우라고 아무리 그럴듯하게 설교해도 그것은 허공을 칠 뿐이다.

 목회자들의 설교가 일반화 경향으로 흐를 수밖에 없는 원인 중 하나는 이 시대가 변하고 있기 때문이기도 하다. 즉 우리 사회의 고령화가 문제다. 현재 우리 사회는 65세 이상 인구가 13퍼센트로 곧 14퍼센트인 고령 사회로 접어들게 된다. 고령 사회로의 진입은 곧 교회 구성원의 변화를 가져오기 마련이다. 주일마다 예배드리러 오는 교인들의 구성비를 조사한 통계는 없지만, 확연히 전과 다르게 고령 교인들의 수가 급증하고 있음을 느낀다. 고령 교인들의 수가 증가한다는 것은 교회 안에서 그들의 비중이 커짐을 뜻한다. 문제는 그들의 의식이다.

 〈한겨레〉는 2015년 11월 30일자 신문에 "낮 시간 경로당·식당, 막장 시사프로에 빠지다"라는 르포 기사를 실었는데, 낮 시간대에 노인들이 주로 종편을 본다는 내용이다. 그 기사에서 김경환 교수(상지대 언론광고학)는 우리 사회의 전반적인 보수화에서 첫 번째 원인을 찾았다. 종편은 극우에 가까울 정도의 보수적인 메시지를 주로 전달하고, 시청자들은 이를 통해 자신들의 보수적인 생각을 더욱 강화한다. 어느 것이 먼저라고 규정하기는 어렵지만, 이 사이에는 서로를 '확대재생산'해 주는 끈끈한 상관관계가 있다는 것이다.

교회에 나오는 노인들도 예외는 아니다. 따라서 저들의 의식이 우편향되어 있다는 사실은 금방 확인할 수 있다. 더구나 일주일 내내 그런 방송 매체에 세뇌된 사람들이 별로 깊이 있게 준비되지 못한 30분 미만의 설교에 감동을 받으리라 기대하기가 어렵다. 그런데 이런 고령 교인들이 재정·시간적으로 교회 기여도가 높기 때문에 목회자는 저들을 의식하지 않을 수 없다. 다시 말해서 저들의 심기를 건드리는 설교를 하기가 어렵다는 말이다. 이런 교인들을 상대로 예언자적 설교나 우리 사회의 첨예한 문제를 구체적으로 설교하기가 쉽지 않을 것이다. 결국 이래저래 설교가 사회에 대한 비판적 기능을 잃게 되고, 사사화(私事化)되어 '사회적 책임을 감당하도록 하는 공적 사역'의 기능이 증발하게 된다.

이렇게 설교자가 교인들이 은혜받는 설교, 교인들의 심기를 건드리지 않는 설교에 신경을 쓰다 보면, "은혜의 근원인 하나님의 말씀과 하나님의 통치와 그의 신비에 초점"을 맞추지 못하게 된다. 그러면서 양산되는 설교가 소위 '번영 신학'에 기초한 설교다. "성공·가능성·축복·최고·위대성 등 인간의 욕망의 불씨를 지피기에 적합한 용어들"*로 요리된 그럴듯한 설교가 양산되어 교인들은 은혜를 받고, 교회는 성장하여 대형화된다. 젊은 목회자들이 이런 현상을 보면서 그 유혹에서 벗어나지 못하고 그 길이 '성공 목회'로 가는 길이라고 믿고 따르게 된다.

---

* 정용섭, 『설교의 절망과 희망』(대한기독교서회), 21.

대안: 교회력 성경 정과(定課)에 따른 설교

한국교회 강단이 새로워지려면 앞으로도 많은 시간과 노력이 필요할 것 같다. 각 교단과 신학교 차원에서 강단을 새롭게 하기 위한 끊임없는 노력을 경주해야 할 것이다. 위에서 지적된 문제들을 보완하기 위한 가장 바람직한 대안으로 교회력에 따른 성경 정과(Lectionary)가 있다. 교회력에 따른 성경 정과가 왜 대안인가?

교회력에 따른 성경 정과는 기독교의 소중한 유산과 그리스도인의 영적 양식으로 매일 읽고 묵상하는 것(Lectio Continua)과 교회력에 따라서 선택된 주일과 절기 설교 본문(Lectio Selecta)으로 4세기경 처음 만들어졌다가, 19세기 말에 스코틀랜드 교회가 교회력과 성구집을 회복했고, 1940년 처음으로 교회의 예식서에 성경 정과가 실렸다. 그리고 1982년 개신교회 공용의 "공동 성경 정과"(Common Lectionary)를 만들게 되었고, 9년간의 실험 기간을 거쳐 "개정판 공동 성경 정과"(Revised Common Lectionary)를 만들었다.* 예장 통합 총회는 100주년인 2012년에 우리 형편에 맞는 교회력과 그에 따른 성경 정과를 제정, 발표했다.

1988년부터 교회력과 성경 정과에 따른 책 『예배와 강단』(기독교문사)을 매년 발행하고 있는 김종렬 소장은, 교회력과 성경 정과에 따라 설교하고 예배드려야 할 이유로 세 가지를 들었다. "첫째로 통전적인 독경(読経)과 설교를 통한 그리스도인의 건강한 신앙생활과 교회를 세우기 위하여, 둘째로 예배와 설교 갱신을 통한 한국교회 갱신과 일치를 위하여, 셋째로 인간의 목회가 아닌 하나님의 목회를, '오직 하나님께만 영광을' 돌리기 위하여"라고 했다.** 정용섭 목

---

* 『목회매뉴얼: 설교목회』, 87-88.
** 김종렬 엮음, 『2013 예배와 강단』(기독교문사), 14.

사는 "개인 설교자보다 지난 2,000년 역사의 무게를 감당하고 있는 교회의 역사가 영적으로 우월"*하기 때문이라고 했다. 예장 통합 총회가 발행한 『목회매뉴얼: 설교목회』는 교회력을 따른 설교의 의미를 다음과 같이 설명하였다.

> 교회력은 예수 그리스도의 탄생과 사역, 고난, 죽으심, 부활, 영으로 임하심, 재림 안에서 완성된 우리의 구원 역사를 매해 되새김으로 우리에게 구원사의 모든 과정을 계속적으로 체험하게 만들어 준다. 이런 의미에서 교회력은 우리가 계속적으로 하나님의 은혜를 받도록 하는 '항구적인 은총의 수단 가운데 하나'다.…설교자가 교회력에 따른 설교를 할 때, 설교자는 주의 죽으심뿐만 아니라 주의 오심과 사역, 고난당하심, 십자가의 죽으심, 부활, 승천 영으로 임하심, 다시 오실 주님을 주가 오실 때까지 전하기를 계속하기 때문이다.**

교회력과 성경 정과를 따라 설교하게 되면, 우선 신학 있는 설교가 될 것이다. 위에서 본대로 복음서를 중심으로 예수 그리스도의 구속사를 설교하기 때문에 복음과 신학이 있는 설교가 될 수밖에 없다. 성경 정과를 따라 설교하다 보면, 역사에 무관심할 수 없고, 역사 속에 계속되는 인간의 고난을 외면할 수 없다. 예수 그리스도가 선포한 하나님 나라는 하나님의 우주적인 통치를 목표로 하기에 국가 권력에 대하여 항상 비판적인 관점을 갖게 될 것이다. 또한 회중의 기호나 그들이 처한 상황보다는 하나님의 말씀을 위주로 설교하기에 때로는 교인들이 못마땅할 수 있지만, 길게 보면 그것이 바로 회

---

* 정용섭, 『속빈 설교, 꽉찬 설교』(대한기독교서회), 176.
** 『목회매뉴얼: 설교목회』, 84.

부록

중을 올바른 신앙으로 이끌 것이다. 동시에 설교자가 자기 생각이나 주장을 성경을 빌려 설교하는 대신 성경 말씀에 집중하기에 설교자 자신에게도 유익할 것이다. 그리고 교파를 초월하여 성경 정과로 설교하게 되면, 한국교회가 새로워지며 내적으로 일치를 향하여 나아가게 될 것이다.

15년간 교회력 성경 정과를 따라 설교해 온 단양교회 허강대 목사는 여덟 가지로 그 유익함을 지적하였다. ①설교자 자신에게 유익하다 ②교인들이 설교에 시비를 걸지 않는다 ③파수꾼의 역할을 한다는 자부심이 생긴다 ④자신의 설교 세계를 갖게 된다 ⑤바른 설교를 할 수 있다 ⑥교인들에게 훈련이 된다 ⑦교회가 갱신된다 ⑧교회 일치에 도움이 된다.*

나는 28년간 목회하면서 교회력 성경 정과를 따라 설교하지 않았다. 그런 결과 한 번도 설교하지 못한 성경 본문이 있었고, 또 본문 선택이 지나치게 편중된 현상을 보였다. 28년 동안 1,230편의 설교를 했는데, 설교 본문으로 구약과 신약 두 곳을 선택하였다. 구약성경 중에 한 번도 본문으로 택하지 않은 성경은 역대하, 오바댜, 나훔이고 에스라와 역대상은 각 1회 설교했다. 신약성경에서는 빌레몬서를 한 번도 설교하지 않았고, 요한2서, 요한3서, 유다서는 각 1회였다. 그런가하면 시편은 344회, 이사야서 246회, 복음서에서는 마태복음 174회, 요한복음 147회였으며, 서신 중에는 로마서가 104회로 제일 많았다. 시편을 본문으로 가장 많이 택하였지만 150편 중에 한 번도 택하지 않은 시가 58편이나 되었다. 반면에 119편은 32회, 37편은 17회 본문으로 택하였다.

---

* 『2013 예배와 강단』, 94-100.

1988년에 김종렬 소장이 주동이 되어 교회력과 성경 정과에 따른 『예배와 강단』을 발행할 때 함께 참여했고, 지금도 그것을 발간하는 기관의 운영위원장으로 있지만, 성경 정과를 따라 설교하지 않은 것은 설교를 잘 해야겠다는 집념과 성경 정과를 따르면 내 생각대로 설교할 수 없다는 선입견이 있었기 때문인 것 같다. 하나님의 말씀보다는 나 자신에게 더 초점을 맞추는 잘못을 계속 범한 것이라 하겠다. 정용섭 목사는 그런 설교를 가리켜 "자신의 영성이 역사적 교회의 영성보다 뛰어나다는 자만심의 발로"*라고 신랄하게 비판하였다. 결국 설교자가 버려야 할 것 중에 하나가 바로 설교를 잘 해야겠다는 생각이다. 설교를 잘한다는 소리를 듣기보다는 하나님 말씀을 충실하게 전했다는 소리를 듣는 설교자가 되어야 할 것이다.

---

* 정용섭, 앞의 책, 176.

뉴스앤조이는 2000년 한국교회의 현실을 보며 마음 아파하고 고민하던 기자들이 교회가 개혁되기를 열망하며 만든 언론입니다. 단순 교계 뉴스만 전하지 않고 교회 개혁에 유익이 되는 내용을 보도합니다. 교회 개혁과 신앙 성숙에 필요한 책도 출판하고 있습니다.

홈페이지 www.newsnjoy.or.kr
페이스북 www.facebook.com/newsnjoy

사건 그리고 말씀
역사와 호흡한 한 설교자의 기록

초판 발행   2017년 10월 25일

지은이   유경재
펴낸이   강도현
편집   김은석

펴낸 곳   뉴스앤조이
등록번호   제2016-000072호
주소   서울 용산구 청파로47길 52 명신프라자 6층
전화   (02) 744-4116
이메일   newsnjoy@newsnjoy.or.kr
ISBN   978-89-90928-42-9

ⓒ 유경재, 2017

이 도서의 국립중앙도서관 출판예정도서목록(CIP)은 서지정보유통지원시스템 홈페이지(http://seoji.nl.go.kr)와 국가자료공동목록시스템(http://www.nl.go.kr/kolisnet)에서 이용하실 수 있습니다.(CIP제어번호: CIP2017026243)

책값은 뒤표지에 있습니다.
잘못 만들어진 책은 바꿔드립니다.